Otfried Höffe
Wozu noch Tugenden?

Otfried Höffe

Wozu noch Tugenden?

Ein Versuch über Kardinaltugenden und Laster

DE GRUYTER

ISBN 978-3-11-156719-8
e-ISBN (PDF) 978-3-11-156859-1
e-ISBN (EPUB) 978-3-11-156885-0

Library of Congress Control Number: 2024952825

Bibliografische Information der Deutschen Nationalbibliothek
Die Deutsche Nationalbibliothek verzeichnet diese Publikation in der Deutschen Nationalbibliografie;
detaillierte bibliografische Daten sind im Internet über http://dnb.dnb.de abrufbar.

www.degruyter.com
Fragen zur allgemeinen Produktsicherheit:
productsafety@degruyterbrill.com

Für Evelyn

Vorwort

Ein Essay über Tugenden, auch wenn sie zu Kardinaltugenden geadelt werden, scheint aus der Zeit gefallen zu sein. Denn in den öffentlichen Debatten herrschen andere Stichworte vor, insbesondere Begriffe von Krisen wie der Umwelt- und Klimakrise, der Flüchtlingskrise, Wirtschaftskrise einschließlich Energiekrise und Überbürokratisierung, ferner geopolitischer Krisen, die durch den Krieg gegen die Ukraine und des Überfalls der Hamas auf Israel, neuerdings durch den Sturz des syrischen Herrschers Assads ausgelöst wurden. Bei all diesen, fraglos hochaktuellen Themen spielt der Tugendbegriff nicht etwa eine sekundäre, sondern überhaupt keine Rolle.

Sofern trotzdem oder deswegen Fragen der Moral erörtert werden, geht es um Forderungen wie denen nach einer rechtsstaatlichen Demokratie sowie nach politischer und sozialer Gerechtigkeit, die abseits von Tugendfragen erhoben werden. Und in der auf Seiten der Philosophie dafür zuständigen Ethik herrschen Positionen vor, in denen wie beim Utilitarismus und in der Diskursethik der Begriff der Tugend keine nennenswerte Bedeutung hat. Oder man vertritt eine Kantische Ethik, die man auf eine zur Tugendethik angeblich alternative Pflichtenethik verkürzt. Mit einem Wort erscheint der Begriff der Tugend unserer Gegenwart als unvertraut, bestenfalls eines Blicks in die Geistesgeschichte wert.

Ähnliches dürfte auf einen weiteren Titelbegriff, die Laster, zutreffen. Wenn überhaupt kennt man sie nur aus Moralpredigten, die uns ins Gewissen reden und die in religiösen Zusammenhang Todsünden genannt werden.

Nicht diesen Beobachtungen, wohl aber den Folgerungen, die man daraus ziehen könnte, widerspricht dieser Essay, und er tut es von Grund auf, also im wörtlichen Sinn radikal. Er leugnet also nicht, dass gegenwärtig die Ausdrücke „Tugend(en)" und „Laster" keine Rolle spielen. Die damit bezeichnete Sache hingegen, so der Leitgedanke dieses Essay, dürfte für die zeitgenössischen Gesellschaften wichtig, sogar unverzichtbar sein.

Bei den Lastern muss man dafür nicht lange suchen. Denn von Habgier und Raffgier etwa und von Machtgier oder, wie beim Vorwurf, wir lebten in einer Neidgesellschaft, von Neid, auch von Hybris im Rahmen der Überbeanspruchung der Natur ist oft genug die Rede. Und bei all diesen Phänomenen handelt es sich um Einstellungen, die in einem so hohen Maß verwerflich sind, dass ihnen ihrem gemeinsamen Kern nach der Superlativ des Negativen, der von Lastern, zukommt.

Ob Individuum oder Gesellschaft – wer die Laster nicht nur ein wenig, marginal, sondern weithin und wesentlich überwinden will, der muss seine Lebenseinstellung gründlich ändern. Er muss nämlich jene – sowohl persönliche als auch kollektive – Haltung vorbildlichen Menschseins ausbilden, die nun einmal klassi-

https://doi.org/10.1515/9783111568591-001

scherweise „Tugend" genannt wird. In diesem Sinn sieht dieser Essay in der Entwicklung von Tugenden und der Überwindung von Lastern eine auch für heute unverzichtbare, also eine erneut hochaktuelle Aufgabe.

Seit meiner Dissertation zu Aristoteles' Ziel und Methode der Ethik ist für mein Denken der Gedanke einer eminent praktischen Philosophie entscheidend. Denn ihm geht es nicht nur um Untersuchungen zum weiten Themenfeld sowohl persönlicher als auch gesellschaftlicher und politischer Praxis. Es verfolgt dabei auch ein praktisches Interesse: Mit den ihr eigenen, begrifflichen und argumentativen Mitteln soll die Philosophie einen Beitrag zur Verbesserung der Praxis leisten.

Zu diesem Zweck habe ich im Laufe von mittlerweile mehr als fünf Jahrzehnten vorbereitend die Hauptschriften der einschlägigen Denker untersucht, dabei nicht nur von Aristoteles und Kant, sondern auch von Cicero, Thomas von Aquin, Machiavelli, Bacon und Hobbes, nicht zuletzt von Nietzsche, John Rawls und Vertretern der Diskursethik. Das Hauptinteresse galt aber systematischen Untersuchungen, bei ihnen etwa zur Moral als Preis der Moderne, zur Freiheit, zur politischen Gerechtigkeit, zur Wirtschaftsethik, zur Ethik des Strafrechts und zu Fragen der biomedizinischen Ethik und zur Lebenskunst und Moral.

In all diesen Überlegungen spielte nun der Begriff der Tugend schon eine, aber eine geringere Rolle. Der bislang fehlenden Aufgabe, einer philosophiegeschichtlichen, überdies interkulturellen, vornehmlich aber systematischen Untersuchung der Tugenden und ihres Gegenbegriffs, des Lasters, widmet sich dieser Essay.

Soeben lese ich, dass er selbst mit seinen Titelausdrücken nicht ganz aus der Zeit gefallen ist: Ein Maastrichter Museum hält in mehr als achtzig Bildern und Gemälden der Lastern wie der Wollust, Völlerei und Hoffart dem Besucher das „wahrhaft Böse" vor: „Die sieben Todsünden Visualisiert" („Truly Wicked. The Seven Deadly Sins Visualized").

München, im Dezember 2024   Otfried Höffe

Inhalt

I Die Tugendethik erneuern

1 Eine große Aufgabe wiederentdecken

Über viele Jahrhunderte war der Gedanke der Tugend prominent – und in seinem Rahmen besonders die Vorstellung von Kardinaltugenden. Mittlerweile, inzwischen seit einigen Generationen, hat der Gedanke sein Ansehen verloren. Eine Tatsache, die vor mehr als einem Jahrhundert der Moralphilosoph Max Scheler feststellte, trifft fraglos in einer kaum abgewandelten Form heute ebenso zu: Der Ausdruck ist „so mißliebig geworden, daß wir uns eines Lächelns kaum erwehren können".[1]

Ist in öffentlichen Debatten trotzdem noch von Tugenden die Rede, so geht es häufig nur um die sogenannten bürgerlichen Tugenden, unter denen man dann Sekundärtugenden wie Ordnung, Sparsamkeit und Fleiß versteht. Wer gleichwohl das weit größere Themenfeld der Tugenden positiv einschätzt, muss nicht anders als zu Schelers Zeiten mit einem mitleidigen Lächeln rechnen. Ob positiv oder negativ einzuschätzen und ohne sie aus dem Diskussionsfeld ganz zu verbannen, spielen zumindest für diesen Essay die bürgerlichen Tugenden keine tragende Rolle.

Trotzdem wird ihr bürgerlicher Charakter ernst genommen, dies freilich nicht allein im Sinne des Bourgeois oder Wirtschaftsbürgers. Dessen Tugenden, die genannten Charakterhaltungen, sind zwar für ein gelungenes Leben keineswegs ohne Bedeutung, wenn auch nur von sekundärem Gewicht. Wichtiger sind jedoch die Tugenden des Citoyen, des Staatbürgers, wie Kooperationsbereitschaft, gegenseitiger Respekt und Toleranz.

Im Vordergrund stehen aber, wie es der Titelausdruck der Kardinaltugend bereits ankündigt, gewisse Primärtugenden. Sie heißen deswegen Kardinaltugenden, weil sie in dem hier mitmaßgeblichen lateinischen Denken als *virtutes cardinales* auf den Ausdruck *cardo* anspielen, auf die Türangel, in denen die gemeinten Hauptugenden zum einen befestigt sind; zum anderen sind damit diejenigen Tugenden gemeint, um die sich alle anderen wichtigeren Tugenden drehen.

Wie der allgemeinere Gedanke der Tugend, so gehört auch der besondere der Kardinaltugenden vornehmlich in die Moralphilosophie oder philosophische Ethik. Erstaunlicherweise spielt er dort aber in heute wichtigen Positionen, namentlich der Kommunikations- oder Diskursethik, keine Rolle. Beim bedeutendsten Philosophen der politischen Ethik, John Rawls, taucht der Ausdruck in dessen Hauptwerk

---

1 Scheler, Max: „Zur Rehabilitierung der Tugend", in: *Gesammelte Werke*, Bd. 3: *Vom Umsturz der Werte*, Bern 1955, S. 13–32 (15). Mehr als nur eine Prise Spott klingt in Wilhelm Buschs – vermutlich aber nicht ganz ernst gemeinten – Versen an: „Ach, ich fühl' es! Keine Tugend / Ist mir so recht nach meinem Sinn / Stets befind' ich mich am wohlsten, / Wenn ich damit fertig bin." (Busch, Wilhelm: *Gedichte. Kritik des Herzens*, Heidelberg 1874)

https://doi.org/10.1515/9783111568591-002

Eine Theorie der Gerechtigkeit[2] zwar auf, ebenso im zweiten Hauptwerk *Politischer Liberalismus*[3] und in seiner *Geschichte der Moralphilosophie*[4]. Er ist dort aber in systematischer Hinsicht nur in kleinen Nebenrollen gegenwärtig, während in den umfangreichen Registern der Ausdruck der Kardinaltugenden ganz fehlt.

Noch vor zwei Generationen gab es einflussreiche „Tugendethiker", etwa die beiden Philosophinnen Gertrude Elizabeth Anscombe und Philippa Foot.[5] Als Grund für die in der vorangehenden Moralphilosophie zu konstatierende (Fast-)Bedeutungslosigkeit wurde jene seit Kant vorherrschende Dominanz der Pflichten- und der Autonomieethik angeführt, die die aristotelisch-thomasische Tradition der Tugend- und Eudaimonie-Ethik entmachtet habe. (Auch Hans-Georg Gadamer erörtert in seinem Hauptwerk *Wahrheit und Methode*[6] die Tugend nur im Abschnitt „Die hermeneutische Aktualität des Aristoteles".) In Wahrheit ist der antiken (Tugend-) Ethik der Gedanke von Pflichten nicht fremd. Und vor allem hat der für die neuzeitliche Pflichtenethik maßgebliche Autor, Immanuel Kant, selbst sogar ein System der Tugenden, die *Tugendlehre*, verfasst.

Bei von Kant beeinflussten Denkern wie Friedrich D. E. Schleiermacher, Paul Natorp und Nicolai Hartmann, ferner bei Max Scheler spielt der Gedanke der Tugend eine erhebliche, und bei dem nachhaltig von Kant inspirierten Philosophen John Rawls zumindest eine nicht unerhebliche Rolle. Bei den wenigsten von ihnen taucht aber, wie übrigens bei Kant selbst, der Gedanke von Kardinaltugenden auf. (Dass außerhalb aller Ethik, etwa in Kfz-Fahrtberichten, von Tugenden die Rede ist, dass beispielsweise ein neues Pkw-Modell „alte Tugenden in eine neue Welt überträgt", sei hier nur als Anekdote erwähnt.)

Daher drängen sich diese Fragen auf: Gibt es mehr als nostalgische Argumente, erneut über Tugenden, insbesondere über Haupt- und Kardinaltugenden nachzudenken? Verdient die damit bezeichnete Sache selbst eine Rehabilitierung? Gibt es aktuelle Gründe oder Gründe der Aktualisierung? Ist bei der Gelegenheit auch über Gegenbegriffe wie Laster und Todsünden nachzudenken?

Obwohl die Gedanken von Tugenden und Kardinaltugenden nicht neu, im Gegenteil über die Jahrhunderte hinweg gut erforscht sind, will dieser Essay nicht schlicht Bekanntes und bereits Erforschtes nachzeichnen. Wie es sich für philoso-

---

2 Rawls, John: *A Theory of Justice*, Cambridge (MA) 1971; dt. *Eine Theorie der Gerechtigkeit*, Frankfurt am Main 1975.
3 Rawls, John: *Political Liberalism*, New York 1993; dt. *Politischer Liberalismus*, Frankfurt am Main 1998.
4 Rawls, John: *Lectures on the History of Moral Philosophy*, Cambridge (MA)/London 2000.
5 Vgl. Rippe, Klaus Peter/Peter Schaber (Hrsg.): *Tugendethik*, Stuttgart 1998.
6 Gadamer, Hans-Georg: *Wahrheit und Methode. Grundzüge einer philosophischen Hermeneutik*, 2. Aufl., Tübingen 1965.

phische Überlegungen von selbst versteht, sind vor allem auch Fragen zu stellen. Sie können nämlich Wirklichkeiten öffnen, während zu rasche Antworten sie verschließen. Auch sollen gewisse Ungereimtheiten nicht außer Acht bleiben.

Hätte ich das Talent zum Erzählen, nähme ich mir Hans Magnus Enzensbergers Erzählung *Josefine und ich*[7] zum Vorbild. Denn der Autor verfasst eine Brandrede, eine Philippika, gegen Moralapostel, Moralisten und „Gutmenschen", aber in der wohltuenden Eleganz eines Zwiegesprächs. Es findet recht kurzweilig statt zwischen einer 75-jährigen, emanzipierten, aber auch ein wenig opportunistischen Frau, der Titelfigur Josefine, und Joachim, einem Sozialwissenschaftler Mitte Dreißig, der selbst, statt Avantgarde des Zeitgeistes zu sein, ein intelligenter Vertreter seines Metiers, der Soziologie, ist und sich traut, zusätzlich auf Lebenserfahrungen zurückzugreifen. Er ist bald Stichwortgeber, bald Kommentator und nicht selten auch ein Fragender. Frei von jeder Selbstzensur kennt das Gespräch der beiden weder Tabu noch Heuchelei. An einer schönen Stelle ist von der „Bauchrednerin seiner Gedanken" die Rede.

Wer für diesen kurzweiligen Text ein Vorbild in der Philosophie sucht, dem drängt sich die Seelenärztin in einem der einflussreichsten Best- und Longseller der europäischen Geschichte, Boethius' *Trost der Philosophie*[8], auf. Bei Enzensberger nennt Joachim selbst seine Gesprächspartnerin eine „unfreiwillige Therapeutin".

Wem es jedoch wie mir an erzählerischem Talent fehlt, der kann es sich andernorts ausleihen. Er kann nämlich, wie dieser Essay es tut, immer wieder Passagen aus literarischen Werken einfließen lassen. Dieses Vorgehen macht mitlaufend auf eine Einsicht von demokratischer Tragweite aufmerksam: Weder die Philosophie noch irgendeine andere Profession verfügt hier über ein Sonderwissen. Häufig werden – nur – allgemeinmenschliche Einsichten „auf den Punkt" gebracht. Dabei will dieser Essay, darin Enzensberger ähnlich, nicht moralisieren. Er handelt zwar über Tugenden und deren Gegenteil, die Laster. Zu seinem Themenfeld, den Tugenden und Lastern, hält er aber keine Predigt, die die Sünder tadelt und Heilige als Vorbilder hinstellt. Entscheidend sind vielmehr Begriffe und Argumente sowie gewisse überzeugende Lebenserfahrungen.

Die einschlägige Tradition nennt als Haupt- und Kardinaltugenden vier vorbildliche Haltungen: die Besonnenheit oder das Maß, die Tapferkeit, aktualisierbar als Zivilcourage, die (persönliche) Gerechtigkeit, einschließlich der Rechtschaffenheit, und die Klugheit, gelegentlich als (Lebens-)Weisheit bezeichnet. Für jede von ihnen, freilich auch für das „Gesamtpaket", für das Quartett, die Quadriga oder das

---

7 Enzensberger, Hans Magnus: *Josefine und Ich*, Frankfurt am Main 2006.
8 Boethius: *Trost der Philosophie*, übersetzt und hrsg. v. Karl Büchner, Stuttgart 1971.

Viergespann von Kardinaltugenden, sucht dieser Essay nach Gründen für ihre mehr als nebensächliche, nämlich grundlegende Bedeutung.

Dafür hilft ein Blick in die Kulturgeschichte: Welchen Gehalt und welches Gewicht hat der Gedanke der Kardinaltugenden, so dass er zum einen über viele Jahrhunderte eine so immense Bedeutung erhalten und behalten konnte und zum anderen Anlass bietet, ihn für die Gegenwart zu erneuern? Ohne Zweifel ist eine Erneuerung nur dann sinnvoll, wenn sie sich für unsere erlebbare Welt, unsere Lebenswelt, anbietet, noch besser: für sie sich als vernünftig aufdrängt, vielleicht sogar als geboten erweist.

Die Vorschläge dieses Essays für eine Erneuerung des Tugenddiskurses sind in einem längeren Denkprozess entstanden. Zwischenüberlegungen sind in Artikel des *Lexikons der Ethik*[9] eingegangen, weitere an anderer Stelle veröffentlicht, worauf ich hier und dort hinweise.

Manchen Leser mag es irritieren, dass der Essay nicht, wie dies üblich geworden ist, aus der Geschichte bestenfalls der letzten ein, zwei Jahrhunderte lernen will. Indem er auf angeblich längst vergangene Zeiten, auf die Antike, das Mittelalter und die frühe Neuzeit zurückblickt, will er kein überflüssiges Bildungswissen ausbreiten. Vielmehr tritt dabei eine Einsicht zutage: Bis heute sind unsere Tugendvorstellungen von der antiken Ethik und deren Fortwirken im Mittelalter und der frühen Neuzeit stark beeinflusst. Schon dort finden sich übrigens, was unseren mehr und mehr säkularen Gesellschaften hochwillkommen sein dürfte, religionsunabhängige Ansichten.

Für den gelegentlichen Blick in die Geschichte spricht noch ein weiteres Argument: In unserem Kulturraum wird seit Jahrhunderten vielfach über dieselben allgemeinmenschlichen Probleme nachgedacht. Das Philosophieren ist daher gut beraten, sich von den großen Vordenkern, den griechischen, römischen und späteren Klassikern, inspirieren zu lassen. Nach dem Nobelpreisträger für Literatur und Preisträger des letztjährigen Friedenspreises des Deutschen Buchhandels, Salman Rushdie, wurzeln Geschichten in anderen Geschichten. Sinngemäß trifft das auch auf die Philosophie zu. Nur Geschichtsunkundige können so vermessen sein, in der philosophischen Ethik bei null anfangen zu wollen, um alles – vermeintlich – von Grund auf neu erfinden zu können.

Es gibt noch einen weiteren Vorteil: Nur jene Ansichten steigen in den Rang des Klassischen auf, die so wohlüberlegt sind und sich von den jeweiligen Zeitbedingungen so weit frei machen lassen, dass ihr Kern eine kultur- und epochenübergreifende Bedeutung hat. Aus diesem Grund trägt der folgende Blick in die Geschichte zur Sache selbst Wesentliches bei. Bei der Suche nach

---

9 Höffe, Otfried: *Lexikon der Ethik*, 8., überarbeitete und ergänzte Aufl., München 2023.

erfolgversprechenden Antworten für unsere von Krisen bedrängten Zeit können wir uns von einer ebenfalls von Krisen beherrschten Epoche, eben der Antike, aber auch von den mit neuen Herausforderungen konfrontierten Epochen des Mittelalters und der frühen Neuzeit, ohne Zweifel helfen lassen.

2 Aus der Geschichte lernen

Zwei Prinzipien sind für die philosophische Ethik des Westens maßgeblich, die *Eudaimonie*, verstanden als Lebensglück, und die *Autonomie*, die Selbstgesetzgebung des Willens. Nach dem ersten Prinzip kommt es auf jenes rundum gelungene Leben an, bei dem man sich selbst achtet und von den Menschen, die einem wichtig sind, geachtet wird. Dann darf, wer in den Spiegel schaut, ein einziges Mal unbescheiden sein und von sich sagen, er sei einer der wenigen anständigen Menschen, die er kenne.

Weil im Lebensglück das natürliche Ziel des Menschen liegt, wird es von der Philosophie, wenn auch mit unterschiedlichen Akzentsetzungen, von der Antike über das Mittelalter bis weit in die Neuzeit für das entscheidende Moralprinzip gehalten. Das ändert sich radikal, freilich nicht überall unwidersprochen, mit Kant. Nach seiner Ansicht hat die Eudaimonie, wenn man sie zum Grundsatz des Handelns macht, die Euthanasie, den sanften Tod der Moral zur Folge.[10] Ob dies für die Tugenden ebenfalls zutrifft, also eine vom Prinzip der Eudaimonie her erfolgende Begründung der Moral für sie tödlich ist, wird zu prüfen sein. Dieser Essay schließt nämlich die Möglichkeit nicht aus, dass sich die Tugenden von beiden Prinzipien, sowohl von der Eudaimonie als auch der Autonomie, her rechtfertigen lassen.

2.1 Drei Begriffe von Tugend

Ein Versuch, den Tugenddiskurs zu erneuern, beginnt sinnvollerweise mit einem Blick auf die einschlägigen Ausdrücke. Es sind drei. Das Griechische, mit dem das abendländische Tugenddenken anhebt, spricht von *areté*. Dann ist da das Lateinische *virtus*, an das sich die englische Bezeichnung als *virtue*, die französische als *vertu*, die italienische als *virtù*, die spanische als *virtud* usw. anschließen. Der deutsche Ausdruck der Tugend ist davon unabhängig.[11]

---

10 Vgl. Kant, Immanuel: *Metaphysische Anfangsgründe der Tugendlehre* (= *TL*), 2. Teil der *Metaphysik der Sitten:* VI 373–493, in: *Kants Werke*, Akademie Textausgabe, hrsg. von der Preußischen Akademie der Wissenschaften, Bd. 6, Berlin 1968, VI 378.

11 Die deutsche Sprache kennt in ihrer Toleranz für das größere Themenfeld drei Ausdrücke: als Fremdwort aus dem Griechischen „Ethik" und „ethisch", als Fremdwort aus dem Lateinischen „Moral", „moralisch" und „Moralität" und von dort „Moralphilosophie" und als heimische Ausdrücke „sittlich" und „Sittlichkeit" sowie als Disziplin, freilich selten, „Sittenlehre", bei Kant „Metaphysik der Sitten". Die gelegentlichen Abgrenzungsversuche sind kaum überzeugend. Dieser Essay verwendet „philosophische Ethik" und „Moralphilosophie" ebenso als gleichbedeutend wie „moralisch" und „sittlich" sowie „Sittlichkeit" und „Moralität".

https://doi.org/10.1515/9783111568591-003

1) Das griechische Wort *areté* ist das zu *agathós*, gut, einschlägige Substantiv. Mangels eines Wortes für eine gute Eigenschaft oder Haltung, mangels *agathosýne*, tritt *areté* in diese Lücke und bedeutet das Gutsein, allerdings von so unterschiedlichen Gegenständen wie einem Nutztier, beispielsweise einem Pferd, einem Körperteil wie einem Arm oder einem Auge oder auch einem Menschen. *areté* ist daher schlicht mit „Gutsein", ohne jeden moralischen Unterton, zu übersetzen. Gemeint ist eine Tüchtigkeit, auch eine Geschicklichkeit oder Trefflichkeit, nicht selten eine funktionale Tauglichkeit und generell jede wertvolle Eigenschaft.

In der Regel geht es dabei um einen Superlativ, um ein Können, das sich nicht mehr steigern lässt, um eine optimale Fähigkeit, Haltung oder Leistung, mithin um eine, es sei wiederholt, keineswegs auf die Moral eingeschränkte Exzellenz. Diese ist keineswegs nur moralisch zu verstehen. Im vorphilosophischen Sprachgebrauch, namentlich bei Homer, steht dabei das Adelsideal mit seinem für Kriege erforderlichen Heldentum im Vordergrund. Diese Wertschätzung bleibt – als Tapferkeit – in der Philosophie erhalten, freilich ohne die umfassendere Bedeutung aufzugeben: Als außerordentlich gut gilt alles, was in seiner Art oder Gattung sich nicht mehr übertreffen lässt. Es bedeutet eine Vollendung, die man mit Bestheit oder Bestzustand, schöner aber mit Vortrefflichkeit oder Vorzüglichkeit übersetzen kann.

In Bezug auf den Menschen fragt die griechische Ethik nicht in erster Linie, was der Mensch tun und lassen soll, was in diesem Sinn seine Pflichten sind. Sie versperrt sich zwar dieser Frage nicht, legt aber auf einen erweiterten Horizont wert: Welche Art Mensch soll der Mensch sein? Nach der *areté*-Antwort soll er schlicht ein guter Mensch sein. Worin das menschliche Gutsein besteht, ist allerdings schon in den vorphilosophischen, dann in den philosophischen Überlegungen umstritten. Nicht umstritten ist nur dieses:

Das Gutsein ist kein Selbstzweck, dient vielmehr dem, worauf es dem Menschen letztlich ankommt, der als Lebensglück verstandenen Eudaimonie. Aus diesem Grund ist die antike Ethik nur unter zwei Einschränkungen eine Tugendethik. Zum einen darf man sie nicht wie Anscombe und Foot als Alternative zu einer Pflichtethik verstehen. Zum anderen heißt der Leitbegriff nicht Tugend, sondern Eudaimonie. Der entscheidende Gegensatz zwischen der Antike und ihrem Fortleben im Mittelalter und der frühen Neuzeit besteht nicht in einer Tugendethik contra einer von Kant inspirierten Pflichtethik, sondern in einem Gegenüber von Eudaimonie- und Autonomieethik.

2) Die lateinische Entsprechung zur *areté* bezeichnet die Tüchtigkeit, die man von einem Mann (*vir*) erwartet: die *virtus*. So schreibt Marc Aurel in seinen *Selbstbetrachtungen:* „Denke daran, einen festen Charakter zu zeigen, wie er einem Römer

und einem Mann geziemt".[12] Die römische *virtus* grenzt also den griechischen Bedeutungsreichtum auf die Vorzüglichkeit ein, die man von einem Mann erwartet: Kraft, Härte und Tapferkeit. Zugesprochen wird sie vor allem großen Staatsmännern und Feldherren und deren häufig politisch-militärischen Leistungen. Durch Cicero wird die lateinische *virtus* jedoch zu einem philosophischen Fachausdruck, mit dem die griechische *areté* übersetzt wird, womit die typisch „römische", auf das Mannsein eingeschränkte Bedeutung in den Hintergrund tritt. Genau genommen verschwindet sie sogar, lebt aber unter einer anderen Bezeichnung, der *fortitudo*, der Tapferkeit, als eine der vier Kardinaltugenden fort.

3) Das deutsche Wort Tugend schließlich ist wieder nicht auf eine moralische Bedeutung festgelegt. Es bezeichnet ein Leistungsvermögen, eine Fähigkeit und Kraft, auch Macht und Gewalt im Gegensatz zu Unfähigkeit, Ungeschicklichkeit und Ohnmacht. Als Verbalabstraktum, nämlich zu taugen, als Tauglichkeit, steht es der griechischen *areté* weit näher als die denn doch auf die Männlichkeit anspielende lateinische *virtus*. Der Ausdruck kann sogar, etwa bei Luther, auf Gottes Macht hinweisen und im Plural die Wundertaten Christi ausdrücken.

In anderen Zusammenhängen versteht man unter der Tugend die Kraft, Macht und Stärke des Menschen, seine körperliche Kraft und Gesundheit, in ihrer Bedeutung als Tapferkeit auch die Fähigkeit und Bereitschaft zum Kampf. Das Bedeutungsspektrum reicht allerdings noch weiter. In Bezug auf den Lebensweg eines Menschen steht die Tugend für die Kraft des Erwachsenen im Unterschied zu Kindheit, Jugend und Alter. Andernorts werden die herausragenden Eigenschaften eines Tieres oder die Heilkraft von Kräutern, Pflanzen und Früchten damit bezeichnet. Nicht weniger verbreitet ist die mit der *areté* eng verwandte superlativische Bedeutung von Vorzug, Vortrefflichkeit, Wert und Auszeichnung sowie herausragender Qualität: die Tugend als das, was einen Menschen, aber auch ein Ding zu dem macht, was es letzten Endes sein soll oder will. Allerdings gibt es auch die schlichtere, auf den Superlativ verzichtende Bedeutung: die Tugend nicht als der *aus*zeichnende, sondern lediglich als der *kenn*zeichnende Wesenszug. Hier kann man von einer guten oder einer bösen Tugend sprechen. Nicht zuletzt findet sich das für die Moralphilosophie beziehungsweise philosophische Ethik entscheidende Verständnis: die Tugend als sittliche Vollkommenheit im Gegensatz zu Laster und Sünde.[13]

---

12 Marc Aurel: Selbstbetrachtungen, übers. mit Einleitung u. Anmerkungen v. Albert Wittstock, Stuttgart 1974, Buch II, Abschn. 5, hier gestrafft.
13 Zu dieser Bedeutungsvielfalt s. den Artikel „Tugend" im *Deutschen Wörterbuch*, Bd. 22, München 1984, Sp. 1560–1633,

2.2 Platon: Vier Kardinaltugenden

Ein knapper Blick in die Begriffsgeschichte beginnt mit dem für das abendländische Denken generell überragenden Philosophen Platon. Er schränkt weder *agathon*, gut, noch *areté*, die Tugend, auf Sittlichkeit und Moral ein. So charakterisiert er einen Baumeister oder einen Arzt als gut, wenn sie ihr „Handwerk" beherrschen, also der eine Gebäude zu errichten und der andere Patienten zu heilen versteht.[14] Wir konzentrieren uns hier aber auf das sittliche Verständnis.

Dafür taucht in Platons Hauptwerk, einer Art Enzyklopädie der Philosophie, dem Dialog *Politeia* (*Der Staat. Über das Gerechte*), der Gedanke jener vier Grund- und Haupttugenden auf, die wegen dieser leitenden Aufgabe später Kardinaltugenden genannt werden. Denn ein Gemeinwesen, damals eine Polis, müsse, um richtig gegründet zu sein, vollkommen gut (*teléos agathé*), folglich auch „weise, tapfer, besonnen und gerecht"[15] sein. Die Kardinaltugenden sind hier also nicht Haltungen von einzelnen Personen, sondern Eigenschaften des Gemeinwesens. Allerdings besteht nach einer Grundthese der *Politeia* zwischen den Verhältnissen im Individuum und denen im Staat eine klare Isomorphie: eine strenge Gleichförmigkeit oder Gleichgestaltigkeit.

Platon ist für diese Behauptung, den sogenannten Philosophen-Königssatz, berühmt, dessentwegen er freilich auch scharf kritisiert worden ist (im Folgenden leicht gestrafft):

> Wenn nicht entweder die Philosophen Könige werden in den Staaten oder die heutigen sogenannten Könige und Gewalthaber sich aufrichtig und gründlich mit Philosophie befassen , und dies beides in eines zusammenfällt, politische Macht und Philosophie, gibt es, mein lieber Glaukon, kein Ende des Unheils für die Staaten.[16]

Denn nur dann könne es jene ideale Polis, die *kallipolis*, die „schöne Polis" geben, die das glückliche und zugleich gute Leben aller Bürger ermögliche. Allerdings seien dafür drei – schon damals hochprovokative – Bedingungen zu erfüllen:

Als Erstes sind die Frauen als gleichberechtigt anzuerkennen. Schon für Platon ist also selbstverständlich, was erst vor kurzem, also knapp zweieinhalb Jahrtausende später, politische Wirklichkeit geworden ist: Die gerechten Herrscher, die Philosophen-Könige, können „natürlich" auch Frauen sein. Als Zweites sei nicht für

---

14 Z. B. im Dialog *Charmides*, 165 c–d.

15 „*sophè, andreia, sophròn, dikaía*": *Politeia: Der Staat. Über das Gerechte*, übers. u. erläutert v. Otto Apelt, durchgesehen v. Karl Bormann, Einleitung Paul Wilpert, 11. Auflage, Hamburg 1989, Buch IV 427 e ff.

16 *Politeia*, V 473 d.

die gesamte Bürgerschaft, sondern nur für einen kleinen Teil, die Führungselite eine Frauen-, Kinder- und Gütergemeinschaft geboten. Denn nur dann würden die Politiker vor zwei grundlegenden Konflikten bewahrt: zum einen vor der möglichen Konkurrenz der Verantwortung für das Gemeinwohl mit der für die Familie, zum anderen davor, dass finanzielle Interessen das Gemeinwohl gefährden.

Nach Platons dritter Provokation, dem genannten Philosophen-Königssatz, werden die Schaltstellen der politischen Macht nicht etwa akademisch ausgebildeten Philosophen übertragen, denn derartige Personen gab es damals nicht. Vielmehr sollen gute Herrscher die für ein gutes Gemeinwesen unverzichtbare Gerechtigkeit sowohl kennen als auch in ihrem Tun und Lassen ständig anerkennen.

Die Frage, ob von irgendjemandem diese doppelte Leistung realistischerweise zu erwarten ist, kann hier dahingestellt bleiben. Für eine Theorie der vier Kardinaltugenden ist allein entscheidend, dass laut Platon ein sachgerechter Herrscher die Fähigkeit und Bereitschaft zur Gerechtigkeit besitzen muss. Zusätzlich, um in der jeweiligen Situation das Richtige herauszufinden, braucht er Klugheit oder Weisheit, im Hinblick auf die Welt der emotionalen Antriebskräfte, der Bedürfnisse und Begierden benötigt er Besonnenheit und schließlich, um Gefahrensituationen zu bewältigen, Tapferkeit. Er muss sich insgesamt also durch jene vier Haupttugenden auszeichnen, die später Kardinaltugenden genannt werden.

Noch etwas, das häufig übersehen wird, bleibt zu erwähnen: Wegen der genannten Isomorphie hat der üblicherweise lediglich auf die Polis bezogene Philosophen-Königssatz auf der persönlichen Ebene eine Entsprechung. Zur politischen Bedeutung kommt die personale hinzu. Außer der gewöhnlichen, sozialen oder äußeren Polis gibt es laut Platon nämlich eine innere Polis.[17] Die entscheidende Aussage beginnt mit der Gleichsetzung des Guten und der Gerechtigkeit mit einem superlativischen Glücklichsein: „Der beste und gerechteste Mensch ist der glücklichste." Daran schließt sich der personale Philosophen-Königssatz nahtlos an: „das aber ist der königlichste [*basilikótaton*], der sich selbst wie ein König beherrscht".[18]

Schon in einem vermutlich früher verfassten Dialog, im *Phaidon*, spricht Platon, in diesem Fall auf Individuen bezogen, von vier Haupttugenden, dort Besonnenheit, Gerechtigkeit und Tapferkeit sowie Vernünftigkeit oder Klugheit (*phrónesis*). In anderen Dialogen tauchen freilich umfangreichere Tugendlisten auf: im *Menon*[19] zusätzlich die Großmut (*megaloprepeia*) und im *Protagoras*[20] noch die Frömmigkeit (*hosiotes*), die hier aber nicht als Gottesfurcht, sondern im Sinne der richtigen Ansichten über Gott zu verstehen ist.

---

17 *Politeia*, IX 592 a, X 608 b.
18 *Politeia*, IX 580 b–c.
19 *Menon*, 74 a.
20 *Protagoras*, 330 b und 349 b.

Platons Tugendlehre darf man also nicht auf eine Ethik der Kardinaltugenden verkürzen, auch wenn in der Wirkungsgeschichte die Lehre genau jener vier Haupttugenden vorherrscht.

Zwei weitere Eigentümlichkeiten zeichnen Platons Ethik aus. Mit ihnen werden bis heute beliebte Alternativen unterlaufen. Zum einen werden die Tugenden sowohl um ihrer selbst willen als auch um ihrer (günstigen) Folgen willen geschätzt.[21] Sie sind also beides, sowohl Selbstzweck als auch nützlich. Zum anderen kommen sie beiden Seiten, den Mitmenschen und dem Handelnden selbst, zugute.[22] Wer Tugenden praktiziert, handelt also nicht lediglich altruistisch, sondern erfreulicherweise auch egoistisch. Tugenden auszubilden und sie zu pflegen, liegt mithin im aufgeklärten Selbstinteresse.

Denn, so erklärt Platons Hauptgesprächspartner in der *Politeia*, Sokrates, nur gerechte Menschen leben in wechselseitigem Vertrauen miteinander.[23] Zudem dürfen sie, da sie lieber Unrecht erleiden als begehen,[24] sich selbst achten und finden die Achtung der Menschen, an denen ihnen liegt. Wer hingegen ungerecht lebe, sei nicht bloß zu verachten, sondern auch zu bedauern. Er führe nämlich ein Leben ohne Weltvertrauen, ohne Selbstachtung, nicht zuletzt ohne Freundschaft, die damit indirekt den Rang einer Quasi-Tugend erhält. Wer ungerecht lebt, führt jedenfalls eine bemitleidenswerte Existenz, während die Gerechtigkeit und nur sie das eigene Leben lebenswert macht. In Begriffen der antiken Leitidee, der Eudaimonie, macht Gerechtigkeit glücklich.

Gerechtigkeit ist freilich nur eine notwendige, keine zureichende Bedingung. Für die Eudaimonie sind weitere Tugenden nötig: Zum Zweck der Wohlberatenheit braucht es die Weisheit (*sophia*), in Gefahrensituationen die Tapferkeit und hinsichtlich der Welt von Lust und Unlust, der emotionalen Antriebskräfte, der Bedürfnisse und Begierden, die Besonnenheit, insgesamt also genau das Quartett der Kardinaltugenden.

2.3 Aristoteles: Weitere Tugenden

Bei dem nach Platon zweiten großen Kirchenlehrer der Philosophie, bei Aristoteles, taucht der Gedanke der vier Kardinaltugenden nicht auf. Er kennt nämlich mehr als vier Haupttugenden. Auch in weiteren Hinsichten unterscheidet er sich von seinem „Lehrer" Platon erheblich, bei vier wichtigen Dingen aber nicht: (1) Auch bei ihm ist

---

21 Z. B. *Politeia*, II 358 a.
22 Vgl. *Politeia*, II 367 a.
23 *Politeia*, I 351 d, ausführlicher IX 575 c – 576 a.
24 Z. B. *Gorgias*, 469 c, 473 a u. ö.

von *areté* nicht nur im Bereich des Sittlichen die Rede; (2) sie bezeichnet generell etwas ihrer Art nach Vollendetes; (3) für das sittliche Handeln erkennt er durchaus die vier Haupttugenden als maßgeblich an; (4) schließlich sieht er als leitenden Zweck die Eudaimonie an.

Auch wenn der Gedanke der Kardinaltugenden von Platon stammt und von ihm ausgehend eine überragende Wirkungsmacht entfaltet, gehen so viele für die künftige Tugenddebatte entscheidende Gedanken auf Aristoteles zurück, dass dieser Abschnitt recht ausführlich sein darf: Im Bereich der für den Menschen eigentümlichen Tugenden unterscheidet der Philosoph zwei grundverschiedene Gruppen, die ethischen, sittlichen oder Charaktertugenden und die dianoethischen oder Verstandestugenden. Und sowohl für diese beiden Gruppen als auch für die einzelnen Tugenden entwickelt er Begriffe mit einer hohen Überzeugungskraft.[25] Schließlich behandelt er, und zwar höchst ausführlich, ein Phänomen, das einer Tugend nahekommt und das er zu Recht als für ein angenehmes und gutes Zusammenleben unverzichtbar ansieht, die Freundschaft.[26]

Die genannte Unterscheidung von zwei begrifflich verschiedenen, zum Teil aber aufeinander angewiesenen Tugendgruppen schlägt auf die Theorie der Kardinaltugenden durch. Drei von ihnen, die Besonnenheit, die Tapferkeit und die Gerechtigkeit, gehören nämlich zur ersten Gruppe, zu den Charaktertugenden, die vierte, die Klugheit hingegen zu den Verstandestugenden. Zu beiden Gruppen gehören freilich, wie angedeutet, mehr Tugenden; Aristoteles' Tugendlisten sind weit umfangreicher als die der Kardinaltugenden. Darin tritt Aristoteles' außergewöhnliches Genie zutage. Der Philosoph, der bei anderen Themen hochspekulativ denkt und grundsätzlich mit großem analytischen Scharfsinn argumentiert, will stets, so auch hier, das zur Untersuchung stehende Themenfeld in seinem vollen Reichtum erörtern, zugleich hoch erfahrungsgesättigt und verbunden mit einem *esprit de finesse:* einer Kunst subtiler Differenzierung.

Aristoteles definiert die erste Gruppe, die Charaktertugenden, auf die klassische Art nach Gattung und Art beziehungsweise nach ihrer spezifischen Differenz. Der Gattung nach sind sie eine Einstellung oder Haltung (im Singular: *hexis*, im Lateinischen: *habitus*). Dort, wo ein Tun und Lassen aus einer Haltung heraus erfolgt, dort geschieht es weder aus Zufall noch aus einer im Augenblick vorherrschenden glücklichen Stimmung heraus. Es findet vielmehr, was die Bezeichnung als Charaktertugend rechtfertigt, aus einem festen Bestandteil der Persönlichkeit,

---

25 Hierfür einschlägig sind die Bücher II–V und VI seiner *Nikomachischen Ethik*, übers. u. hrsg. v. Ursula Wolf, Reinbek bei Hamburg 2006.
26 *NE*, Bücher VII–VIII.

eben deren Charakter, statt, infolgedessen nicht einmalig auf die richtige Weise, sondern regelmäßig, in aller Verlässlichkeit.

Ein weiteres Moment muss hinzukommen. Für die wahre Tugend genügt es nicht, ein verlässlicher Teil der Persönlichkeit zu sein. Das entsprechende Handeln muss auch aus jener inneren Zustimmung heraus erfolgen, die sich in der Freude am einschlägigen Tun und Lassen niederschlägt.[27] Wem man hingegen noch die Mühen ansieht, wer gewissermaßen lediglich „mit umwölkter Stirn" richtig handelt, dessen Tugend hat einen Mangel, ihr fehlt es an voller Wirklichkeit. Aristoteles legt hier also auf eine Steigerung wert, auf das Überbieten des nur richtigen hin zu dem mit Leichtigkeit erfolgenden Handeln, die Kants Steigerung des bloß pflichtgemäßen Handelns, der Legalität, zum Handeln aus Pflicht, der Moralität, entspricht.

Nach dem zweiten Definitionselement ist die Charaktertugend der Art nach eine Mitte (*meson*), bei den meisten Charaktertugenden eine Mitte für uns, nur im Falle der Gerechtigkeit eine Mitte an sich. Aristoteles spricht von einer Mitte, weil er die Tugend begrifflich gegen zwei einander konträre Fehlhaltungen, zwei Laster, absetzt, die Tapferkeit oder Zivilcourage zum Beispiel gegen Tollkühnheit auf der einen und gegen Feigheit auf der anderen Seite.

Dieses Bestimmungselement wird über Jahrhunderte eine außergewöhnliche Wirkungsmacht entfalten, später jedoch verworfen. Beispielsweise wird es von Kant mit dem Argument abgelehnt, Tugend und Laster seien nicht bloß gradmäßig, sondern in ihrer Qualität verschieden.[28] Dieser Einwand wird freilich Aristotles nicht gerecht. Denn wie häufig in der Antike so versteht auch er hier die Mitte als etwas Vollkommenes, weshalb er die Charaktertugend durch Superlative bestimmt wie: das Beste, das Äußerste und das dem Gutsein Höchste.[29]

In diesem Sinn verfügt nicht derjenige über Tapferkeit, der von beiden Fehlhaltungen, der Tollkühnheit und der Feigheit, weder zu viel noch zu wenig, der vielmehr einen mittelstarken Affekt besitzt. Denn in derartigen Fällen folgt man noch Affekten, während sich der Tapfere von ihnen freimacht und insofern sich durch eine Affektlosigkeit (*apátheia*) auszeichnet.[30] Tapfer in Aristoteles' Verständnis ist nur, wer, unter Überwindung allen affektbestimmten Handelns, beides, Tollkühnheit und Feigheit, entschieden von sich weist. Weder stürzt sich der Tapfere blindlings und verwegen, nichts fürchtend, in jede Gefahr noch schreckt er, alles fürchtend, hasenherzig und kleinmütig vor jeder Gefahr zurück. Über die einschlägige Charaktertugend verfügt allein, wer Gefahren auf eine grundlegend andere Weise, nämlich beherzt und couragiert, kurz: souverän begegnet.

---

27 Siehe *NE*, II 2, 1104 b 4 ff.; auch III 11, 1117 a 17.
28 *TL*, Einleitung XIII, § 10.
29 Z. B. *NE*, II 2, 1104 b 28; II 5, 1106 b 22; II 6, 1107 a 8 und a 23.
30 *NE*, II 2, 1104 b 24–26.

Diese Souveränität kann man, die Gerechtigkeit ausgenommen, nicht objektiv, sondern nur „für uns", in Abhängigkeit vom jeweiligen Subjekt, bestimmen. Denn die handelnden Personen sind recht verschieden. Freilich darf auch derjenige, der seinem Naturell nach ängstlich ist, keinesfalls feige sein. Bei ihm wird das beherzte Umgehen mit Gefahren aber mit mehr Vorsicht und geringerer Risikobereitschaft erfolgen als bei einer wagemutigen Person, die mehr Risiken einzugehen vermag.

Wie lernt man die Charaktertugenden? Weil es auf die Überwindung affekt-bestimmten Handelns ankommt, kann man sie nicht auf eine theoretische Weise lernen. Niemand wird zu einer tapferen Person durch Abhandlungen oder Vorträge über das Wesen der Tapferkeit. Entscheidend, so betont Aristoteles immer wieder, ist das nach Analogie der Musik wiederholte Einüben. Wie ein Musikinstrument, und so ähnlich auch ein Handwerk, so lernt man auch Charaktertugenden lediglich durch ein immer wieder neues richtiges Tun und Lassen, also die Tapferkeit durch tapferes, die Besonnenheit durch besonnenes und die Gerechtigkeit durch gerechtes Handeln. Dasselbe trifft auf die Kehrseite zu: Das wiederholt feige, unbesonnene oder ungerechte Verhalten verfestigt sich nach einiger Zeit zum entsprechenden negativen Persönlichkeitsmerkmal. In beiden Fällen bildet sich eine zweite Natur heraus, beim wiederholt richtigen Handeln eine Tugend, beim falschen Handeln hingegen ein Laster.

Offensichtlich sind für den erforderlichen Lernprozess Vorbilder hilfreich, sowohl Vorbilder, die man persönlich erlebt und bewundert, als auch Vorbilder, von denen man liest oder hört oder die man neuerdings in den Medien kennenlernt. Dabei kommen beide Arten infrage, positive, etwa zum tapferen Handeln anre-gende, ermunternde und negative, von tollkühnem oder feigem Handeln abschre-ckende Vorbilder. Entscheidend ist ihr Motivationspotenzial: Regen sie zum Nach-machen an oder beflügeln sie sogar dazu?

Auf die Erläuterungen zum generellen Begriff der Charaktertugenden lässt Aristoteles eine Liste von Charaktertugenden folgen mitsamt den Fehlhaltungen des Zuviel und des Zuwenig, also den Lastern, die wir hier nur andeuten. Die Liste umfasst nicht weniger als 13, somit mehr als das Vierfache der aus dem Quartett der Kardinaltugenden bekannten Charaktertugenden. Die *Nikomachische Ethik* beginnt mit der Tapferkeit und der Besonnenheit. Daran schließen sich an das Verhältnis zum Geben und Nehmen von Geld, die Freigebigkeit, und deren Steigerung zur Hochherzigkeit, ferner hinsichtlich Anerkennung und Reputation der Hochsinn beziehungsweise Stolz, jedenfalls ein angemessenes Selbstbewusstsein, und deren Steigerung, eine Mitte zwischen Ehrgeiz und Ehrgeizlosigkeit, für die es keinen Namen gebe. Danach folgen die Tugenden der Sanftmut, der Wahrhaftigkeit und der Gewandtheit, die Freundlichkeit, die Scham und die Entrüstung. Und am Schluss wird besonders ausführlich die Gerechtigkeit behandelt.

Der Ausdruck der Kardinaltugenden beansprucht stillschweigend, die notwendigen und zugleich zureichenden Haupttugenden zu beinhalten. Sollte dieser Anspruch berechtigt sein, dann müsste man Aristoteles' „Zusatztugenden" entweder als eine Art von Untertugenden zu den Haupttugenden oder als nicht ganz so wichtige Tugenden, als eine Art von Nebentugenden, verstehen. Ist das plausibel?

Bei der Tapferkeit und der Gerechtigkeit ist das kaum der Fall. Am ehesten könnte man die Tugend der Mäßigung, die Besonnenheit, als eine Art von Obertugend ansehen wollen, die andere Tugenden wie Freigebigkeit, angemessenes Selbstbewusstsein und Wahrhaftigkeit mitumfasst. Abgesehen davon, dass Aristoteles noch andere Zusatztugenden einführt, verlören aber beide an jenem charakteristischen Profil, das hier seit Platon vorherrscht: sowohl der Gegenstand, die Begierden und Leidenschaften, die die Besonnenheit zu mäßigen hat, als auch die Besonnenheit selbst. Vor allem hat man nichts gewonnen, eher geht viel verloren, wenn man das Verhältnis zum Geld, das zur Anerkennung und Reputation, das zu einer Selbstdarstellung jenseits von Angeberei und geheuchelter Bescheidenheit, was Aristoteles als Wahrhaftigkeit erörtert, wenn man also diese und die weiteren von unserem Philosophen untersuchten Charaktertugenden zu Untertugenden der Besonnenheit erklärt.

Eine weitere Neuerung von Aristoteles: Wie im Falle von Platons Gedanken der Kardinaltugenden so benötigen auch bei seinem „Schüler" die Charaktertugenden die Ergänzung einer Verstandestugend. Dazu nimmt Aristoteles jedoch eine Veränderung vor, die noch einschneidender sein dürfte als die Erweiterung der Liste von Charaktertugenden. Deren notwendige Ergänzung zählt Aristoteles zu den dianoethischen Tugenden, denen er das sechste Buch der *Nikomachischen Ethik* widmet. Aristoteles behandelt dort fünf, was gegenüber der nur einen Verstandestugend innerhalb der Kardinaltugenden erneut eine Vervielfachung bedeutet. Gemeinsam ist den fünf, durch Bejahen und Verneinen die Wahrheit zu treffen. Weil diese Eigentümlichkeit mangels der Möglichkeit zu täuschen bei zwei weiteren geistigen Tätigkeiten nicht existiert, bei der Vermutung (*hypólepsis*) und der Meinung (*doxa*), nimmt Aristoteles sie in seine Liste nicht auf.

Diese zerfällt, so die einschneidende Neuerung, in zwei grundverschiedene Gruppen, die in einem weiteren Sinn praktischen und die theoretischen Verstandestugenden. Bei der ersten Gruppe beginnt er mit dem Herstellungswissen, der Kunstfertigkeit (*techne*), an die er die sittliche Urteilskraft, die Klugheit (*phrónesis*), anschließt. Gemäß dem Themenfeld der Schrift, einer Ethik, widmet Aristoteles ihr den weitaus größten Umfang des sechsten Buches: Von insgesamt elf Kapiteln befassen sich neun ausschließlich oder mitlaufend mit der Phronesis.

An die zwei praktischen schließen sich drei theoretische Verstandestugenden an: die Wissenschaft (*epistéme*), das intuitive Denken des Geistes (*nous*) und die Weisheit (*sophia*). Von diesen fünf dianoethischen Tugenden ist einzig die Klugheit für das sittliche Handeln wichtig, sogar unabdingbar. Bei alle anderen hingegen spielt das sittliche Tun und Lassen keine Rolle. Der Ausdruck der Weisheit lässt zwar an die vierte Kardinaltugend denken, ist bei Aristoteles aber für eine ganz andere Sphäre zuständig: für die Vollendung der natürlichen Wissbegier in dem von allem äußeren Nutzen freien Wissen um schlechthin erste Ursachen und Gründe.[31] Weil sich die dafür einschlägigen Forscher wie Anaxagoras und Thales, so heißt es in der *Nikomachischen Ethik*, mit außergewöhnlichen, wunderbaren und schwierigen Dingen befasst haben, werden sie weise genannt.[32]

Die Klugheit (*phrónesis*) ist nach Aristoteles eine Urteilskraft, die sich mit einer Vorabverpflichtung auf sittliches Handeln verbindet. Damit setzt sie sich gegen zwei andere Arten von Urteilskraft ab, gegen den moralisch indifferenten, rein interessegeleiten, bloß instrumentellen Scharfsinn (*deinótes*), und gegen die „machiavellistische Klugheit", die Schlauheit des Fuchses, die Gerissenheit oder Verschlagenheit (*panourgía*). Die Klugheit selbst ist zwar allein für die richtigen Mittel und Wege verantwortlich, dies aber nicht hinsichtlich irgendwelcher Ziele und Zwecke, sondern ausschließlich im Blick auf das gute und gelungene Leben insgesamt.

Für diese Grundausrichtung sind zwar die Charaktertugenden verantwortlich. Die Verstandestugend der Klugheit hingegen sorgt dafür, dass unter Voraussetzung der sittlichen Grundausrichtung die der jeweiligen Situation und Person angemessenen Mittel und Wege ausfindig gemacht werden. Um diese für den jeweiligen Einzelfall zuständige Urteilsfähigkeit am Beispiel tapferen Handelns zu illustrieren: Mittels der Tapferkeit reagiert man auf Gefahren weder tollkühn noch feige, vielmehr unerschrocken, während die Klugheit die jeweils sachgerechten Mittel und Wege überlegt und sich für sie entscheidet.

2.4 Thomas von Aquin: Drei christliche Sondertugenden

Für den Philosophen und Theologen Thomas von Aquin, wegen seines überragenden Gewichts zum Kirchenlehrer erhoben, ist Aristoteles das maßgebliche philosophische Vorbild. Sein christlicher Aristotelismus bildet einen Höhepunkt des mittelalterlichen Denkens. Weil Thomas den Eigenwert der profanen Welt betont, kann er für unser weitgehend säkulares Denken ein Vorbild sein. Im Anschluss an eine Stelle aus Paulus' Brief an die Römer (Vers, 2,15), derzufolge das natürliche Gesetz allen Menschen „ins Herz geschrieben" ist, hebt er die Eigenmacht der

---

31 Siehe Aristoteles: *Metaphysik*, übers. v. Hermann Bonitz, Reinbek bei Hamburg 1994, Buch I, Kap. 1.
32 *NE*, VI 7, 1141 b 4 ff.

menschlichen Vernunft hervor. Von der Bevormundung durch den Glauben emanzipiert, wird die natürliche Vernunft von aller Offenbarung frei und zu einer eigenständigen Philosophie, übrigens einschließlich der philosophischen Theologie, ermächtigt, sogar beauftragt. Mit allem Nachdruck setzt sich Thomas für ein religionsunabhängiges, rein säkulares Denken ein, das er in einem erheblichen Teil seines immensen Œuvres vorbildlich praktiziert.

Der später „Fürst der Scholastik" genannte Thomas bestreitet „natürlich" nicht den Wert der im Alten und Neuen Testament niedergelegten göttlichen Offenbarung. Deren Aussagen und Einsichten, sagt er, ergänzen zwar, widersprechen aber nicht den mit Hilfe der allgemeinmenschlichen Vernunft gewonnenen Erkenntnissen. Die christliche Religion und die säkulare Wahrheit, ebenso die Philosophie und die Theologie befinden sich vielmehr grundsätzlich gesehen in harmonischer Eintracht.

Thomas widmet der Theorie der weltlichen Tugenden zwei Disputationsschriften, *Quaestiones disputatae* genannt: *De virtutibus in communi* (*Über die Tugenden im Allgemeinen*) und *De virtutibus cardinalibus* (*Über die Kardinaltugenden*). Zwei weitere handeln über zwei der spezifisch christlichen Tugenden: *De caritate* (*Über die Liebe*) und *De spe* (*Über die Hoffnung*). Gemäß seiner generellen Bewunderung für Aristoteles schließt er sich in der Theorie der weltlichen Tugenden in wesentlichen Punkten Aristoteles an und lässt alle religions- und offenbarungsbezogenen Überlegungen beiseite.

So übernimmt er die Bestimmung der Tugend als durch Einüben und Gewöhnung erworbene Haltung (*habitus*), die ihrem Wert nach die Mitte zwischen zwei Fehlhaltungen oder Lastern bildet. Wer über Tugend verfügt, vermag in seinem Tun und Lassen freiwillig, bewusst und ohne zu schwanken das Gute und Richtige zu treffen. Insofern gilt das sittliche Handeln wesentlich als eine Eigenaufgabe und Eigenleistung des Menschen, in Ablehnung der beim ersten Kirchenvater, Augustinus, anklingenden übersteigerten Abhängigkeit von göttlicher Gnade.

Ebenso übernimmt Thomas Aristoteles' Erläuterungen der Besonnenheit oder Mäßigung, bei ihm *temperantia*, der Tapferkeit: *fortitudo*, der Klugheit: *prudentia*, und der Gerechtigkeit: *iustitia*. Wie Platon, hier vermutlich aber eher vom christlichen Kirchenvater Ambrosius beeinflusst, erklärt er diese und nur diese vier Tugenden zu den entscheidenden Haupttugenden oder Kardinaltugenden. Er folgt also nicht Aristoteles' reicheren Tugendlisten, greift aber Aristotles' Unterscheidung von Charakter- und Verstandestugenden auf und spricht den Charaktertugenden das größere Gewicht zu.

Erneut aristotelisch ist Thomas' Anerkennung des Glücks als Leitziel aller menschlichen Tugenden. Allerdings sei das entsprechende Glück noch kein vollkommenes, sondern ein defizitäres Glück, das sich noch nicht auf das wahre Glück, die *beatitudo*, belaufe. Denn es fehle der dafür erforderliche Bezug zu Gott. Insofern wird die Eigenmacht der innerweltlichen, „heidnischen" Tugenden, zugleich das Eigenrecht des Diesseits zugunsten des Jenseits, des ewigen Heils, denn doch eingeschränkt.

Zum eigentlichen Glück braucht es nach Thomas andere, in ihrer Art grundlegend neue Tugenden. Es sind drei religiöse, theologische oder christliche Tugenden: der Glaube, die Hoffnung und die Liebe. Diese lassen sich nicht mehr durch Einüben und Gewöhnung erwerben, sind vielmehr auf göttliche Gnade angewiesen, auch wenn sie sich ohne die Mitwirkung des Menschen nicht realisieren lassen. Weil die neuartigen Tugenden für das wahre Glück unabdingbar sind, erweist sich das in den weltlichen Tugenden enthaltene Potenzial für das Lebensglück als unzureichend. Später, in Kapitel 5, werden sie näher untersucht, dabei wird gezeigt, dass sie nicht notwendig religiös verstanden werden müssen. Bei Thomas ist das aber der Fall: Im Glauben (*fides*) erlangt der Mensch eine alle Zweifel überbietende Gewissheit der geoffenbarten Heilswahrheiten und nimmt auf diese Weise die endgültige Gemeinschaft mit Gott vorweg. Die zweite christliche Tugend, die Hoffnung (*spes*), besteht in der unerschütterlichen Zuversicht, dass Gott seine Zusage des ewigen Heils einhält. In der Liebe (*caritas*) schließlich erfährt man sich schon in eins mit Gott.

Die Wirklichkeit dieser Tugenden beeinträchtigt die Reichweite der Kardinaltugenden. Die *temperantia* beispielsweise muss auf jenen Anteil des eigenen Willens verzichten, der in Konkurrenz zum Glauben treten, nämlich zum Abfall von Gott führen könnte. Entsprechendes gilt für die Hoffnung und die Liebe: Wer nicht auf Gott, seine Verheißung des endgültigen Heils, vertraut und wer seine Liebe nicht in letzter Instanz auf die Gemeinschaft mit Gott richtet, der handelt seinem doch natürlichen Verlangen nach vollkommenen Glück zuwider.

Weil also nur die christlichen Tugenden das wahre Glück und endgültige Heil ermöglichen sollen, erörtert Thomas sie vor den weltlichen Tugenden.[33] Trotzdem streitet er den Kardinaltugenden nicht ihren Eigenwert ab. Bei der Mäßigung beispielsweise betont er nicht die negative Seite, den Verzicht, sondern hebt die positive Seite hervor: Solange man in der Welt der Sinnlichkeit Maß halte, dürfe man die Freuden des Essens, des Trinkens und der Sexualität genießen. Denn die beiden ersten Freuden dienen letztlich der Selbsterhaltung, die dritte Freude schließlich der Erhaltung der Gattung der Menschen.

---

33 Thomas von Aquin: *Summa theologica*, Zweiter Teil des zweiten Teiles, Quaestiones 1ff.

2.5 Frühe Neuzeit

Revolutionäre Neuerungen finden sich in dieser Epoche nicht, daher darf der Blick auf nur wenige Hauptvertreter knapp ausfallen.[34]

Nach dem Renaissance-Dichter Francesco Petrarca sind Tugenden Heilmittel gegen die Launen der Fortuna. Bei Machiavelli findet sich ein ähnliches, jedoch allein auf politische Herrschaft bezogenes Verständnis. Dessen Hauptwerk, *Il principe* (*Der Fürst*), greift nämlich auf die lateinische Grundbedeutung zurück, auf die Tüchtigkeit und Tatkraft des Mannes, des *vir*: Um erfolgreich zu sein, braucht der Herrscher eine *virtù*, also Tugend genannte moralisch indifferente Durchsetzungsfähigkeit. Allein mit ihrer Hilfe und ausdrücklich nicht mit den herkömmlichen Tugenden wie Milde, Treue, Aufrichtigkeit und Menschlichkeit vermag er selbst über die unberechenbare Fortuna zu gebieten, infolgedessen seine Herrschaft erst zu erringen und sodann zu erhalten.

Gehen wir etwas näher auf Michel de Montaigne ein, denn mit ihm beginnt eine neuartige literarisch-philosophische Gattung, die europäische Moralistik. Von der antiken Skepsis inspiriert, verfasst der Autor ironisch-spielerische, sprachlich geschliffene, häufig zu brillanten Aphorismen zugespitzte *Essais* (*Versuche*). In ihnen beschreibt er vor allem die *mores*, die tatsächlich gelebten und gepflegten Sitten. Obwohl er die Menschen darstellt, wie sie tatsächlich sind, und moralische Vorschriften meidet, vertritt Montaigne für die Tugend einen recht anspruchsvollen Begriff. Während nach Aristoteles der Tugendhafte daran zu erkennen ist, dass er das moralisch Richtige tut, kann man nach Montaigne erst dort Tugend für sich beanspruchen, wo es Widerstände zu überwinden gilt. Während es gut veranlagten und ausgeglichenen Menschen leichtfalle, richtig zu handeln, heißen nämlich nur diejenigen Personen tugendhaft, die auf ihrem Weg zum richtigen Tun und Lassen gewisse Schwierigkeiten zu bewältigen haben.

Zwei Generationen später hält erneut ein Franzose, René Descartes, die *générosité*, den Großmut und die Großzügigkeit, sowohl für den Schlüssel zu allen Tugenden als auch für ein Heilmittel gegen die Verirrungen der Leidenschaften. Denn sie trage dazu bei, nichts zu begehren, das von uns nicht abhängt und trotzdem, wenn es nicht eintrifft, uns betrübt. Dieser Gedanke hat fraglos einen stoischen Charakter, den Descartes jedoch insofern überhöht, als er die *générosité* auch als eine berechtigte Selbstachtung bestimmt, die einer freien Verfügung über den eigenen Willen entspringe.

---

[34] Etwa ausführlicher und Nachweis der Quellen in: Höffe, Otfried/Christof Rapp: Art. „Tugend", III: Neuzeit, in: Ritter, Joachim/Karlfried Gründer/Gottfried Gabriel (Hrsg.): *Historisches Wörterbuch der Philosophie*, Basel 1998, Bd. 10, Sp. 1554–1559.

Für den Niederländer Baruch de Spinoza besteht die Natur des Menschen in seiner Erkenntnisfähigkeit. Da deren höchster Gegenstand Gott ist, besteht die höchste Tugend des Geistes darin, Gott zu erkennen und ihn auf geistige Weise zu lieben. Auf diese Weise befreit sich der Mensch von seinen ihn hemmenden Affekten. Und weil in der die Affekte hemmenden Erkenntnis Gottes das menschliche Glück besteht, ist das Glück nicht der Lohn der Tugend, sondern die Tugend selbst.

Von den britischen Philosophen des moralischen Gefühls (*moral sense*) sei nur der Schotte Francis Hutcheson erwähnt. Er wird nämlich für unseren nächsten Tugenddenker, Immanuel Kant, ein wichtiger Gesprächspartner sein, da er ihm zunächst zustimmt, sich dann aber gegen ihn absetzt. Nach Hutcheson ist das moralische Gefühl, ein Gefühl zweiter Stufe, für die Billigung moralisch richtigen und die Missbilligung moralisch falschen Handelns zuständig. Den Schlüssel dafür sieht er in einem die Eigeninteressen relativierenden Wohlwollen (*benevolence*), wodurch die Tugenden letztlich allesamt zu Sozialtugenden werden. Bei Hutcheson konzentriert sich, oder genauer: verkürzt sich die Ethik auf eine Sozialethik.

2.6 Kant: Eine revolutionär neue Theorie

Noch immer beziehen sich Moralphilosophen, die das Themenfeld der Tugend rehabilitieren wollen, vornehmlich auf Aristoteles und die Stoa sowie deren modifizierende Übernahme durch christliche Moralphilosophen wie Thomas von Aquin. Kant hingegen wird aus den Rehabilitierungsversuchen ausgeschlossen, da er eine Ethik favorisiere, in deren Mittelpunkt nicht mehr der Begriff der Tugend, sondern der der Pflicht stehe. Richtig ist, dass der Pflichtbegriff bei Kant eine weit größere Bedeutung erhält, als es bei den traditionellen Tugendethikern der Fall ist. Daraus folgt bei ihm aber weder eine Missachtung der Tugend noch gar deren vollständige Entmachtung.

Bei einer philosophischen Erneuerung des Tugendbegriffs Kant zu übergehen, ist aus zwei weiteren Gründen erstaunlich. Bekanntlich hat der Königsberger Philosoph in der Moralphilosophie eine wahre Revolution vorgenommen. Von ihr pflegt die zeitgenössische Ethik in der Regel mindestens den Teil zu übernehmen, der das aus der Antike stammende Prinzip des Glücks beziehungsweise der Glückseligkeit, der Eudaimonie oder der *beatitudo* oder *felicitas*, radikal verwirft und an deren Stelle das Prinzip der Autonomie, der Selbstgesetzgebung des Willens, setzt. Selbst wer dem nicht folgt, darf darüber hinaus nicht übersehen, dass Kant zur Tugend eine eigene umfangreiche Schrift verfasst hat. Veröffentlicht hat er sie als zweiten Teil seiner *Metaphysik der Sitten*. Auf deren ersten Teil, die *Metaphysischen Anfangsgründen der Rechtslehre*, zu verstehen nicht als Unterricht über das Recht, sondern als deren System, lässt er als zweiten und komplementären Teil die *Me-*

taphysischen Anfangsgründe der Tugendlehre folgen. Erneut ist nicht der Unterricht über diesen Gegenstand gemeint, sondern dessen systematische Darstellung, also ein System der Tugend.

In dessen Rahmen nimmt Kant einige weitreichende, man muss es wiederholen: revolutionäre Veränderungen vor. Auch wer sie nicht übernehmen will, muss sich, um in argumentativer Hinsicht gründlich zu sein, mit ihnen auseinandersetzen. Die erste Veränderung wurde bereits genannt: Der Tugendbegriff hat seinen systematischen Ort nicht mehr in einer Ethik der Eudaimonie, sondern in einer der Autonomie. Weil es bei ihr auf die Freiheit als Prinzip der inneren Gesetzgebung ankommt, spricht Kant gemäß dem griechischen Wort für Freiheit, *eleutheria*, von „Eleutheronomie", von Freiheitsgesetzgebung. Zu ihr gehören Kants uns vertraute moralphilosophische Begriffspaare: Pflicht im Gegensatz zur Neigung, Handeln aus oder nur gemäß der Pflicht, Moralität und Legalität, vollkommene und unvollkommene Pflichten und Pflichten gegen sich und gegen andere.

Die nächste Korrektur betrifft den zugrunde gelegten Grundbegriff. Kant zufolge hielt man bisher die Tugend lediglich für eine durch fortgesetztes Einüben erworbene Gewohnheit. Dann aber vollbringe man bestenfalls das, was die Pflicht gebiete oder verbiete, man handle bloß gemäß, aber nicht, was die wahre Moral fordere, aus Pflicht. Ob Kant damit der überlieferten Tugendethik gerecht wird, kann hier dahingestellt bleiben. Entscheidend ist Kants eigener Begriff, der zumindest in dieser Klarheit und Schärfe bislang nicht erkannt worden ist: dass die wahre Tugend in der „Stärke der Maxime", also des dem Handeln zugrundeliegenden Grundsatzes, „in der Befolgung der Pflicht" bestehe. Diese Bestimmung ist gleichbedeutend mit der kurz darauf folgenden Erläuterung der Tugend als der „in der festen Gesinnung gegründeten Übereinstimmung der Willkür mit der Pflicht".[35]

In beiden Bestimmungen wird der Tugendbegriff zu einem festen Bestandteil der Pflichtethik, so dass von einer Alternative – Tugend- *oder* Pflichtethik – keine Rede sein kann.

Kants revolutionär neuer Tugendbegriff hat zwei weitere, erneut höchst anspruchsvolle Folgen. Zum einen ist die Tugend, weil „eine moralische Stärke des Willens", ein unerreichbares Ideal, dem man sich trotzdem „beständig anzunähern"[36] hat. Zum anderen lehnt unser Philosoph, wie gesagt, das Verständnis der Tugend als eine durch Einüben erworbene Gewohnheit ab. Aus diesem Grund kann das höchste dem Menschen aufgegebene Erziehungsziel, die moralische Bildung, nicht auf dem Weg einer moralischen Reform, einer nach und nach erfolgenden „Besserung der Sitten", erreicht werden. Es braucht vielmehr, heißt es in der Schrift

---

35 *TL*, VI 394 f.
36 *TL*, VI 409.

Die Religion innerhalb der Grenzen der bloßen Vernunft, nichts weniger als eine „Revolution der Gesinnung". Diese besteht in einer einmaligen „Entschließung", aus der „gleichsam ein neuer Mensch" hervorgehe.[37]

Nur dann, betont Kant schon in der *Kritik der praktischen Vernunft*, wird man würdig, glücklich zu sein. Der Philosoph verwirft zwar die Ethik der Eudaimonie, lehnt aber trotzdem den dort behaupteten Zusammenhang von Tugend und Glück nicht ab. Er führt jedoch eine Unterscheidung ein zwischen dem in dieser Welt tatsächlich zu erreichenden Glück und der „Würdigkeit glücklich zu sein" und erklärt, wer moralisch handle, werde zwar des Glücks würdig, könne aber nicht damit rechnen, schon in dieser Welt dieses Glücks teilhaftig zu werden. Infolgedessen verbindet sich Kants neuer Tugendbegriff mit einem anderen, für säkulare Zeitgenossen von heute provokativen Lehrstück, der sogenannten Postulatenlehre.

Ihr Anlass ist eine schwerlich zu leugnende Erfahrung: Im empirisch erlebten, dem irdischen Leben kann es den Bösewichten gut, den moralisch integren Menschen hingegen schlecht ergehen. Damit eine derartige Welt nicht als zutiefst unvernünftig – als sinnlos – erscheint, muss man laut Kant zwei Dinge postulieren, womit er keine objektive Erkenntnis, aber auch keine willkürliche Annahme meint:

Zum einen muss man eine Instanz annehmen, die man Gott zu nennen pflegt, weil sie über drei Eigenschaften verfügt. Dank der Allwissenheit weiß sie, inwieweit die Menschen, sofern sie rechtschaffen gelebt haben, des Glücks würdig geworden sind. Dank der Allmacht kann sie den Betreffenden das gemäß ihrer Glückswürdigkeit verdiente Glück zukommen lassen. Und dank der Allgerechtigkeit sorgt sie genau dafür.

Damit die Rechtschaffenen aber das erfahren, was ihnen in dieser Welt nicht notwendigerweise zukommt, ein ihrer Rechtschaffenheit entsprechendes Maß an Glück, müssen die Menschen zum anderen über den irdischen Tod hinaus leben. Das pflegt man eine unsterbliche Seele zu nennen, so dass darin, in der Annahme einer unsterblichen Seele, das zweite Postulat besteht. Diese beiden Postulate braucht es also, wenn man eine Welt, in der es den Bösewichten gut, den Rechtschaffenen hingegen schlecht ergehen kann, nicht für das letzte Wort halten will und dann an der erfahrbaren Wirklichkeit vielleicht verzweifelt.

Kants Theorie der Tugend enthält eine weitere Neuerung, jetzt – abgesehen etwa von Hutcheson – nicht im Verhältnis zur traditionellen, sondern zur heutigen Ethik. In jener herrscht die Konzentration auf eine Sozialethik vor, denn sie kennt in der Regel nur Pflichten gegen andere. Kants *Tugendlehre* legt hingegen darauf wert,

---

37 Kant, Immanuel: *Die Religion innerhalb der Grenzen der bloßen Vernunft* (= *Rel.*), in: *Kants Werke*, Akademie Textausgabe, hrsg. von der Preußischen Akademie der Wissenschaften, Bd. 6, Berlin 1968, VI 47 f.

dass es außer den Pflichten gegen andere, den Fremdpflichten, auch Pflichten gegen sich, die Selbstpflichten, und ihnen entsprechende Grundhaltungen gibt.

Den zuständigen Tugendpflichten kommt es auf zwei Leitzwecke an, auf die eigene Vollkommenheit und die fremde Glückseligkeit. Offensichtlich gehört zur eigenen Vollkommenheit die Entwicklung zu jener moralischen Persönlichkeit, ohne die man schwerlich die Pflichten gegen andere erfüllen kann. In diesem Sinn enthält Kants revolutionär neue Tugendtheorie eine weitere Provokation: Ohne Selbstpflichten gibt es keine Fremdpflichten, ohne Personalethik keine Sozialethik.

Schließlich ist auch diese Besonderheit zu betonen: Man wirft Kant gern eine herzlose, an Inhumanität grenzende Pflichtethik vor, die das moralisch Richtige gewissermaßen „mit umwölkter Stirn" zu erfüllen gebiete. In Wahrheit entwickelt Kant gegen Ende der *Tugendlehre*, im Paragraphen 53, jene zweidimensionale „Kultur der Tugend", die das moralisch verbindliche Tun und Lassen so lange einübt, bis es die Stabilität eines Charaktermerkmals erreicht. Dabei wird eine andere Alternative überwunden, die weit verbreitete Ansicht, in der Ethik müssten sich zwei einflussreiche Schulen der Antike, die Stoa und die Schule Epikurs, widersprechen. Kant jedenfalls verbindet sie, mithin zwei heidnische, nicht etwa christliche Quellen miteinander:

Nach der einen Dimension soll der Mensch, um sich „moralisch gesund zu erhalten", den Wahlspruch der Stoiker befolgen: „gewöhne dich, die zufälligen Lebensübel zu *ertragen* und die eben so überflüssigen Ergötzlichkeiten zu *entbehren*." Allerdings sei die Gesundheit „nur ein negatives Wohlbefinden, sie selber kann nicht gefühlt werden". Deshalb „muß etwas dazu zukommen, was einen angenehmen Lebensgenuß gewährt und doch bloß moralisch ist". Hier kommt nun die zweite Dimension der Tugendkultur zum Tragen, die die Kant gern vorgeworfene Kaltherzigkeit ausdrücklich ablehnt, denn sie gebietet „das jederzeit fröhliche Herz in der Idee des tugendhaften *Epikurs*". Sofern man bei der Erfüllung moralischer Pflichten auf die Erfüllung von mancherlei Lebensfreuden verzichten muss, hat man, was Kant eine sich selbst peinigende Mönchsasketik nennt, zu vermeiden und stattdessen gleichermaßen die Tapferkeit des Stoikers und die Fröhlichkeit eines Epikurs zu praktizieren.[38]

---

[38] *TL*, § 53.

2.7 Neuere Tugendethik

Im 20. Jahrhundert wird die klassischen Tugendethik, insbesondere die des Aristoteles und des Thomas von Aquin, wiederentdeckt. Hier seien nur wenige Beispiele erwähnt:[39]

Nach dem Phänomenologen Nicolai Hartmann sind die Tugenden spezielle sittliche Werte, folglich „Werte des menschlichen Verhaltens selbst".[40] Deren Theorie, die Lehre der Tugenden, gehe in systematischer Hinsicht einer Lehre der Pflichten voran.

Die traditionell erste Kardinaltugend, die Besonnenheit, versteht Hartmann als Maß und Ebenmaß, als „Eindämmung des zerstörend Unmäßigen". Zugleich widerspricht er vehement dem asketischen Ideal, das wie in den griechischen Philosophenschulen der Kyniker und der Stoa die Affekte auszurotten fordere. Weil er in den Affekten die „Wurzel des emotionalen Lebens und der seelischen Kraft" erblickt, hält er dieses Ideal für „naturwidrig" und glaubt, die christliche Vorstellung von der „wurzelhaften Sündhaftigkeit der menschlichen Natur" habe dieser Vorstellung Vorschub geleistet. Lieber sympathisiert er mit der „Epikureischen Verfeinerung, Bereicherung, Durchbildung des Gefühlslebens". Und Aristoteles lobt er, weil bei ihm die „Stumpfheit des Gefühls" als ein Laster eingeschätzt werde. Hartmann plädiert sogar für eine Steigerung der Genussfähigkeit „im Sinne des ethischen ‚guten Gefühls' (der *sapientia*)".

In anderer Weise, vornehmlich unter Berufung auf den Kirchenvater der „noch ungeteilten Christenheit", Thomas von Aquin, erneuert der dezidiert christliche Philosoph Josef Pieper die klassische Theorie der Kardinaltugenden und erweitert sie um eine Theorie der theologischen Tugenden, die wir bei Thomas von Aquin kennengelernt habe: Glaube, Hoffnung und Liebe. Seine essayistischen Überlegungen fasst er später in dem Band *Das Viergespann. Klugheit, Gerechtigkeit, Tapferkeit, Maß*[41] zusammen.

Ein besonderes Gewicht erhält hier die Tapferkeit. Mit Nachdruck setzt Pieper sie gegen „die gezähmte ‚Ordentlichkeit' und ‚Bravheit' des Spießbürgers" ab, denn sie bestehe in der „seinshaften Erhöhung der menschlichen Person". Der Grund: Tapferkeit „ist das ultimum potentiae, das Äußerste dessen, was ein Mensch sein kann; sie ist die Erfüllung menschlichen Sein-Könnens, ... die Unbeirrbarkeit der Richtung des Menschen auf die wahrhafte Verwirklichung seines Wesens".[42]

---

39 Etwas ausführlicher in Höffe/Rapp, Art. „Tugend", Sp. 1554–1570, bes. Sp. 1564 ff.
40 Hartmann, Nicolai: *Ethik*, Berlin/Leipzig 1926, S. 379; dort auf den folgenden Seiten die Zitate meines nächsten Absatzes.
41 Pieper, Josef: *Das Viergespann. Klugheit, Gerechtigkeit, Tapferkeit, Maß*, München 1977.
42 Pieper, Josef: *Über die Hoffnung*, München 1949, S. 25.

Für eine zweite Kardinaltugend, die Besonnenheit, wählt er einerseits im Anschluss an den lateinischen Ausdruck der *temperantia* das „Maß", andererseits „Zucht und Ordnung". Den für heutige Ohren fraglos befremdlichen Ausdruck „Zucht" erläutert er mit dem Zusammenhang zu „Erziehung". Im Gegensatz zu einer banalisierenden Verkürzung auf „Mäßigkeit im Essen und Trinken mit dem Gegensatz zur Völlerei" schaffe die *temperantia* nämlich eine innere Ordnung. Der in der Nachkriegszeit vielgelesene, auch ins Englische übersetzte Philosoph legt erneut Wert auf die außergewöhnliche, schon zur Vollkommenheit gereifte Persönlichkeit und setzt sie gegen den durchschnittlichen, gewöhnlichen Menschen ab.

Der Phänomenologe Otto Friedrich Bollnow veröffentlicht unter dem Titel *Wesen und Wandel der Tugenden* eine thematisch sehr weit gefasste Untersuchung. Nach der einleitenden Klage über ein „absinkendes Verständnis" hinsichtlich mancher Tugenden versucht er, „den ganzen Reichtum der Tugendmöglichkeiten als Ausdruck des menschlichen Wesens verständlich zu machen".[43] Denn für Bollnow sind die Tugenden nichts weniger als „gewissermaßen das Sediment, das sich im wiederholten sittlichen Verhalten der Menschen ablagert".[44]

Bollnow bestreitet die Möglichkeit eines Systems der Tugenden, damit indirekt den Gedanken von Kardinaltugenden, in denen sich angeblich die Haupttugenden des Menschen bündeln. Die vier Kardinaltugenden der Tapferkeit, Besonnenheit, Klugheit und Gerechtigkeit werden zwar allesamt behandelt. Er interessiert sich aber darüber hinaus auch für die bürgerlichen Tugenden, bei ihm Ordnung, Sparsamkeit und Reinlichkeit, in einem eigenen Kapitel noch für den Fleiß. Ebenso untersucht er die Bescheidenheit, die Gelassenheit und die Wahrhaftigkeit sowie die Treue und das Vertrauen.

Im selben Jahr, in dem Bollnows „Theorie" der Tugenden erscheint, plädiert die Wittgenstein-Schülerin G. E. Anscombe in ihrem wegweisenden Aufsatz „Modern Moral Philosophy"[45] für eine grundlegend andere philosophische Ethik. Bislang herrschten ihrer Meinung nach der Utilitarismus und Kants Moralphilosophie vor, zwei Richtungen, in deren Mittelpunkt die Begriffe des Sollens und der Pflicht stünden. Auf diese Begriffe verzichte man aber besser ganz. Denn deren Hintergrund bilde ein Gesetzesverständnis der Ethik, das wiederum auf die jüdisch-christliche Tradition eines göttlichen Gesetzgebers zurückgehe, was für die moderne säkulare Gesellschaft nicht mehr tauglich sei. (Kant lehnt freilich ausdrücklich eine Theonomie ab, die Ansicht, Gebote und Verbote seien deshalb moralisch verbindlich, weil sie von Gott (*theos*) erlassene Gesetze (*nomoi*) seien.)

---

43 Bollnow, Otto Friedrich: *Wesen und Wandel der Tugenden*, Frankfurt am Main u. a. 1958, S. 18.
44 Bollnow, *Wesen und Wandel der Tugenden*, S. 201.
45 Anscombe, Gertrude Elizabeth Margaret: „Modern Moral Philosophy", in: *Philosophy* 33, 1958, S. 1–19.

Jedenfalls sei eine Pflichtethik zugunsten jener Tugendethik (*virtue ethics*) zu verabschieden, die zunächst Begriffe wie Handlung, Absicht, Lust und Wollen sowie weitere verwandte Begriffe untersuche, bis sie schließlich zum Begriff der Tugend gelange. Bei ihm, dem Begriff eines vorbildlichen Charakters, könne und solle die für die moderne säkulare Gesellschaft allein taugliche philosophische Ethik ansetzen, um nicht mehr zu fragen, ob man nach Maßgabe gewisser Prinzipien x tun und y lassen solle, sondern ob das entsprechende Handeln unter den jeweiligen Umständen vernünftig beziehungsweise gerecht sei.

Obwohl Anscombe die klassische Tugendethik zu erneuern fordert, fehlt bei ihr das für diese Tradition doch wichtige und etwa von Bollnow in Angriff genommene Element: die detaillierte Analyse einzelner Tugenden. Trotz dieses doch erheblichen Defizits erfährt die geforderte *virtue ethics* eine erhebliche Blüte. Wichtige, nicht nur englischsprachige Vertreter stellen Klaus Peter Rippe und Peter Schaber in dem bereits erwähnten Band *Tugendethik*[46] vor.

Die zweite Grande Dame der neueren Tugendethik, Philippa Foot, unterscheidet zwei Arten von Tugenden: Während Tugenden wie Tapferkeit und Besonnenheit die Wirkung gewisser Affekte einschränken, gleichen andere wie die Gerechtigkeit und die Wohltätigkeit gewisse Motivationsdefizite aus.[47]

Der wohl stärkste Impuls für die neuere anglophone Tugendethik geht vom US-Amerikaner Alasdair MacIntyre aus. Ihm zufolge habe die sonst so hochgeschätzte Epoche der Aufklärung uns eine völlige Beliebigkeit der moralischen Standpunkte beschert.[48] Zur Überwindung der dadurch entstandenen moralischen Krise plädiert MacIntyre für ein von Aristoteles inspiriertes Moralverständnis, bei dem die Tugend die Aufgabe habe, jene Traditionen zu erhalten, die das Handeln und persönliche Leben mit ihrem jeweiligen historischen Kontext vermitteln. Dabei komme es auf Rollen wie Sohn, Bruder und Bürger einer Stadt an, die von einer gewissen Praxis in einer bestimmten Gemeinschaft geprägt seien. Zu Eigenschaften geworden, die man in diesem sozialen Umfeld erwerbe, wird den Tugenden jede universalistische Eigenart abgestritten.

Es überrascht nicht, dass etliche Vertreter der englischsprachigen Tugendethik diesen relativistischen Grundzug ablehnen. Martha Nussbaum beispielsweise beruft sich zwar wie MacIntyre auf Aristoteles, führt aber eine Reihe von Bereichen grundlegender menschlicher Erfahrungen an wie die Leiblichkeit, die Sterblichkeit,

---

46 Rippe/Schaber, *Tugendethik*.
47 Siehe Foot, Philippa: *Virtues and Vices*, Berkeley/Los Angeles 1978, S. 8 f.
48 Siehe MacIntyre, Alasdair: *After Virtue*, London 1981; dt. *Der Verlust der Tugend*, Frankfurt am Main/New York 1987, Kap. 2–4. Gegen diese Diagnose spricht allerdings nicht zuletzt der überragende Moralphilosoph der Moderne, der ohne Zweifel in die Epoche der Aufklärung gehört: Immanuel Kant.

Freude und Schmerz, praktische Vernunft und die Entwicklung eines Kindes sowie zwischenmenschliche Beziehungen.[49] Aus der Überlegung, welches Tun und welches Lassen in jedem dieser Bereiche als gut und richtig erscheinen, ergeben sich dann zahlreiche nicht-relative Tugenden.

2.8 Ein Exkurs: Lieber negative Utopien?

In früheren Zeiten, als es den weitaus meisten Menschen sowohl wirtschaftlich als auch gesellschaftlich und politisch bedeutend schlechter als heute ging, blühte eine literarische Gattung, die seit Thomas Morus' maßgeblichem Text „Utopie" heißt. In ihr entwerfen führende Intellektuelle ihrer Zeit, von Platon und Aristoteles über Thomas Morus und Francis Bacon bis zu Karl Marx und Friedrich Schiller mit der Ode „An die Freude" („Alle Menschen werden Brüder"), wünschenswerte Gesellschaftsverhältnisse, die denen ihrer Zeit weit überlegen sind.

Obwohl mittlerweile viele der dort angesprochenen Hoffnungen erfüllt wurden, herrschen merkwürdigerweise seit einigen Generationen die negativen Entwürfe, die Utopien der Anti-Hoffnungen, die Dystopien, vor. Das trifft nicht nur auf einige den Leser in den Bann ziehende Texte zu wie Aldous Huxleys *Schöne neue Welt* aus dem Jahr 1932 oder auf George Orwells 1949 erschienene Schrift *1984*. Vielmehr ziehen auch zahllose, häufig hochgelehrte, Wissenschaftler den negativen Blick auf die Welt vor.

Dieser Essay vertritt nicht die selbst utopische Ansicht, die „Tugend" genannten Charakterhaltungen würden von allen Menschen, mindestens von deren Mehrheit praktiziert. Er hält es jedoch für sinnvoll, an ihren Grundgedanken, an Muster vorbildlichen Menschseins, zu erinnern und ihn, mithin einen positiven, nicht negativen Gedanken, als immer noch aktuell zu erneuern. Aus diesem Grund bietet er sich als Alternative zu dem im Titel dieses Abschnitts angedeuteten negativen Blick auf die Welt an.

Beliebt ist der negative Blick vor allem bei Sozialwissenschaftlern. Sie untersuchen nämlich lieber die Zerfallskräfte, die die Gesellschaft bedrohen oder sogar beherrschen, statt – auch – die bleibenden Bindekräfte herauszuarbeiten. Niemand bestreitet, dass der gesellschaftliche Zusammenhalt mancherorts und in mancher Hinsicht gefährdet ist. Trotz immer wieder neuer Gefährdungen überleben aber unsere Gemeinwesen. Es gelingt ihnen sogar trotz etlicher Rückschläge, wirtschaftlich, wissenschaftlich, medizinisch und technisch sowie kulturell, nicht zu-

---

49 Siehe Nussbaum, Martha: „Nicht-relative Tugenden: Ein aristotelischer Ansatz", in: Rippe/ Schaber, *Tugendethik*, S. 114–165, bes. S. 151–154.

letzt politisch aufzublühen. Obwohl sie immer wieder von Krisen bedroht werden, erst der Finanzkrise, dann der noch nicht abgeebbten sogenannten Flüchtlingskrise, danach der Covid-19-Pandemie, obwohl auch die Gewaltbereitschaft gestiegen ist, ferner seit langem das organisierte Verbrechen und der internationale Terrorismus unsere Gemeinwesen bedrohen, überdies als Daueraufgabe die Umwelt- und Klimakrise besteht, trotz derart vieler bedrohlicher Entwicklungen also sind unsere Gesellschaften von einem Auseinanderbrechen weit entfernt. Gleichwohl interessieren sich die Sozialwissenschaftler weit mehr für die Frage „Was treibt unsere Gesellschaften auseinander?", so der Titel eines in den 1990er-Jahren herausgegebenen einschlägigen Sammelbandes,[50] als für die zuvor gestellte gegenläufige Frage: „Was hält die moderne Gesellschaft zusammen?"[51]

Hier drängt sich als Kontrapunkt die Frage auf: Was befähigt die zeitgenössischen Gesellschaften, zumindest die hierzulande geübte rechtsstaatliche Demokratie, eine Art von kollektiver Resilienz zu entwickeln, nämlich „die Fähigkeit, auch in Krisen ihr inneres Gleichgewicht zu finden, nicht selten sogar aus den Krisen gestärkt hervorzugehen"[52]?

Einen Beleg für die Vorliebe für negative Einschätzungen, in diesem Fall seitens der Geisteswissenschaftler, gibt der britische Globalhistoriker Peter Frankopan ab. In einem Interview der *Frankfurter Allgemeinen Zeitung* erklärt er nämlich: „In der Geschichte der Menschheit dreht sich alles ums Scheitern."[53] Dieser Behauptung darf man schon jenen Selbstwiderspruch vorwerfen, den man in der Philosophie einen pragmatischen Widerspruch nennt: dass der Gehalt der These der Art, wie man ihn vorträgt, widerspricht. Denn der Autor ist mit seinen Veröffentlichungen nicht etwa gescheitert, sondern im Gegenteil höchst erfolgreich. Ein winziger Beleg: Zu einem Interview pflegen große Zeitungen kaum bloße Verlierer oder Gescheiterte einzuladen. Einen noch deutlicheren Beleg bietet die Reputation, die der Autor in weiten Fachkreisen und über sie hinaus genießt.

Ein wichtigeres Gegenargument bietet ein Konkurrenzblick auf die Weltgeschichte, auch wenn er hier von einem Laien erfolgt: Dass politische Einheiten am Ende scheitern, muss man nicht bestreiten. Zunächst aber sind sie über viele Generationen, oft sogar über Jahrhunderte, erfolgreich: die altägyptischen Reiche und das persische Großreich, die griechischen Stadtrepubliken, das Römische Reich, das Britische Empire usw. Daher legt sich diese Vermutung nahe: Es ist nicht die Ge-

---

50 Heitmeyer, Wilhelm (Hrsg.): *Was treibt unsere Gesellschaften auseinander?*, Frankfurt am Main 1997.
51 Teufel, Erwin (Hrsg.): *Was hält die moderne Gesellschaft zusammen?*, Frankfurt am Main 1996; vgl. meine spätere Untersuchung: *Was hält die Gesellschaft noch zusammen?*, Stuttgart 2021.
52 Höffe, *Was hält die Gesellschaft noch zusammen?*, S. 5.
53 Interview mit Jürgen Kaube in: *Frankfurter Allgemeine Zeitung*, 13. März 2023, S. 11.

schichte selbst, allenfalls die Geschichtsschreibung, in der sich „alles ums Scheitern dreht".

Selbst in der Zunft der Historiker steht nicht immer das Scheitern im Zentrum. Auch wenn sie in ihrem Gegenstandsbereich noch manches für verbesserungswürdig halten, pflegen Rechtshistoriker die offensichtlichen Fortschritte hinsichtlich der Rechtsstaatlichkeit, Sozialstaatlichkeit und der Demokratie nicht zu übersehen. Zudem gibt es viele Geschichtsbereiche, in denen kein wirklichkeitsoffener Historiker das Scheitern zur Leitidee seines Themenfelds erklärt: Weder die Entwicklung der Wissenschaften mitsamt Medizin und Technik noch die der Architektur einschließlich das Baus von Verkehrswegen und Wasserstraßen (Aquädukten) noch die Geschichte der Malerei, Musik und Literatur kann man sich ernsthaft als Geschichte des Scheiterns vornehmen.

Nur zwei Beispiele: Weder in einer gegenstandsgerechten Geschichte der Malerei, etwa von der Renaissance mit Rafael und Michelangelo über die Barockzeit und Klassik bis zur klassischen Moderne, noch in einer Geschichte, die die Entwicklung der Musik derselben Epochen nachzeichnet, kann sich „alles", ja kann sich nicht einmal vieles um das Scheitern drehen. Von Malern wie Rafael und Michelangelo oder, wir machen einen großen Sprung, Picasso, und von Komponisten wie Bach, Mozart und Beethoven wird kaum jemand behaupten, sie hätten alle ihre Lebenspläne verwirklichen können. Aber dass sie schon zu Lebzeiten eine überragende Wertschätzung, mithin das Gegenteil von Scheitern erfuhren, lässt sich ernsthaft nicht bezweifeln. Und obwohl ich in diesem Punkt nur ein Laie bin, erlaube ich mir zu sagen: Von den zuständigen Kunst-, Musik- usw. Historikern wird dies auch nicht behauptet.

Sogar die Naturwissenschaften scheinen gegen eine parteiliche Einstellung, gegen eine Vorliebe für das Negative, nicht gefeit zu sein. Das trifft vermutlich zumindest für die Veröffentlichung politikerheblicher Forschungsbeiträge zu. So belegt es das Verhalten des kalifornischen Klimaforschers Patrick Brown: Damit sein Aufsatz zum Risiko extremer Waldbrände in Kalifornien in der angesehenen Wissenschaftszeitschrift *Nature* veröffentlicht werde, habe er bewusst „nicht die ganze Wahrheit gesagt". Erwähnt habe er nur die Faktoren, die auf den Klimawandel zurückzuführen sind. Tatsächlich, räumt er ein, beeinflussten auch andere Faktoren die Waldbrandrisiken, so ein schlechtes Forstmanagement, Vegetationsaspekte und Brandstiftungen. Weil aber die führenden Fachmagazine sich auf das „negative Narrativ" des Klimawandels festgelegt hätten, auf eine „Untergangspropaganda", habe er sich für diese Einseitigkeit und Parteilichkeit entschieden.[54] Hier

---

54 Nach Müller-Jung, Joachim: „Kassandra ist mächtig. Wie viel Schlagseite hat die Klimaforschung?", in: *Frankfurter Allgemeine Zeitung*, 20. Sept. 2023, N1.

kann man nur hoffen: dass es sich um einen seltenen Einzelfall handelt, den die Wissenschaftsmagazine inskünftig verhindern werden.

Zurück zur Leitidee des Scheiterns. Zu ihrer Verteidigung könnte man auf die große Literatur verweisen. In den westlichen Dramen, von den griechischen Tragödien über Shakespeare bis zu den bürgerlichen Trauerspielen eines Schiller oder Ibsen und Strindberg, finden sich zahllose Beispiele von Misslingen und Erfolglosigkeit, gewiss. Kein geringeres Drama als Goethes *Faust* bietet aber ein Gegenbeispiel. Und mögen Romanschriftsteller häufig lieber unglückliche Schicksale darstellen, einer der für die gesamte Weltliteratur Maßstäbe setzenden Texte, Homers *Odyssee*, endet nach jahrelangen Irrfahrten denn doch glücklich in der Heimat des Titelhelden.

Woher also kommt eine Behauptung, die sich so schwer mit der Wirklichkeit vereinbaren lässt? Für die Soziologie könnte man auf den Umstand hinweisen, dass sie eine aus dem Geist von Krisen geborene Wissenschaft ist. Aber muss sie dieser Geburtskonstellation ewig verhaftet bleiben? Müsste sie sich nicht, zumal sie sich als kritische Wissenschaft versteht, gegen die eigene Herkunft kritisch verhalten und zu einem wirklichkeitsgerechteren Blick fähig werden?

Außerhalb der bisher erwähnten Wissenschaften sieht es übrigens nicht grundlegend anders aus. Einschlägige Warnungen, oft genug auch Klagen über die Habgier und andere Laster der Menschen kennen wir seit dem alten Ägypten, also seit mehr als vier Jahrtausenden.[55] Weitere Klagen sind von den alttestamentarischen Propheten, später etwa vom Bußprediger der Barockzeit Abraham a Sancta Clara, neuerdings selbst von Philosophen bekannt. Der Harvard-Professor Michael Sandel beispielsweise plädiert zwar mit gutem Grund für Bürgertugend, wirft dann aber der liberalen Demokratie vor, die Menschen auf isolierte Individuen zu verkürzen.[56]

Doch selbst auf die gerne als Beleg herangezogene klassische Wirtschaftstheorie eines Adam Smith trifft das nicht zu, noch weniger auf die zeitgenössischen Demokratien. Dass es Missstände gibt und vieles zu verbessern ist, versteht sich. In einem sozialen Paradies mit ausschließlich vorbildlichen Bürgern leben wir ohne Frage nicht. Gleichwohl spricht schon die Wirklichkeit der zahllosen öffentlichen Debatten gegen Sandels Diagnose. Noch mehr sind es die unzähligen gemeinnützigen Vereine und karitativen Verbände, die in den liberalen Demokratien blühen, ferner die vielen Bürgerinitiativen und Selbsthilfegruppen, auch sozial engagierte

---

55 Siehe Höffe, Otfried: *Lesebuch zur Ethik. Philosophische Texte von der Antike bis zur Gegenwart*, 6. Aufl., München 2015, Nr. 1.
56 Siehe Sandel, Michael: *Liberalismus und Republikanismus. Von der Notwendigkeit der Bürgertugend*, Wien 1995; auch *Democracy's Discontent. America in Search of a Public Philosophy*, Cambridge (MA)/London 1996.

Bürgerclubs, weiterhin die so stark verbreitete Tätigkeit in Ehrenämtern (von der Freiwilligen Feuerwehr über Sportvereine, Chöre, die Betreuung von Flüchtlingen und Asylsuchenden bis zur Selbstverwaltung der Handwerker-, Gewerbe- und Industrieunternehmensverbände, nicht zuletzt der Hochschulen). Schließlich darf man die großzügige Hilfsbereitschaft bei Naturkatastrophen in aller Welt nicht übergehen. Wird trotzdem der Bürgerschaft liberaler Demokratien ziemlich pauschal vorgeworfen, als isolierte Individuen zu leben, so darf man den Kopf schütteln: Warum werden all die Gegenphänomene ausgeblendet oder in ihrem Gewicht kräftig unterschätzt?

Die angeführten Beobachtungen und Belege erlauben keine pauschalen Zweifel, derentwegen man gegen die Wissenschaften oder die Gesellschaftskritiker einen Ideologieverdacht äußern dürfte. Eine kräftige Prise Skepsis drängt sich aber auf: Handelt es sich bei der skizzierten Vorliebe für negative Einschätzungen um eine unbewusste, insofern zu wenig reflektierte Vorentscheidung? Müssten die Wissenschaften nicht um ihrer Glaubwürdigkeit willen zu einer ausgewogenen und umsichtigen Einschätzung finden? Dieser Essay setzt jedenfalls einen Kontrapunkt: In der Geistesgeschichte nicht nur des Abendlandes, nämlich in der Ethik vieler Kulturen und Epochen, gibt es mit den Tugenden ein Thema, das den Menschen auffordert, allen Gefahren des Misslingens und Scheiterns zu trotzen und vorbildliche Charakterhaltungen zu entwickeln.

3 Was ist eine Tugend, was ein Laster?

3.1 Tugend

Die Tugend, auf Griechisch *areté*, auf Latein *virtus*, ist eine durch fortgesetztes Einüben erworbene bewundernswerte Haltung. Wer sie besitzt, versteht sein Leben umsichtig und einsichtig, in einem praktischen Sinn vernünftig zu führen. Der tugendhafte Mensch ist weder ein Spielball der jeweils vorherrschenden Antriebe, der naturwüchsigen Bedürfnisse, Interessen und Leidenschaften, noch handelt er gemäß den sozialen Rollenerwartungen. Derartige Faktoren sind durchaus vorhanden, üben aber nicht die entscheidende Macht aus. Das vorbildliche, moralisch oder sittlich gute Handeln wird nicht externen Faktoren überlassen, weder dem Zufall noch einem äußeren Zwang. Es geschieht aus dem Inneren und aus eigener Verantwortung. Tugendhaftes Handeln ist Zeichen persönlicher Souveränität.

Obwohl es aus Freiheit geschieht, kommt es doch mit einer gewissen Notwendigkeit, nämlich aus der Bereitschaft und Fähigkeit einer moralisch gebildeten Persönlichkeit, zustande. Ob im Singular der einen Tugend oder im Plural der für die unterschiedlichen Lebensbereiche spezifischen Tugenden – das vorbildliche Verhalten erfolgt aus einer zur Haltung gefestigten, zur zweiten Natur stabilisierten Anerkennung der Moral.

Die Tugenden bestehen nicht in einem starren Verhaltensmuster, sondern in einer Grundhaltung, die für die Besonderheit einer Person, für ihr Temperament, ihre Begabungen und Fähigkeiten und zusätzlich für die Eigentümlichkeiten der jeweiligen Situation offen ist. Sie belaufen sich auf Grundbedingungen für ein gelungenes Leben, wobei das Gelingen, wie im vorangehenden Kapitel angedeutet, sowohl in Begriffen von Eudaimonie, der Glück(seligkeit), als auch von Autonomie, der Selbstgesetzgebung des Willens, verstanden werden kann.

Die Vielzahl der moralisch relevanten Tugenden lässt sich in vier Gruppen aufgliedern, in drei Gruppen von Charaktertugenden, in (1) die Tugenden, die man vor allem aus Selbstinteresses pflegt wie die Besonnenheit, die Freigebigkeit, die Gelassenheit und die Heiterkeit, auch die Tapferkeit, in (2) eine Tugend desjenigen Tun und Lassens, das die Menschen einander schulden, die Gerechtigkeit, und in (3) Tugenden der verdienstlichen Mehrleistungen wie das Wohlwollen und die Wohltätigkeit, auch das Mitgefühl. Und als notwendige Ergänzung zu jeder dieser drei Charaktertugenden braucht es (4) eine intellektuelle Tugend oder Verstandestugend, die moralischen Urteilskraft, die Klugheit.

Die Haupt- und Grundtugenden werden auch Kardinaltugenden genannt. Denn gemäß dem lateinischen Ausdruck für Türangel, *cardo*, sind sie jeweils eine Angel,

https://doi.org/10.1515/9783111568591-004

um die sich weitere Tugenden drehen. Klassischerweise sind es vier Haupttugenden: die Besonnenheit, die Tapferkeit, die Gerechtigkeit und die Klugheit.

3.2 Laster

Der Gegenbegriff zur Tugend, das Laster, bezeichnet ursprünglich Fehler, Übel, Makel, Mangel und Mängel jeder Art, auf Griechisch *kakía:* Schlechtigkeit, Bosheit und Laster, auf Latein *vitium.* In einem bescheidenen Sinn sind Gewohnheiten gemeint, die entweder vom Standpunkt des Handelnden selbst oder von dem der Mitmenschen als tadelnswert erscheinen. In einem stärkeren Verständnis handelt es sich um Haltungen der vorsätzlichen Übertretung moralischer Verbindlichkeiten. Lasterhaftes Handeln ist ehrenrührig und schimpflich, wer es ausführt, schämt sich in der Regel dafür.

In der Antike kann *kakía* auch eine Art von chronischer Krankheit bezeichnen. Allerdings kommt sie nicht durch einen äußeren Faktor, etwa ein Virus oder ein Bakterium, zustande. Sie wird vielmehr wie eine Tugend, aber als ihr normatives Gegenteil durch Einüben erworben und durch Gewöhnung so stark vertieft und gefestigt, dass man sich ihrer nicht mehr bewusst ist, folglich auch keine Scham empfindet.

Vergessen darf man freilich nicht: Wer sich einmal aus der praktischen Vernunft ausklinkt und beispielsweise sich maßlosem Essen und Trinken hingibt, zeichnet sich noch nicht durch das einschlägige Laster, hier die Völlerei, aus. Lasterhaft ist nur, wer es wieder und wieder tut, so dass es zu seiner zweiten Natur, zu seiner Lebenshaltung wird.

Wie bei den Tugenden so gibt es auch bei den Lastern Haupt- und Grundfehler. Allerdings unterscheidet die Tradition nicht vier, sondern sieben Haupt- beziehungsweise Kardinallaster und nennt sie im religiösen Zusammenhang Todsünden. Nur eine Randbemerkung: Der Kirchenlehrer Augustinus geht in seinem Eifer für das Christentum so weit, sogar Tugenden, sofern sie sich nicht Gott zum Ziel setzen, als Laster zu bezeichnen.[57]

---

57 Augustinus, *Vom Gottesstaat*, Buch XIX, Kap. 25.

4 Warum ein Quartett: Zur Anthropologie der Kardinaltugenden

Offensichtlich spielen bei den Kardinaltugenden gewisse menschliche Grundkräfte eine wesentliche Rolle. Denn sie verbinden sich mit Herausforderungen, die man vorbildlich und vortrefflich bewältigen kann und soll, woraus sich dann Tugenden ergeben. Den Rang von Kardinaltugenden sollen freilich nicht weniger, aber auch nicht mehr als vier haben. Daher ist zu überlegen, was diese Vierzahl rechtfertigt: Liegt es in der Natur des Menschen, genau vier Grundkräfte und Herausforderungen zu haben, so dass sich jeder von ihnen eine Kardinaltugend zuordnen lässt und sich keine anderen vorbildlichen Haltungen finden lassen, die sich nicht den bekannten vier Einstellungen unterordnen lassen? Dann, aber auch nur dann wäre die Vierzahl gerechtfertigt.

In der Tat kann man in der Natur des Menschen vier Dimensionen unterscheiden und jeder von ihnen eine der bekannten Kardinaltugenden zuordnen: Für die emotionale Seite, die vernünftige Beziehung des Menschen zu seiner Gefühlswelt und als Haltung, um innere Bedrohungen zu überwinden, ist die Besonnenheit zuständig. Für die Welt äußerer Bedrohungen, die Gefahren seitens der Natur und der Mitmenschen, ist es die Tapferkeit oder Courage. Für die soziale und politische Seite des Menschen ist die Gerechtigkeit verantwortlich.

Bei diesen drei Tugenden, der Besonnenheit, der Tapferkeit und der Gerechtigkeit, handelt es sich gleichermaßen um vorbildliche Grundeinstellungen, um Charaktertugenden, die den Menschen auf das moralisch Gute und Richtige ausrichten. Sie legen aber noch nicht fest, was eine Person in ihrer konkreten Lage genau tun oder lassen soll. Um das herauszufinden, braucht es als Ergänzung eine andersartige, nicht mehr charakterliche, sondern intellektuelle Tugend: die Klugheit.

Diese knappe Überlegung macht die Annahme von vier und genau vier Grund- und Haupttugenden, also das klassische Quartett der Kardinaltugenden, plausibel. Für die Rechtfertigung von *Kardinal*tugenden genügt das freilich nicht. Denn der Gedanke beansprucht mehr. Ihm zufolge müssten sich alle anderen menschlichen Vortrefflichkeiten als Untertugenden von einer der Haupttugenden verstehen lassen. Dieser Zusatzanspruch überzeugt nicht.

Greifen wir exemplarisch zwei Tugenden heraus, die wir später noch näher erörtern, die Hilfsbereitschaft und die Wohltätigkeit. Nur unter begrifflichen Verrenkungen kann man sie unter die Besonnenheit, also unter die emotionale Vortrefflichkeit, oder unter die für Gefahrensituationen zuständige Tapferkeit subsumieren. Zur Gerechtigkeit gehören sie nämlich zweifellos nicht, denn die Menschen schulden einander bloß Gerechtigkeit, während Hilfsbereitschaft und Wohltätigkeit

https://doi.org/10.1515/9783111568591-005

zwar moralisch geboten sind, aber unter die verdienstlichen Mehrleistungen fallen. Allenfalls, aber kaum rundum überzeugend, kann man von einer weiteren Tugend, der Ehrlichkeit, behaupten, die Menschen schuldeten sie einander, womit sie zu einer Untertugend der Gerechtigkeit würde. Noch weniger überzeugt dies für die Freigebigkeit, für die Selbstachtung, die Solidarität und die Quasi-Tugend der Freundschaft.

Infolgedessen drängt sich diese Zwischenbilanz auf: Die vier Tugenden der Besonnenheit, der Tapferkeit, der Gerechtigkeit und der Klugheit sind ohne Zweifel unter Gesichtspunkten des gelungenen und des moralischen Lebens besonders wichtige Haltungen. Ohne Frage verdienen sie deshalb den Rang von Haupt- und Grundtugenden. Sie sind aber nicht in dem Sinn kardinale Tugenden, dass sich alle anderen vorbildlichen Lebenseinstellungen um sie und genau um sie drehen würden. Ohnehin decken sie nicht die Tugenden des nächsten Kapitels ab.

5 Religiöse, aber nicht bloß religiöse Kardinaltugenden

Die nun vorzustellenden Tugenden, Glaube, Liebe und Hoffnung, können zwar einen religiösen Ursprung haben, sind aber nicht auf ihre religiöse Herkunft und Verwendung einzuschränken. Um das zu belegen, wird bei jeder von ihnen auf eine nicht mehr theologische, sondern säkulare Bedeutung hingewiesen. Schon jetzt sei jedoch ein Umstand erwähnt, der das profane Verständnis vorbereitet. Die angeblich rein religiösen Tugenden werden auch in einer entschieden außerreligiösen Weise in Anspruch genommen: Glaube, Hoffnung und Liebe sind die drei Flammen einer literarisch-fiktiven Bruderschaft, der Rosenkreuzer. Überdies werden sie von den Freimaurern als ihre drei Kardinaltugenden geschätzt. Dabei ist ihnen freilich nicht fremd, was wir in der Regel für religionstypisch halten: Andacht und Ergriffensein.

5.1 Hinführung

Um die neuartigen Tugenden in ihrer Bedeutung zu verstehen, seien wichtige Hinweise aus Kapitel 2.4 wiederholt: Christliche Philosophen und Theologen wie der Kirchenlehrer Thomas von Aquin erkennen die Lehre der Kardinaltugenden ohne zu zögern an. Sie relativieren jedoch ihr Gewicht. Während sie in der vorchristlichen, „heidnischen" Philosophie als notwendige und sogar zureichende Bedingungen eines guten und gelungenen, in diesem Sinn glücklichen Lebens gelten, verlieren sie jetzt diesen überragenden Rang.

Dieser erhebliche Bedeutungsverlust erfolgt nicht etwa zufällig, sondern ergibt sich aus dem Wesen des Christentums: Auf die Nachfolge des alles entscheidenden Vorbilds verpflichtet, auf Jesus von Nazareth, verstanden als Christus, als Erlöser, ist das wahre Glück nicht mehr im Diesseits, sondern im Jenseits zu suchen. Da man es im (immerwährenden) Sein bei Gott sieht, werden alle innerweltlichen, folglich auch die Kardinaltugenden nachhaltig entmachtet. Sie bleiben zwar wichtig, verlieren aber ihr Eigenrecht, sinken nämlich zu letztlich bloß sekundären Vorbedingungen des eigentlichen Glücks herab. Für sie braucht es nun drei grundlegend andere, revolutionär neue Tugenden. Wahrhaft glücksentscheidend sind allein der Glaube, die Hoffnung und die Liebe. Mit ihrer Hilfe wendet sich der Mensch bedingungslos Gott zu und relativiert dabei das diesseitige Leben.

Allerdings ist daran zu erinnern: Obwohl Thomas von Aquin als ein christlicher Denker den Vorrang der drei neuartigen Tugenden anerkennt, respektiert er den Eigenwert der diesseitigen Welt und stuft genau aus diesem Grund die Kardinal-

https://doi.org/10.1515/9783111568591-006

tugenden nicht mehr zu bloß „heidnischen" Charaktereigenschaften herab, sondern betont ihren Eigenwert. Wiederholen wir beispielhaft seine Wertschätzung der *temperantia*, der Besonnenheit. Bei ihr hebt Thomas weniger auf die negative Seite, den Verzicht, ab, als auf ihre positive Aufgabe: Wer in der Welt der Sinnlichkeit Maß halte, also besonnen sei, dürfe die Freuden des Essens, Trinkens und der Sexualität genießen. Denn sie dienen letztlich der Selbsterhaltung des Betreffenden und der Erhaltung der Art, der Menschheit.

5.2 Glaube

a) Zwei Bedeutungen

Der Ausdruck des Glaubens (auf Griechisch *písstis*, auf Latein *fides* und im Englischen *faith* oder *belief*) hat zwei recht verschiedene Bedeutungen, die das Englische als *faith* und *belief* unterscheidet. Beiden gemeinsam ist die Abgrenzung gegen eine begrifflich-argumentativ begründete Erkenntnis, gegen das beweisbare Wissen der Wissenschaft. Der Glauben, freilich eher im Sinne von *faith* als *belief*, verfügt, so sagt es eine Redensart, über eine derart überragende Macht, dass er Berge versetzen kann.

Beginnen wir mit der religiösen Bedeutung. Hier besteht der Glaube in einer alle Zweifel ausschließenden Annahme von Grundsätzen der jeweiligen Religion. Beim Christentum sind es die Gewissheiten beziehungsweise Überzeugungen hinsichtlich der im Alten und im Neuen Testament geoffenbarten, für das endgültige Heil verkündeten Wahrheiten. Ihren Kern fasst das apostolische Glaubensbekenntnis zusammen (hier gestrafft): Gottvater als „Schöpfer des Himmels und der Erde, Jesus Christus als sein Sohn, als dritte göttliche Person der Heilige Geist, Jesu Geburt von der Jungfrau Maria, seine Kreuzigung, Auferstehung und Auffahrt in den Himmel, das Gericht über die Lebenden und die Toten, die Vergebung der Sünden und das ewige Leben".

Der Glaube im erkenntnistheoretischen, epistemischen Sinn hingegen bezeichnet eine Stufe des Fürwahrhaltens, dabei eine Wissensstufe, die zwischen einem Weniger, dem bloßen Meinen, und einem Mehr, dem wirklichen Wissen, der Wissenschaft, platziert ist. Das Meinen besteht in einer Ansicht, die sowohl in subjektiver, vom Standpunkt des Meinenden, als auch in objektiver Hinsicht, von der Wirklichkeit her, in einer unzureichenden Weise als wahr erklärt wird. Unter der Wissenschaft hingegen wird ein objektives, daher nicht nur für dieses oder jenes Subjekt, sondern ein für alle Subjekte zutreffendes Fürwahrhalten verstanden. Bei der Zwischenstufe nun, dem Glauben, wird die behauptete Ansicht zwar für wahr gehalten, dies aber nur von einigen, nicht von allen Subjekten.

b) Ein säkulares Beispiel: Kant

Erstaunlicherweise erhält die skizzierte Zwischenstufe bei einem der größten Philosophen, Kant, ein herausragendes, selbst die Wissenschaft übertrumpfendes Gewicht. Diese Wertschätzung erfolgt auch nicht an einer nebensächlichen Stelle. Kant räumt vielmehr in all seinen Hauptwerken, den drei Kritiken, einer bestimmten Art des epistemischen Glaubens eine eminente Bedeutung ein. Sie klingt schon in dem dafür einschlägigen Ausdruck an. Kant spricht von einem Vernunftglauben, bestimmt ihn als unerschütterliches Fürwahrhalten und bezieht dieses auf jene Sachverhalte von existenziellem Gewicht, die auf dem üblichen, theoretischen Weg nicht erkennbar seien. Gemeint sind notwendige, überdies hinreichende Bedingungen für ein laut Kant unentbehrliches Element einer überzeugenden Moralphilosophie: die Realisierbarkeit des höchsten Gutes.

Unter dem höchsten Gut ist folgendes zu verstehen: Wer ein moralisches Leben führt, verdient, glücklich zu sein. Er wird in Kants Worten des Glücks würdig, und zwar proportional zu seiner moralischen Lebensführung. Je rechtschaffener man also lebt, desto mehr an Glück steht einem zu.

Kants nächstes Argument: Offensichtlich bringt der natürliche Weltlauf diese Proportionalität nicht zustande. Im Gegenteil, so lehrt die Erfahrung, kann es Bösewichten gut, rechtschaffenen Menschen hingegen schlecht ergehen. Als Ausgleich für diese häufig „schreiende Ungerechtigkeit" stellt die reine praktische, moralische Vernunft, so der dritte Argumentationsschritt, zwei gedankliche Forderungen – Postulate – auf.

Erstes Postulat: Es muss eine Instanz geben, die dank ihrer Allwissenheit das kennt, was die einzelnen Menschen in moralischer Hinsicht an Glück verdienen, die zudem dank ihrer Allmacht imstande ist, dies den Menschen zukommen zu lassen, und schließlich wegen ihrer Allgerechtigkeit es ihnen auch tatsächlich zuteilwerden lässt. Zweites Postulat: Um dies erfahren zu können, müssen die Menschen eine unsterbliche Seele haben, mit der sie in einem zukünftigen Leben das im diesseitigen Leben verdiente Glück „nachträglich" erhalten.

Ohne Zweifel ist Kants Überlegung wohldurchdacht. Vielen der heutigen Zeitgenossen fehlt allerdings der – immer noch epistemische – Glaube, den Vernunftglauben anerkennen zu können. Es sollte zwar nicht verboten sein, Gott in der skizzierten Funktion anzunehmen und der immer noch fortschreitenden Säkularisierung zum Trotz die Existenz eines ungestillten „metaphysischen Durstes" zu behaupten. Anderen sollten jedoch berechtigte Zweifel erlaubt sein. Hinter allem Gott zu sehen, darf jedenfalls weder verboten noch geboten sein.

5.3 Hoffnung – und Hoffnungslosigkeit

Die Hoffnung (griechisch *elpis*, auf Latein *spes*) richtet sich auf eine ihrem Wesen nach ungewisse Zeit, die Zukunft. Im antiken, zunächst neutralen Verständnis meint sie jede Erwartung, unabhängig davon, ob sie positiv oder negativ ausfällt. Dabei bezieht sich der Ausdruck auf jene Wirklichkeit, die sich im Unterschied zum Wissen über einen Sachverhalt mit einer rational begründeten Wahrscheinlichkeit seines Eintreffens, mit einer vernünftigen Voraussicht, begnügt. Später drängt sich das positive Verständnis, die gute Zuversicht oder angenehme Erwartung, in den Vordergrund.

Im Deutschen herrscht in der Regel dieses positive Verständnis vor: Man erwartet etwas, das für den Hoffenden angenehm, erfreulich, gut ist. Hoffnung ist eine Haltung der Zuversicht, die erwünschte Ereignisse oder Lebensverhältnisse erwartet, vielleicht auch herbeisehnt, ohne sich gewiss zu sein, dass es dazu auch kommen wird. So hofft man beispielsweise, dass man ein Problem bewältigt, dass man mit einer Arbeit gut vorankommt, dass man ein Spiel gewinnt, einen Text fertigstellt, einen Partner oder einen Freund findet und ihn behält. Vielleicht hofft man auch, dass ein Lebensplan gelingt. Bei all dem ist die Hoffnung sich nicht gewiss, erfüllt zu werden. Eine vernünftige Hoffnung sagt nicht: „Alles wird gut", ihr genügt: „Alles kann – am Ende – gut sein."

Nur in Klammern: Wie es eine Gier gibt, die kein Laster ist, nämlich die Wissbegier, so gibt es eine Sucht, die kaum moralisch zu verachten ist: die Sehnsucht, die „mit Leib und Seele" nach etwas verlangt.

Der Zusammenhang der Hoffnung mit der Freude dürfte vom biblischen Denken beeinflusst worden sein. Im Alten Testament bezeichnet die Hoffnung nämlich immer eine positive Erwartung, die Verheißung einer guten Zukunft. Der Christ richtet diese Hoffnung auf Gott (sowie auf sein Reich, das nicht von dieser Welt sei), der den Menschen erlösen und am Ende aller Tage zu sich, ins Reich Gottes, den Himmel, rufen möge. Zu diesem Zweck verwirklicht sich die Hoffnung in einer eigentümlichen Lebensweise, in der Hingabe der Existenz an die Zukunft bei Gott.

Ähnlich wie in der Antike herrscht allerdings in der neuzeitlichen Philosophie das säkulare Verständnis vor. Spinoza hält die Hoffnung ebenso wie ihren Gegensatz, die Furcht, für einen nicht vernünftigen Affekt. Allein gut und richtig sei es, sich von der Vernunft ohne die Beunruhigung von Furcht oder Hoffnung leiten zu lassen. Positiver schätzt es Kant ein, bleibt aber beim religionsfreien, profanen Verständnis. Nach seiner *Anthropologie in pragmatischer Hinsicht* besteht die

Hoffnung in der „unerwarteten Eröffnung der Aussicht in ein nicht auszumessendes Glück".[58]

Der Gegensatz zu den profanen Bedeutungen von Hoffnung besteht in der Hoffnungslosigkeit. Zu deren Steigerung, der Verzweiflung, kann es bei schweren Schicksalsschlägen kommen. Wer keinerlei Chance mehr sieht, aus einer schlimmen Lage herauszugelangen, bei dem beläuft sich die Hoffnungslosigkeit auf ein Gefühl der Ausweglosigkeit. Gravierender ist, wenn man über gewisse Situationen hinaus sein ganzes Leben oder den gesamten Weltlauf für trostlos hält, mithin eine Leere ohne jede Hoffnung empfindet.

Seit Beginn des 19. Jahrhunderts spielt dieses Gefühl in der Literatur eine bedeutende Rolle. Beispielsweise tritt in Georg Büchners Drama *Woyzeck* die Unbehaustheit des Menschen überdeutlich zutage. Samuel Becketts Theaterstück *Warten auf Godot* bietet vermutlich das komplexere Beispiel einer Verbindung von bleibender, aber nie erfüllter Hoffnung. Schließlich lassen einige Gemälde von Caspar David Friedrich die Trostlosigkeit als Grundzug des modernen Lebensgefühls ahnen.

Für tiefe Hoffnungslosigkeit gibt es viele, übrigens nicht erst seit dem 19. Jahrhundert relevante, seitdem vielleicht aber virulenter gewordene Gründe: Man kann sich einem anonymen Schicksal ausgeliefert sehen oder sich von Urkräften der Natur übermannt empfinden oder am Dasein eines gütigen, zumindest gerechten Gottes zweifeln. Nicht zuletzt kann man glauben, das eigene Leben oder die menschliche Existenz überhaupt habe keinen Sinn. Der Sinn ist jedoch nicht etwas, das irgendwo existiert und nur auf eine Entdeckung wartet. Der Sinn ist seinem Wesen nach keine vorhandene oder aber nicht vorhandene Eigenschaft unseres Daseins. Er muss vielmehr gestiftet werden, was offensichtlich jemandem leichter fällt, der selbst in hoffnungsloser Situation noch einen Funken von Hoffnung bewahrt. Deshalb ist es vernünftig, sinnvoll, sich lieber mehr Hoffnung als Sorgen zu machen, beispielsweise mit einem babylonisch-assyrischen Segensspruch zu hoffen, der Tag möge Frieden, der Monat Freude und das Jahr seinen Überfluss bringen.

Nachdem die Hoffnung in der neuzeitlichen Philosophie häufig keine signifikante Rolle spielt, wird sie bei Ernst Bloch zu einem philosophischen Grundbegriff erhoben. Der Autor entfaltet ihn in zwei Werken, dem *Geist der Utopie*[59] und dem dreibändigen Hauptwerk *Das Prinzip Hoffnung*[60]. Bloch versucht in diesen Schrif-

---

58 Kant, Immanuel: *Anthropologie in pragmatischer Hinsicht* (= *Anthr.*), in: *Kants Werke*, Akademie Textausgabe, hrsg. von der Preußischen Akademie der Wissenschaften, Bd. 7, Berlin 1968, VII 255.
59 Bloch, Ernst: *Geist der Utopie*, unveränderter Nachdruck, Frankfurt am Main 1973 [1923].
60 Bloch, Ernst: *Das Prinzip Hoffnung*, Frankfurt am Main 1959 [geschrieben in den Jahren 1938–1947, durchgesehen 1953 und 1959].

ten, verschiedene, bisher getrennte geistesgeschichtliche Entwicklungen zusammenzuführen: die jüdische Apokalyptik (die Deutung von Ereignissen im Blick auf ein nahendes Weltenende), die Aristotelische Linke (Avicenna und Averroes), sozialrevolutionäres Schwärmertum (Thomas Münzer) und Marx' dialektischen Materialismus.

Das Ergebnis lässt sich als ein atheistischer Humanismus kennzeichnen. Denn es formt die biblische Erwartung eines jenseitigen Gottesreiches um in die von der zukünftigen Gottwerdung des Menschen, da dieser sich das Land der Verheißung selbst und dann „natürlich" auf Erden schafft.[61] Blochs facettenreiche Theorie zielt auf einen Entwurf der „Selbsterweiterung" sowohl des Menschen als auch der Natur „nach Vorwärts".[62]

Im Jahr 1975 wurde Bloch im zweiten Deutschen Fernsehen gefragt, wie angesichts so verstörender Bilder wie Caspar David Friedrichs „Mönch am Meer", „Meeresufer bei Mondschein" oder „Eismeer" er noch optimistisch bleiben könne. Seine Antwort, die jeden Pessimisten nachdenklich machen sollte: „Daß einer übrig geblieben ist, der das Bild malen konnte, und einer, der es sehen kann, zeigt, daß nicht alles verloren war."[63]

5.4 Liebe

Unter der Liebe, beispielsweise der Liebe zur Musik, zum Theater, einer Sportart oder zu einem Menschen, verstehen wir auch das begehrende Verlangen nach einer geschätzten Sache oder Person. Bei der Liebe als einer Tugend geht es aber um mehr, um höchst vielfältige, jeweils allgemeinmenschliche, also auch profane Beziehungen. Typischerweise ist eine intensiv gepflegte Zuneigung und Wertschätzung der Person, die man liebt, verbunden mit einer wechselseitigen Fürsorge. Den Kern bildet ein emotional intimes, häufig, aber nicht notwendig auch sexuelles Verhältnis. In der Regel ergeben sich jedenfalls ein Wohlgefühl, Behagen und Harmonie.

In der Jugend war die Liebe, heißt es vonseiten der Hauptfigur Robert Simon in Robert Seethalers Roman *Das Café ohne Namen*, „etwas Unfaßbares ..., ein Zustand, dem man hilflos ausgeliefert war, der den Geist verwirrte und den Körper in ständige Alarmbereitschaft versetzte".[64] Erst weit später „hatte er das Gefühl, es

---

61 Vgl. Bloch, *Das Prinzip Hoffnung*, Bd. 3, S. 1415 f.
62 Unter Hinweis auf Lenin: Bloch, *Das Prinzip Hoffnung*, Bd. 1, S. 4.
63 Nach Illies, Florian: *Zauber der Stille. Caspar Davids Reise durch die Zeit*, Frankfurt am Main 2023, S. 137.
64 Seethaler, Robert: *Das Café ohne Namen*, Berlin 2023, S. 157 f.

müsse unter Umständen vielleicht gar nicht schlecht sein, jemanden bei sich zu haben, mit dem man einfach so zusammen sein konnte, ohne etwas anderes zu wollen als eben genau das".[65]

Geht man die Liebesbeziehung auf Dauer ein, so entsteht eine Lebensgemeinschaft, häufig eine Ehe, deren Partner sich „Treue in guten und schlechten Zeiten" zu versprechen pflegen, dieses Versprechen freilich nicht immer einhalten.

In früheren Zeiten, mancherorts auch heute noch wurden Ehen von außen arrangiert: durch Heiratsvermittler oder aus wirtschaftlichen, dynastischen und anderen Gründen. Dann ändert sich die zeitliche Abfolge: In westlichen Gesellschaften ist es heute weithin üblich, sich erst zu verlieben, dann die Beziehung zu vertiefen und danach vielleicht zu heiraten, denn viele Paare bleiben auch ohne den Trauschein beieinander. Nach dem anderen Muster geschieht hingegen etwas, von dem es in älteren Texten heißt: „Sie heirateten und lernten sich zu lieben."

Eine der immer noch anregendsten Schriften zum Themenfeld der Liebe, dort Eros genannt, ist Platons Dialog *Symposion* (*Gastmahl*, *Gelage*). In sich dramatisch steigernden Reden wird Eros als vielfältiger Gott gefeiert: als der älteste Gott, der im Menschen das Beste hervorbringt, als das universale Prinzip der Natur, das Gegensätzliches vereinigt, als die tiefste Sehnsucht des Menschen nach seiner verlorenen anderen Hälfte und als der jüngste Gott, aus dessen Schönheit und Güte alles Gute bei den Menschen und den Göttern hervorgeht. Schließlich tritt Sokrates auf und verkündet „die Wahrheit": Der Eros ist weder ein Gott noch ein Mensch, vielmehr ein Zwischenwesen. Am Geburtstag von Aphrodite, der Göttin der Liebe und der sinnlichen Begierde, aber auch der Schönheit, wird Eros vom „wagemutigen" Poros und der „bedürftigen" Penia gezeugt. Deshalb verkörpert er noch nicht das Schöne selbst, sondern erst die Liebe zum Schönen, das hier aber nicht ästhetisch, wohl aber moralisch zu verstehen ist: Als schön gilt, was unser Wohlgefallen erregt und eine innere Zustimmung findet; schön ist das rundum und in sich Gute.

Wir überspringen hier die vielfältigen Erörterungen der Liebe in der nachantiken, mittelalterlichen und neuzeitlichen Philosophie und zitieren nur noch ein einziges Loblied. Am Ende von Mozarts Oper *Le nozze di Figaro* (*Die Hochzeit des Figaro*), nach vielen Intrigen, Verwicklungen und Verwechslungen, nach mannigfacher Bosheit, aber auch liebevoller Zuneigung, singen am Schluss alle Liebespaare, Freunde, Konkurrenten und Feinde zusammen (etwas gestrafft): „Ah, so sind wir / alle glücklich. / Diesen Tag der Qualen, / der Launen, der Torheit, / kann allein die Liebe / in Zufriedenheit und Heiterkeit beenden."

Kommen wir jetzt zur Liebe als einer religiösen Tugend. Es versteht sich, dass die christliche Liebe, jetzt Agape, nicht Eros genannt, dass deren Verpflichtung auf

---

65 Seethaler, *Das Café ohne Namen*, S. 161 f.

Barmherzigkeit und Nächstenliebe erneut eine Beziehung der Menschen zueinander ist. Bekannt und vielfach zitiert sind das Samaritergleichnis und die Bergpredigt und, gern bei Trauungsgottesdiensten vorgelesen, das Hohe Lied der Liebe, das der Apostel Paulus in Kapitel 13 des ersten Briefes an die Korinther anstimmt. Wegen seiner sprachlich und sachlich überragenden Bedeutung sei es hier in Ausschnitten wiedergegeben:

> Wenn ich mit Menschen- und mit Engelszungen redete und hätte die Liebe nicht, so wäre ich ein tönendes Erz oder eine klingende Schelle ... Die Liebe ist langmütig und freundlich, die Liebe eifert nicht, die Liebe treibt nicht Mutwillen, ... sie freut sich nicht über die Ungerechtigkeit, sie freut sich aber an der Wahrheit (gemeint ist etwa die Auferstehung Christi) ... Nun aber bleiben Glaube, Hoffnung, Liebe, diese drei; aber die Liebe ist die größte unter ihnen.[66]

So wichtig für Christen, nach dem Alten Testament auch für Juden, die Liebe der Menschen zu- und untereinander auch ist, als grundlegender gilt die Gottesliebe. Diese ist sowohl als Genitivus subjectivus als auch als Genitivus objectivus zu verstehen. Es kommt also nicht nur auf die Liebe des Menschen zu Gott an, wie es beispielsweise im 5. Buch Mose/Deuteronomium, Kapitel 5, Vers 6, heißt: „du sollst den HERRN, deinen Gott lieben von ganzem Herzen, von ganzer Seele und mit all deiner Kraft." Nicht minder wesentlich ist die Liebe Gottes zu den Menschen, so im Alten Testament die Liebe Gottes zu seinem auserwählten Volk und im Neuen Testament jene Liebe Gottes, die in seiner Menschwerdung und dem stellvertretenden Erleiden des Kreuzestodes kulminiert. Nicht zuletzt lässt sich die für das Christentum charakteristische Trinitätslehre, das Verhältnis der drei göttlichen Gestalten – Gottvater, Gottes Sohn und Heiliger Geist – als eine Beziehung wechselseitiger Zuneigung, mithin als Liebe, verstehen.

---

66 1 Korinther 13, 1–13.

6 Kardinallaster oder Todsünden

Wir erinnern uns: Laster sind Gewohnheiten oder Haltungen, die Tadel verdienen. Als das Gegenteil vorbildlicher Einstellungen, der Tugenden, rufen sie, wo sie praktiziert werden, jene pure Ablehnung hervor, die von Abscheu bis Verachtung reicht. Negativ bewertet werden auch, obwohl sie nicht immer das Gewicht von Lastern haben, man gelegentlich ihre Gegenwart sogar gut nachvollziehen kann, aggressive bis feindselige Gefühle wie Ärger, Zorn und Wut, Eifersucht und Neid, Letzterer allerdings nur, sofern er nicht als kreativer Neid zu Mehrleistung anstachelt, sondern ein Ressentiment-Neid ist, eine Missgunst, die anderen etwas nicht gönnt. Nicht zuletzt tadelt man die Haltung der Verachtung, noch mehr ihre Steigerung zu Hass.

6.1 Sieben Hauptlaster

Vom Judentum vorbereitet kennt das Christentum sieben Kardinallaster, in religiöser Sprache und im Unterschied zu den lässlichen Sünden als Todsünden bezeichnet. Gemeint sind derart schwerwiegende moralische Verfehlungen, sogenannte Wurzelsünden oder Hauptsünden, dass, wer sie begeht, jene Gemeinschaft mit Gott verlässt, die nur durch tätige Reue wiederhergestellt werden kann.

Von einer veritablen Todsünde spricht die einschlägige Theologie dort, wo drei Voraussetzungen erfüllt sind: Der Verstoß muss erstens schwerwiegender Natur sein, wozu üblicherweise Ehebruch, Mord und Abfall vom Glauben zählen. Er muss zweitens „mit vollem Bewusstsein" von der Schwere des Verstoßes und drittens „mit wohlüberlegter Zustimmung", also aus freiem Willen, erfolgen.

Die sieben Todsünden lauten: 1) Neid oder Missgunst, auch Eifersucht (*invidia*); gemeint ist freilich nur der Ressentiment-Neid, nicht der kreative und konstruktive Neid; 2) Völlerei, Schwelgerei und Gefräßigkeit (*gula*); 3) Habgier, Habsucht, Raffgier und Geiz (*avaritia*); 4) Wollust, Ausschweifung, Genusssucht und Begier (*luxuria*); 5) Hochmut oder Hoffart, Eitelkeit, Stolz und Übermut (*superbia*); 6) Trägheit des Herzens, Faulheit, auch Feigheit und Ignoranz (*acedia*) und 7) Zorn, Wut und Rachsucht (*ira*). Verändert man die Reihenfolge, beginnt mit Hochmut und Habgier, schließt Wollust, Zorn und Völlerei an und endet mit Neid und Faulheit, so ergibt sich aus den lateinischen Anfangsbuchstaben ein Kunstwort, das gelehrter ein Akronym heißt: Saligia.[67]

---

67 Nur in Klammern: Nicht jede Wollust muss ein Laster sein. Das französische Verlagshaus Gal-

https://doi.org/10.1515/9783111568591-007

Auch kann man in manchem Laster einen positiven Antrieb erkennen. Beispielsweise kann die Wut Energiekräfte freisetzen, die politische oder kulturelle Revolutionen auf den Weg bringen. Oder die Trägheit beinhaltet eine Lässigkeit, vielleicht sogar Gelassenheit, die die Dinge auf sich zukommen lässt. Und der Kreativneid kann wie gesagt einen Ehrgeiz anstacheln, mit dessen Hilfe man mit anderen gleichzuziehen, sie eventuell sogar zu übertrumpfen sucht.

Um den Grundlastern ein Gesicht zu geben, ordnen mittelalterliche Theologen sie jeweils einem Dämon zu: den Engel, der sich gegen Gott aufgelehnt hat, Luzifer dem Hochmut, Mammon der Habsucht, Leviathan dem Neid, Satan dem Zorn, Asmodeus der Wollust, Beelzebub der Völlerei, schließlich Belphegor der Faulheit.

Trotz ihres religiösen Hintergrunds sind die Kardinallaster jedoch kein spezifisch religiöses Thema. Die Deutung als „Aufkündigung der Gemeinschaft mit Gott" kann man, ohne den Kern zu beeinträchtigen, problemlos zurückstellen. Gemeint sind nämlich Neigungen, die in so gut wie allen Kulturen und Epochen als besonders schlimm, als böse bekannt und anerkannt sind und ebenso interkulturell und interepochal als unmoralische Charakterhaltungen verworfen und gebrandmarkt werden. In der Tat liegen hier nicht irgendwelche Versuchungen vor, sondern jene Haupt- und Grundgefährdungen, die die Wurzel weiterer Gefährdungen sind. Trotz aller Kultur und Zivilisation, denen sich die Menschen unterwerfen, bestehen sie weiter. Wer ein gelungenes, humanes Dasein führen will, muss sie allerdings zu überwinden suchen.

Zusammen bilden die sieben Todsünden einen zeitlos gültigen Lasterkatalog. Es erstaunt daher nicht, dass unsere weithin säkularen Gesellschaften das Thema in unterschiedlicher Form, dann freilich meist ohne den religiösen Hintergrund immer wieder aufgreifen. Hier seien zwei Beispiele angeführt, die ausdrücklich den Titel der Sieben Todsünden übernehmen. Ein erstes Beispiel bietet das satirische Ballett mit Gesang in sieben Bildern mit Prolog und Epilog von George Balanchine, Bertold Brecht und Kurt Weill, uraufgeführt am 7. Juni 1933 am Théâtre des Champs-Élysées in Paris, das zweite der gleichnamige Bilderzyklus von Otto Dix ebenfalls aus dem Jahr 1933: Die sieben Todsünden sind dort von links nach rechts in diagonal aufsteigender Reihe angeordnet: Geiz, Neid, Trägheit, Zorn, Wollust, Hochmut und Völlerei.

Als vollständig muss der hier erwähnte Lasterkatalog aber nicht gelten. Zwei grundlegende Laster fehlen nämlich. Das eine ist die Machtgier, gesteigert zu einem Machiavellismus, dem, um Macht zu erlangen und zu erhalten, jedes Mittel will-

---

limard wirbt für seine großartige Reihe bedeutender klassischer Werke *La Pléiade* mit dem Wort „la volupté de lire"; „die Wollust des Lesens".

kommen ist, selbst wenn es gegen das Recht und die Moral verstößt. Das andere Laster ist die Unehrlichkeit: die Bereitschaft, zu lügen.

6.2 Zum Beispiel Habgier

Manche Todsünden verändern im Laufe der Geschichte ihre Bewertung, verlieren sogar ihre negative Einschätzung und wandeln sich von einem Laster zu einer Tugend. Das beste Beispiel für diese Bewertungsumkehr und den zugrundeliegenden Mentalitätswandel bietet die Habsucht, auch Habgier oder Raffsucht genannt. Denn im Laufe der Neuzeit steigt sie in der Theologie und Ethik der Puritaner und Calvinisten zu einem lobenswerten Geschäftssinn auf. Allerdings gibt es bereits eine ähnliche ältere Einschätzung. So lobt ein großer Gelehrter des 13. Jahrhunderts, der französische Theologe und Philosoph Petrus Johannis Olivi, die unternehmerische Tätigkeit und deren schöpferische Kompetenz.[68]

Der überragende Rechts- und Staatsphilosoph der frühen Neuzeit, Thomas Hobbes, erklärt in seinem Hauptwerk *Leviathan*, in dessen Kapitel 6: „Über die Leidenschaften":[69]

> *Verlangen* nach Reichtum ist *Habsucht.* Dieser Name wird immer in tadelnder Bedeutung verwendet, da es den Menschen, die nach Reichtum streben, mißfällt, wenn ein anderer dazu gelangt; dabei ist dieses Verlangen an sich je nach den Mitteln, mit welchen dieser Reichtum angestrebt wird, zu tadeln oder zu loben.

Allerdings verändert Hobbes unter der Hand den Gegenstand. Denn das Missfallen, „wenn ein anderer dazu gelangt", ist weniger eine Frage der Habsucht als eine des Neides.

Die wirkliche Habgier, das Mehr- und Immer-Mehrwollen, bedroht die Menschheit seit Anbeginn. Es erstaunt daher nicht, dass sie quer durch die Kulturen und Epochen als höchst verwerflich be- und verurteilt wird. Im *Lesebuch zur Ethik*[70] beginnt die Sammlung „Philosophischer Texte von der Antike bis zur Gegenwart" nicht zufällig mit einer Passage aus den Weisheitsbüchern der Ägypter. Schon sie, obwohl vor mehr als vier Jahrtausenden verfasst, verurteilt die Habgier als „eine schlimme, unheilbare Krankheit, ein Sack voll von allem Hassenswerten, ein Bündel von allem Übel". Ähnlich heißt es in Nr. 11, gestrafft: „Sei nicht geizig, damit dein

---

68 Einschlägig ist sein *Traité des contrats.*
69 Hobbes, Thomas: *Leviathan oder Stoff, Form und Gewalt eines bürgerlichen und kirchlichen Staates,* hrsg. v. Iring Fetscher, Neuwied/Berlin 1969, S. 43.
70 Höffe, *Lesebuch zur Ethik.*

Name nicht anrüchig werde. Geiz tilgt Ehrgefühl, Mitleid und Vertrauen aus dem Herzen." Um 600 v.Chr. erklärt einer der Sieben Weisen Griechenlands, der Mathematiker und Naturphilosoph Thales von Milet: „Sei nicht reich auf schimpfliche Weise." Und ein anderer, Periander, ein Herrscher von Korinth, sagt sogar generalisierend: „Gewinn: etwas Schimpfliches".[71]

Diese Einschätzungen ändern sich in den nächsten Jahrhunderten nicht. Die grenzenlose Gier nach immer mehr Reichtum, die Habsucht, behält ihren Unwert als ein Grundlaster. Neuerdings wird sie, wofür Kapitalismus und Neoliberalismus verantwortlich seien, sogar als das überhaupt schlimmste Übel eingeschätzt, das unsere Gesellschaft von Grund auf verderbe, sie nämlich zu einer Gesellschaft herzloser Egoisten mache, in der zudem der Starke und Gesunde, der Erfolgreiche und Begüterte am Ende Recht bekomme.

Diese Art von Moralismus, der die eigene Zeit für besonders verwerflich hält, ist freilich nicht neu. Die Zitate aus Altägypten und der griechischen Antike zeigen, wie lange vor Kapitalismus und Neoliberalismus die Habgier grassierte, daher deren scharfe Verurteilung notwendig machte. So erscheint die Habgier als eine allgemeinmenschliche Gefahr und nicht als eine Eigentümlichkeit der heutigen, besonders schlechten Gesellschaft.

Die Frage, ob die Habgier eher in der Moderne oder in der Antike für das größte Laster gehalten wird, kann hier außer Acht bleiben. Es genügt, zusätzlich zu den altägyptischen Texten weitere aussagekräftige Zitate anzuführen: Der alttestamentarische Prophet Jeremias erklärt: „Denn sie gieren alle, Klein und Groß, nach unrechtem Gewinn."[72] Man beachte, dass hier nicht etwa eine Teilgruppe der Gier angeklagt wird. Keineswegs beschränkt sie sich auf die anderen, etwa auf die Wucherer, gegen die man seinen moralischen Zeigefinger richten darf. Ebenso greift heute zu kurz, wer sich auf die „Gier der Manager" und die „Gier der Märkte" und deren mitleidlose Herzenskälte kapriziert. Vermutlich ist der Prophet realistischer und offener zugleich, da er alle beschuldigt, mithin in der Gier eine allen Menschen drohende Gefahr, folglich eine anthropologische Eigentümlichkeit sieht.

Diese Einschätzung trifft man freilich nicht häufig an. Eher üblich ist, die Anklage gegen eine bestimmte Berufsgruppe – „natürlich" gegen die anderen – zu richteten. Die mittelalterliche Kirche, etwa das zweite Laterankonzil, verurteilt im Jahr 1139 „die Raffgier der Geldverleiher", aber nicht, weil sie zu hohe Kreditzinsen, sondern weil sie überhaupt für Geldverleih einen Zins verlangten. Allerdings kam man auch damals nicht ohne eine Kreditwirtschaft aus, weshalb ein generelles

---

71 Höffe, *Lesebuch zur Ethik*, Nr. 45.
72 Jeremia 6, 13.

Zinsverbot weder der gelebten Wirklichkeit entsprach noch einer überlegten Finanztheorie gerecht wurde.

Trotzdem widerspricht dem einer der bedeutendsten literarischen Texte des Abendlandes, die vor sieben Jahrhunderten von Dante Alighieri verfasste *Divina Comedia/Die göttliche Komödie*. Sie, die jedoch nicht nur die Gier nach Geld und Besitz, sondern auch die nach Macht und Einfluss verurteilt, verbannt zum Beispiel die Schlemmer für ihre Gier in den dritten Höllenkreis (6. Gesang).[73]

Zwei Jahrhunderte später geißelt der Reformator Martin Luther mit der ihm typischen Wortgewalt die Habsucht. Im Geist des vielzitierten Wortes aus dem Neuen Testament, man könne nicht zwei Herren dienen, Gott und dem Mammon,[74] schreibt er zunächst einen „Kleinen" (1519), bald darauf noch einen „Großen Sermon vom Wucher" (1520). Der Reformator ist zwar nicht wirklichkeitsblind. Keineswegs verdammt er allen Handel mit Waren, selbst nicht den Handel mit Geld: „Daß Kaufen und Verkaufen eine notwendige Sache ist, kann man freilich nicht leugnen. Man kann es nicht entbehren und kann es durchaus in christlicher Weise tun, nur müssen Wert und Preis einer Ware redlich bestimmt sein."

Dagegen werde seiner Ansicht nach von den großen „Handelshäusern" wie den Augsburger Familienunternehmen der Fugger, Welser (auch in Nürnberg ansässig), Höchstetter und Paumgartner massiv verstoßen: Ohne diese Namen zu nennen, schreibt er: „Man muß wissen, daß zu unseren Zeiten die Habsucht und der Wucher in der ganzen Welt nicht nur furchtbar eingerissen sind, sondern auch gewagt haben, sich Deckmäntel zu suchen, worunter sie ihr böses Tun ungehindert ausüben."[75] Wichtiger hingegen als das Eigentum seien für den Christen Friede, Eintracht, brüderliche Liebe und Treue.

Wieder einmal bei Kant erhält die Kritik der Habsucht philosophische Tiefe. Als „Unersättlichkeit im Erwerb"[76] bestimmt, zählt für ihn die Habsucht zu den Leidenschaften, mit denen der Mensch generell seine Freiheit und seine Herrschaft über sich selbst aufgebe. In diesem Rahmen ordnet er die Habsucht den „kalten" Leidenschaften zu, die ebenso wie die Ehrsucht und die Herrschsucht aus der Kultur des Menschen hervorgehen, daher erworbene und nicht natürliche Leidenschaften seien.[77]

---

73 Dante Alighieri: *Die Göttliche Komödie*, ital. u. dt. übers. u. hrsg. v. Hermann Gmelin, Bd. I, Erster Teil, *Inferno – Die Hölle*, München 1988.

74 Matthäus 6, 24; Lukas 16, 13.

75 Schorlemmer, Friedrich: „Die ganze Welt ist in der Habsucht ersoffen wie in einer Sintflut. Über gemeinen Nutz und Wucher bei Martin Luther", in: *Politik und Kultur* 2008.

76 *TL*, § 10, 432.

77 *Anthr.*, 3. Buch: Vom Begehrungsvermögen, 267 ff.

Der Weltbürger aus Königsberg hält die Habsucht nicht etwa für eine Folge der durchaus nützlichen Erfindung des Geldes. Zu Recht stellt er fest, dass vor dem, der viel Geld hat, „sich alle Pforten, die vor dem minder Reichen verschlossen sind", öffnen. Allerdings komme es dem Habsüchtigen nicht an sich aufs Geld und die Anhäufung von Gütern an. Wie bei den beiden anderen kalten Leidenschaften will man auf andere Menschen Einfluss nehmen, und zwar mit der Ehrsucht „durch ihre *Meinung*", mit der Herrschsucht „durch ihre Furcht", mit der Habsucht schließlich „durch ihr eigenes *Interesse*".

Kant schätzt die Habsucht als eine Form des Geizes ein, nämlich des *„hab-*süchtigen"* Geizes. Im Gegensatz zum *„kargen"* Geiz, modern: einem Kaufrausch, der schließlich so viel kauft, dass er seine online bestellten Pakte nicht einmal auspackt, will der habsüchtige Geiz, darin vernünftiger, die „Mittel des Wohllebens", die er sich anschafft, auch genießen.

Der Schriftsteller Heinrich von Kleist vertritt in seinem „Aufsatz, den sichern Weg des Glücks zu finden ..." eine Ansicht, die so tröstlich klingt, dass man sie gern teilen würde, die aber bestenfalls der halben Wirklichkeit entspricht (hier ge-strafft): „[D]ie Großen dieser Erde leben in Herrlichkeit und Überfluß und darum nennt man sie Günstlinge des Schicksals. Dagegen sehen wir einen armen Tage-löhner, Zufriedenheit blickt aus seinen Augen, die Freude lächelt auf seinem Antlitz, Frohsinn und Vergeßenheit umschweben die ganze Gestalt."[78]

Eher trifft die Wirklichkeit, was eine Romanfigur aus Somerset Maughams Roman *Der Menschen Hörigkeit* sagt: Es gibt „nichts Entwürdigenderes als die ständige Sorge um das tägliche Brot... Ich habe nichts als Geringschätzung für die Leute, die das Geld verachten. Sie sind Heuchler und Narren."[79]

Als letztes Beispiel aus der reichen Ideengeschichte sei Bertold Brecht mit seinem Theaterstück *Aufstieg und Fall der Stadt Mahagony* erwähnt. Dort zeigt der Autor, wie die Gier sich selbst frisst; das auf den ersten Blick so glitzernde Gebäude des Erfolgs ist auf einem sumpfigen Grund gebaut, der am Ende alles und jeden verschlingt. In einem berühmten Song heißt es von der Gierstadt Mahagony: „Denn wie man sich bettet, so liegt man. / Es deckt einen da keiner zu. / Und wenn einer tritt, dann bin ich es. / Und wird einer getreten, bist du's."[80]

Wie die Ehrsucht und die Herrschsucht, so steht auch die Habsucht häufig nicht für sich allein. Wie von Kant angedeutet, wird sie von anderen Motiven (mit) an-getrieben, etwa vom Ehrgeiz und einem Konkurrenzdenken, das im menschlichen,

---

78 Kleist, Heinrich von: „Aufsatz, den sichern Weg des Glücks zu finden, und ungestört, auch unter den größten Drangsalen des Lebens, ihn zu genießen!", in: *Sämtliche Werke*, hrsg. v. Curt Grütz-macher, München 1967, S. 867–879.
79 Maugham, Somerset: *Der Menschen Hörigkeit*, Zürich 1986, S. 278.
80 Brecht, Bertold: *Aufstieg und Fall der Stadt Mahagony*, Frankfurt am Main 2005.

allzu menschlichen Kampf um Anerkennung und Liebe den ersten Platz, den Sieg, anstrebt.

Weil die Gegenstände, nach denen man giert, nicht bloß materielle Dinge wie Geld und Gut oder andere Vermögenswerte sind, weil man auch nach Ehre und Wertschätzung, nach Anerkennung, Applaus, Preisen und Ruhm gieren kann, sind in dieser Hinsicht nicht nur die üblichen Verdächtigen gefährdet. Kaum weniger von Gier bedroht sind etwa (Sozial-)Wissenschaftler, Intellektuelle, Kulturschaffende und weitere Moralisten. Auch wenn sie ihren moralischen Zeigefinger lieber auf die „Miethaie", die Investmentbanker und die angeblich ausbeuterischen Unternehmer richten, sind sie nicht über alle Gier, weder über die Gier nach politischer oder kultureller Macht noch selbst nach materiellem Erfolg, erhaben.

Für sie gilt aber, was für alle zutrifft, die der Habgier verfallen sind: Die wichtigsten Dinge im Leben und für das Leben kann man nicht kaufen, auch nicht mittels großer Reputation erwerben. Niemand wird bestreiten, dass die für das Lebensglück entscheidenden Dinge in einem wörtlichen Sinn unbezahlbar sind: Zufriedenheit mit seinem Leben, Bildung im emphatischen Sinn, also mehr als Ausbildung und Erziehung, nämlich die Bildung eines guten Charakters, nicht zuletzt Freundschaften.

Dass Reichtum, selbst unermesslicher Reichtum kein Selbstzweck ist, zeigt das Leben der einschlägigen Unternehmer, der geradezu legendären Fuggers, Rockefellers und Rothschilds. Solange sie Reichtum über Reichtum anhäuften, suchten sie mehr den Erfolg und die Macht als ein angenehmes Leben. Und sobald sie erkannten, dass selbst überwältigender Erfolg und enorme Macht ihnen kein rundum gelungenes Leben verschafften, pflegten sie die Tugend der Freigebigkeit in der ihrem Reichtum angemessenen Form, also die Großzügigkeit. Sie, aber auch zeitgenössische Multimilliardäre werden zu Mäzenen, deren überreiche Stiftungen wissenschaftliche, kulturelle und humanitäre Projekte fördern.

Manche sind freilich mit wenig zufrieden. Was der US-Schriftsteller Amor Towles im Roman *Lincoln Highway*[81] immer wieder betont, dürfte für sehr viele Menschen zutreffen: Sie wollen nicht die Welt verändern, sondern ein aus ihrer Sicht angenehmes Leben führen. Und: Sich darüber zu mokieren, steht niemandem, fraglos nicht der sogenannten gebildeten Mittel- und Oberschicht zu. Wer es doch tut, erliegt dem Laster, das der nächste Abschnitt behandelt.

---

[81] Towles, Amor: *Lincoln Highway*, München 2022.

6.3 Zum Beispiel Hochmut

Im Rahmen der sieben Hauptlaster könnte man ein anderes Laster, den Hochmut und Übermut, die Hybris: Vermessenheit, auf Latein die *superbia*, für die verwerflichste Todsünde halten. Die Frage, ob diese Einschätzung überzeugt, spielt hier aber keine Rolle. Dass im erwähnten Akronym Saligia der Hochmut in seiner lateinischen Bezeichnung als *superbia* an der Spitze steht, ist keine Sachaussage, sondern der Suche nach einem klingenden Kunstwort geschuldet.

Da zum deutschen Ausdruck als zweiter Bestandteil der Mut gehört, könnte man den Hochmut positiv einschätzen wollen, als aufrechte Haltung und berechtigten Stolz, als Courage, sich etwas zuzutrauen, beispielsweise abseits des Zeitgeistes neue Ideen zu vertreten oder neue Wege zu suchen. Der Mut, dem Wahlspruch der Aufklärung zu folgen und sich seines eigenen Verstandes zu bedienen, ist aber bloßer Mut, kein Hochmut. Nur mit dem vorangehenden „Hoch" wird aus dem schlichten Mut jener Über-mut, der mit seinem Zuviel, sogar Allzuviel, der mit seiner Maßlosigkeit zum Laster, in religiöser Sprache zur Todsünde wird. Verwandte Phänomene sind Standesdünkel und Arroganz, Eitelkeit, Stolz, Aufgeblasenheit und Hoffart, nicht zuletzt Größenwahn.

Die griechische Ethik, nicht nur deren philosophischer Anteil, auch die Literatur, namentlich die Tragödie, versteht unter dem Hochmut das übermütige Vertrauen in die eigenen Fähigkeiten und Kräfte, mit denen man das Gebot *méden agan* verletzt. Für den Versuch des Hochmütigen, frevelhaft die dem Menschen gesetzten Grenzen, das ihm erlaubte Maß, zu überschreiten, gibt es drei Muster. Entweder folgt man dem Vorbild von Ikarus und gebärdet sich in Wissenschaft und Technik wie ein Gott, oder man lästert die Götter, oder man verstößt gegen ein ausdrückliches Verbot der Gottheit und kostet, wie es in der biblischen Schöpfungsgeschichte heißt, vom Baum der Erkenntnis, wird aber zur Strafe aus dem Paradies vertrieben.

An anderen Stellen des Alten Testaments richtet sich der Vorwurf des Hochmuts gegen die Selbstgerechtigkeit von Höhergestellten, denen gegenüber dann die Niedrigen und Armen als die eigentlich Frommen und Demütigen gelten. Für die Wirkungsgeschichte der christlichen Vorstellung des Hochmuts und seines Gegensatzes, der Demut, wichtiger ist das Gleichnis aus dem Lukasevangelium vom selbstgerechten Pharisäer und demütigen Zöllner. Wegen seiner exemplarischen Bedeutung werde ich es hier ausführlich zitieren. Dem Gleichnis zufolge betete der Pharisäer „bei sich also":

Gott ich danke dir, daß ich nicht so bin wie die übrigen Menschen, wie die Räuber, Betrüger, Ehebrecher oder auch wie dieser Zöllner. Ich faste zweimal in der Woche, ich gebe den Zehnten von allem, was ich erwerbe. Der Zöllner aber stand weit zurück und wollte nicht einmal die

Augen erheben zum Himmel, sondern schlug an seine Brust und sprach: Gott sei gnädig mir Sünder.[82]

Diesen religiösen Hintergrund mitsamt seiner fraglos erheblichen Provokation, auch die Frage, ob damit der jüdischen Gruppierung der Pharisäer Gerechtigkeit widerfährt, kann man allerdings problemlos beiseiteschieben und sich auf ein allgemeinmenschliches Laster konzentrieren. Kant zufolge verletzt der Hochmütige eine Tugendpflicht gegen andere. Denn man verlangt von anderen eine Achtung, die man ihnen selbst verweigert, was ungerecht und zugleich eine Torheit und Narrheit sei.[83] Kant pointiert hier, was der Sache nach generell zutrifft: Der Hochmütige ist in seiner eigenen Wertschätzung ebenso maßlos wie in der Geringschätzung seiner Mitmenschen. Berauscht von den eigenen Leistungen und blind gegen eigene Fehler und Schwächen denkt er in seiner Selbstgerechtigkeit: „Gut, daß ich nicht so töricht, nicht so schlecht usw. bin wie die vielen anderen." An anderer Stelle erklärt das Neue Testament: Wer sich selbst erhöht, wird erniedrigt, und wer sich selbst erniedrigt, wird erhöht werden.

Hochmut, es sei wiederholt, findet sich in allen Kreisen, in der Wirtschaft und Politik nicht mehr, aber auch nicht weniger als in der Welt der Medien, der Kultur und der Wissenschaften. Niemand ist ausgenommen; wir alle sind vor Hochmut nicht sicher.

Selbst wer den Hochmut geißelt, ist vor Hochmut nicht gefeit. Er läuft nämlich Gefahr, sich oder zumindest seine Weltsicht, bewusst oder unbewusst für besser zu halten, da er doch – was den anderen fehle – den in der Welt grassierenden Hochmut verurteile. Darin zeigt sich die Verwandtschaft des Hochmuts mit dem Narzissmus, dem Bewusstsein der eigenen Großartigkeit, das sich mit einem Bedürfnis nach mehr als nur Anerkennung, nämlich nach Bewunderung, verbindet und dem es an der Fähigkeit mangelt, sich in andere Personen und andere Lebensvorstellungen einzufühlen.

In der Umwelt- und Klimakrise, wird gern gesagt, tritt der Hochmut nicht nur als ein Laster einzelner Personen und Personenkreise, sondern auch als eine „Todsünde" der modernen Zivilisation, bildlich gesprochen als Gift unserer Epoche, zutage. Dieser Ansicht kann man nur unter dem Vorbehalt zustimmen, dass eine Zivilisationsform streng genommen kein zurechnungsfähiges Subjekt ist. Freilich kann man auf die allzu weit verbreitete Grundhaltung hinweisen, die eigenen Möglichkeiten zu überschätzen, zugleich deren vielfache Begrenzung zu verdrängen.

---

82 Lukas 18, 10–14.
83 *TL*, § 42.

Die entsprechende Kritik betont zu Recht, wenn auch gern mit zuspitzenden Diagnosen, die mittlerweile allzu bekannten Folgen: die Zerstörung der Regenwälder und weitere Vernichtungen von Lebensraum wie das Artensterben und andere Formen, unseren Planeten „auszuplündern". Nicht zu vergessen sind die wachsenden Mengen an Abfällen, die den Boden, die Flüsse und die Binnenseen sowie die Meere mehr und mehr verseuchen. Hier trifft offensichtlich das Sprichwort zu: „Hochmut kommt vor den Fall."

Um den Fall, den endgültigen Kollaps unseres Planeten, zu vermeiden, muss man die Ursache herausfinden und sie dann bekämpfen. Als Hauptursache wird heute gern auf eine auf stetes Wachstum ausgerichtete und von „konsumgierigen" Personen mitbetriebene Wirtschaft verwiesen. Als zusätzliche oder aber grundsätzlichere Ursache wird der vielfach praktizierte Irrtum gebrandmarkt, der Mensch könne und wolle die Natur beherrschen.

Eine umfassendere Diagnose erkennt diese Faktoren an. Sie weist allerdings auch auf eine weitere, allzu oft verdrängte Ursache hin: die Bevölkerungsexplosion. Denn bei einer Bevölkerung von ehemals einigen hundert Millionen, selbst für ein bis zwei Milliarden von Menschen resultiert aus der Nutzung der natürlichen Ressourcen noch nicht die heute fraglos gegebene Überbeanspruchung. Und ohne eine rationale Wirtschaft lässt sich etwas, das die meiste Zeit an den meisten Orten der Menschheit drohte und allzu oft auch Wirklichkeit war: Hunger und Armut, nicht überwinden.

Ebenso ist gegenüber der bei Zivilisationskritikern verbreiteten Wissenschafts- und Technikskepsis und gegenüber einer pauschalen Ablehnung der Ansicht, die Natur sei beherrschbar, Skepsis geboten. „Natürlich" gibt es die skizzierten desaströsen Phänomene, die auch, was nirgendwo ernsthaft bestritten wird, zu bekämpfen sind. Ebenso „natürlich " ist aber auch, dass sich gewisse Teile der Natur beherrschen lassen und auch tatsächlich beherrscht werden: Etwa sind die Mühen der „Arbeit im Schweiße unseres Angesichts" erheblich verringert worden, werden angeborene oder erworbene Mängel wie Seh- und Hörschwächen überwunden, zahllose Krankheiten behandelt, Unfallfolgen gemindert, auch Hunger und Armut trotz noch zu leistender Arbeit ziemlich erfolgreich bekämpft und es werden gegen Hitze oder Dürre resistentere Pflanzen gezüchtet.

Hier wie vielerorts ist ein Wesensmerkmal der Tugend, Maß und Augenmaß zu praktizieren. Weil es der allzu pauschalen Zivilisationskritik daran fehlt, ist sie von einem Hochmut, hier von einer Selbstgerechtigkeit der Diagnose, nicht fern. Im Übrigen ist der Hochmut keine Eigentümlichkeit unsere Zeit, sondern als Verbindung von Hybris, Übermut, mit Pleonexie, der Niezufriedenheit, eine generelle Gefahr unserer Gattung. Sie ist ein Merkmal der Conditio humana, ein Wesenselement des Menschen, auf die die philosophische Anthropologie zu selten hinweist.

Das Gegenbild eines Hochmütigen, zugleich das Muster eines bewundernswerten Menschen, gibt jemand ab, der, ohne zu prahlen, über eine außergewöhnliche Ausstrahlung verfügt. Der Grund: In stiller Selbstverständlichkeit muss diese Person nicht mehr an sich zweifeln und kann ausgewogen und unbestechlich ihren Weg gehen.

Zum Abschluss eine Frage: Schwingt Hochmut mit, wenn auch unbewusst und ungewollt, wenn sich jemand für etwas verantwortlich hält, gegebenenfalls dafür Schuld und Scham empfindet, das außerhalb seiner Kontrolle liegt? Maßt er sich vielleicht auch hier an, noch einmal: unbewusst und ungewollt, wie Gott zu sein?

II Kardinaltugenden für die heutige Gesellschaft

Zwei Einsichten, die sich beim Blick in die Theoriegeschichte der Tugenden aufgetan haben, bleiben richtig und wichtig, seien daher einleitend erinnert: Zum einen sind die Tugenden Vorbilder, an denen sich die Menschen zwar ausrichten sollen, die ihnen aber nicht willkürlich von außen wie Fremdkörper aufgestülpt werden dürfen. Im Gegenteil finden sie sich schon in der gelebten Wirklichkeit, dort freilich zu wenig als stets praktizierte Verhaltensweisen, wohl aber teils als Handlungsmuster, die gelobt, in besonders herausragenden Fällen sogar bewundert werden, teils als so gut wie unstrittige Elemente des moralischen Bewusstseins. Zum anderen sind nicht nur die Kardinaltugenden, sondern alle Tugenden Charaktermerkmale, die man weder von Geburt an besitzt noch im Laufe des Heranwachsens wie von allein erwirbt. Man muss sie vielmehr einüben, kann dabei anerkannt gute Vorbilder nachahmen und erhält für gutes Handeln Zustimmung und Anerkennung, wird für schlechtes Tun und Lassen hingegen getadelt.

Greifen wir exemplarisch die Haupttugenden heraus. Ob es die Haltung der Besonnenheit, die der Tapferkeit, der Gerechtigkeit oder der Klugheit ist – man muss die zuständigen Handlungen wieder und wieder vollziehen. Besonnen wird nicht, wer sich eine Vorlesung über Besonnenheit anhört oder einen einschlägigen Essay liest. Dasselbe trifft auf die Tapferkeit, dasselbe auf die Gerechtigkeit und die Klugheit zu. Nicht die Theorie ist entscheidend, auch wenn sie hilfreich sein kann, sondern es ist beinahe allein die Praxis. Für die Laster trifft Ähnliches zu: Einschlägige Essays oder Predigten können jemanden motivieren, sein Laster wahrzunehmen und zu versuchen, es zu überwinden. Um es ernsthaft und nachhaltig zu überwinden, muss man jedoch das nicht mehr lasterhafte Tun und Lassen praktizieren, praktizieren und noch einmal praktizieren.

Mit den Tugenden und analog den Lastern verhält es sich nämlich wie mit dem Erlernen eines Musikinstruments: Klavierspielen lernt man nicht aus Büchern, vielmehr nimmt man Unterricht und übt und übt und übt nochmals. Nicht anders erwirbt man Tugenden: Die Haltung der Besonnenheit wird durch wiederholtes besonnenes Tun erworben, die Tapferkeit durch immer wieder neues tapferes Handeln; genauso geschieht es bei der Gerechtigkeit und bei der Klugheit.

Letztere dürfte vermutlich am schwersten zu lernen sein. Jeder darf sich glücklich schätzen, wenn er von Menschen umgeben ist, die über Klugheit und eine moralische Urteilsfähigkeit verfügen. Die Erfahrung lehrt, dass gewisse Menschen fast alles über die Welt wissen und trotzdem weder mit dem eigenen Leben noch mit den Mitmenschen zurechtkommen.

Soweit die Klugheit überhaupt gelernt wird, geschieht es, indem man sowohl von der Urteilsfähigkeit anderer Menschen als auch von deren Fehlern lernt. Weil große Literatur, selbst anspruchsvolle Unterhaltungsliteratur, aus Weltkenntnis lebt, findet man dort Beispiele und Ratschläge für Klugheit. Weil dies auf die an-

https://doi.org/10.1515/9783111568591-008

deren Tugenden ebenfalls zutrifft, hat dieser Essay auch bisher schon gelegentlich Literatur, und zwar ausdrücklich nicht bloß Fachliteratur, angeführt.

Die Einsicht, dass bei diesem Themenfeld das Einüben unendlich wichtiger als jedes Theoretisieren darüber ist, mahnt die praktische Philosophie zur Bescheidenheit. Auch dieser Essay kann herausarbeiten, worauf es bei den einzelnen Tugenden ankommt und warum sie heute noch aktuell sind. Er kann manchem Fehlverständnis und der verbreiteten Geringschätzung der Tugenden entgegentreten. Er entlastet aber weder den einzelnen noch ein Kollektiv davon, vorbildliches Verhalten selbst auszuüben und durch fortgeschrittenes Ausüben eine verlässliche Grundhaltung auszubilden.

7 Besonnenheit

7.1 Prinzip Lust?

Menschen haben zahllose Bedürfnisse, Wünsche und Interessen. Sofern sie sie erfüllen, empfinden sie Freude beziehungsweise Lust. Die vielfältigen Antriebskräfte reichen von physiologisch bedingten Bedürfnissen wie Durst, Hunger und sexuellem Verlangen bis zu der von kultureller Verfeinerung getragenen Suche nach genussreichen Erfahrungen.

Nicht minder vielfältig sind die Arten der Lust. Das Spektrum reicht etwa von der Befriedigung einer flüchtigen Begierde über die ekstatische Wollust bis zu einem ständigen Wohlgefallen. Ebenso umfasst es die bescheidene, vegetative Lust, die beispielsweise empfindet, wer ohne Beschwerden atmet und dabei von der Sonne erwärmt wird. Anspruchsvoller und gratifizierender ist der Sonnentag, den man mit lieben Menschen bei einer bescheidenen oder opulenten Brotzeit und einem Gläschen Bier oder Wein verbringt. Nicht zuletzt gibt es den Freudentaumel: „Jauchzet! Frohlocket!"

Ebenfalls kennen wir eine allgemeine Lebenslust und eine nicht minder allgemeine Arbeitslust. Lust empfindet nämlich, wer das vollzieht oder erreicht, wonach es ihn verlangt. Dann wird sie von der Sache hervorgerufen, der man sich mit ungehinderter Aufmerksamkeit widmet. Lust empfindet man in dem Maß, wie man in seinem Tun aufgeht, auch wenn es Mühen macht. Das Gelingen schwieriger Dinge erhöht sogar die Lust. Man kann auch eine kleinere, aber nahrhafte „Vollkornbrotlust" unterscheiden von der größeren, aber ungesunden „Pralinélust".

Die Welt der Freuden ist jedenfalls so bunt und reich, dass es naheliegt, die Lust zum höchsten Prinzip des Handelns zu erklären. Nach dem griechischen Ausdruck für Lust, *hedoné*, heißt diese Ansicht Hedonismus. Nach der psychologischen Spielart will der Mensch letztlich nichts anderes als Lust erlangen und Unlust vermeiden. Nach der ethischen Variante kann es durchaus andere Leitziele geben. Aber lediglich die Lust sei um ihrer selbst willen erstrebenswert.

7.2 Kritik am Genussleben

In der heutigen Welt, in der fast alles erlaubt ist, scheint eine Kritik am Genussleben aus der Zeit gefallen zu sein. Dieser Schein könnte freilich trügen.

Zweifellos ist ein glücklich-gelingendes, auch ein sittliches Leben nicht ohne eine innere Zustimmung, mithin Lust denkbar. Die Lust ist dann allerdings nicht das

https://doi.org/10.1515/9783111568591-009

Ziel des Handelns, sondern eine wesentliche Begleiterscheinung, sofern das jeweilige aus dem Handelnden selbst entspringende Streben Erfüllung findet.

Vom ethischen Standpunkt, dem der Moral beziehungsweise Sittlichkeit, sind allerdings weder die sinnlichen Freuden noch die aus dem Verlangen nach Reichtum, Ansehen oder Macht noch die geistigen Freuden als solche um ihrer selbst willen erstrebenswert. Einen Selbstzweck hat lediglich ein Tun und Lassen, das dem Anspruch der Moral gerecht wird, in der Moderne dem Prinzip der Selbstgesetzgebung, der Autonomie, des Willens und dessen Kriterium der strengen Verallgemeinerung, der Universalisierbarkeit der infrage stehenden Handlungsgrundsätze, der Maximen.

Nun bilden die menschlichen Antriebskräfte in ihrer Vielfalt nicht von allein ein geordnetes Ganzes, das ein auf Dauer gelungenes Leben ermöglicht. Seinetwegen müssen einige Antriebe kurzfristig, andere mittelfristig zurückgedrängt und manche vollständig unterdrückt werden. Insbesondere ist zwischen konkurrierenden Antrieben ein Abwägen und Ausgleichen vorzunehmen. Nicht zuletzt sind die globalen Folgen zu beachten: etwa dass in Verbindung mit der Bevölkerungsexplosion der wachsende Energie- und Wohnraumbedarf und der aus zunehmendem Konsum resultierende Müll unseren Lebensraum, die Erde, überfordern.

Ein exklusiv gelebtes Lustprinzip sieht sich weiteren Schwierigkeiten gegenüber. Eine erste Schwierigkeit, die des Mehr-und-Mehr-Wollens, hat William Shakespeare in dem Gedicht „Venus und Adonis" auf den Punkt gebracht: „Der Ozean ist begrenzt, die Begier dagegen unbeschränkt."[84] Eine zweite Schwierigkeit, die der negativen Nebenfolgen, pointiert ein polnisches Sprichwort: „Gott schuf den Wein, der Teufel den Kater." Oder mit Friedrich Schiller aus dem „Lied von der Glocke" zur Einsicht verallgemeinert: „Der Wahn ist kurz, die Reu ist lang."[85] Eine weitere, als Eigentümlichkeit der Lustempfindung schon angedeutete Schwierigkeit bündelt sich im Sprichwort: „Vor den Preis haben die Götter den Schweiß gesetzt." Wie die Lebenserfahrung unschwer bestätigt, haben viele Dinge, die einen geringen Aufwand erfordern, einen sowohl zeitlich als auch von der Erlebnistiefe her geringeren Lustwert als die Dinge, für die man Mühen auf sich nimmt. Hier erweist sich die Bereitschaft, vorübergehend Unlust zu ertragen, als eine hedonistische Investition in die Zukunft: Die gegenwärtigen Mühen zahlen sich auf Dauer aus.

Wer diese und weitere Schwierigkeiten des bloßen Lustprinzips nicht zu bewältigen vermag, wer zu einem langfristigen Gelingen sich in einem grundsätzlichen Sinn als unfähig erweist, wer beispielsweise stets dem jeweils im Augenblick

---

84 Shakespeare, William: „Venus and Adonis", in: William Shakespeare, The Complete Works, hrsg. v. Peter Alexander, London and Glasgow, 1965, Vers 389.
85 Schiller, Friedrich: „Lied von der Glocke", in: *Werke in drei Bänden*, München 1966, Bd. 2, S. 810 – 821 (813).

vorherrschenden sinnlichen Vergnügen frönt, mithin ein reines Genussleben führt, der wird zum Sklaven seiner Triebe und Bedürfnisse. Der Betreffende führt kein freies Leben, was er in der Regel sowohl persönlich als auch in sozialer Hinsicht bald als unbefriedigend erfährt.

7.3 Die Alternative: Besonnenheit

Die Alternative heißt in der Moralphilosophie auf Griechisch *sophrosýne*, im Lateinischen *temperantia* und im Deutschen Besonnenheit. Gemeint ist eine so herausragende Vortrefflichkeit des Menschen, dass sie zu den vier Kardinaltugenden gezählt und häufig als ihre erste angeführt wird.

Dem sachlichen Kern kann man sich von der Etymologie her nähern. Im Griechischen aus dem Adjektiv *sos:* heil, gesund und unversehrt, und dem Substantiv *phrén* zusammengesetzt, bezeichnet der Ausdruck den gesunden Verstand und die unversehrte Einsicht. Über sie verfügt, wer sich weder von seinen sinnlichen Begierden noch von anderen momentanen Antriebskräften überwältigen lässt, sie vielmehr zu kontrollieren vermag. Im Lateinischen ist ein gesunder Zustand gemeint und im Deutschen, mit dem Besinnen verwandt, die Haltung eines bedachtsamen, nüchtern-überlegten Handelns in Bezug auf das gesamte Leben, was also nicht auf den Bereich des Sinnlichen beschränkt ist.

Die Besonnenheit kann sich durchaus vornehmlich auf die Welt der sinnlichen Begierden beziehen und dann zur Kritik am Genussleben werden. Eine Erweiterung über diesen Lebensbereich hinaus ist aber sinnvoll. Der Besonnene zeichnet sich durch eine generelle Fähigkeit zur Distanz gegenüber momentanen Antriebskräften aus. Darin tritt eine nicht der lediglich derzeitigen, sondern der optimalen Gesamtlustbilanz dienende Vernunft zutage.

Ein zusätzlicher Vorteil dieser „hedonistischen Vernunft": Sie verhilft nicht nur zu einer Erfahrung, die nicht erst heute, sondern generell hochgeschätzt wird – zur Zufriedenheit mit sich und seinem Leben. Dank der Besonnenheit wird man auch zu einem angenehmeren Mitmenschen.

Obwohl zur Besonnenheit die Fähigkeit, Maß zu halten, gehört, beläuft sie sich nicht auf ein Leben der Entsagung. Weder gebietet sie einen Mangel an Temperament und Leidenschaft noch eine generelle Lustfeindlichkeit; keineswegs soll man zu einem emotionalen Krüppel degenerieren. Lust zu empfinden ist kein Verbrechen. Im Gegenteil darf man das weite Spektrum der Freuden des Essens und Trinkens und anderer Arten der Sinnlichkeit genießen. Sie dürfen aber weder in Maßlosigkeit ausarten noch andere menschliche Interessen verdrängen, weder soziale Beziehungen, namentlich Freundschaft, noch politische und kulturelle Aktivitäten. Auch die Bereitschaft, im Regelfall für seinen eigenen Lebensunterhalt aufzukommen, sollte darunter nicht leiden.

Schließlich darf man, es sei wiederholt, das formale Verständnis von Lust nicht unterschlagen, die Lust im Sinne von innerer Zustimmung, nämlich dass man die Dinge, die man tut, mit Hingabe – intensiv und leidenschaftlich – vollbringt. Diese Haltung ist für eine Lebenskunst unverzichtbar: Die Tätigkeiten, denen man sich widmet, sind aus vollem Herzen und mit Leib und Seele auszuüben. Wer gewöhnliche Aufgaben nur mit Widerwillen erledigt oder moralische Anforderungen nur ungern befolgt, führt weder im Sinne der Eudaimonie noch dem der Autonomie ein gelungenes Leben.

Die Besonnenheit ist mit einer gewissen Bescheidenheit verwandt. Sie muss freilich nicht im Sinne einer „puritanischen Tradition" verstanden werden, die der amerikanische Schriftsteller Amor Towles in seinem Roman *Lincoln Highway* beschreibt: „wonach man die Gunst des Herrn dadurch erwirkt, dass man seinen Nachkommen ein größeres Erbe hinterlässt, als was man selbst angetreten hat". Deshalb, so die Fortsetzung, sagt ein Vater, der mit seiner Landwirtschaft bankrottgegangen ist, zu seinem Sohn, „bin ich beschämt von dem Wissen, daß ich sie [die Tradition] mit meinem Leben durchbrochen habe. Gleichzeitig erfüllt es mich mit Stolz zu wissen, daß Du mit der kleinen Hinterlassenschaft [unter anderem 3.000 $, nach heutigem Maßstab mehr als das Zehnfache in Euro] zweifellos mehr erreichen wirst, als ich mit einem großen Vermögen vermocht habe".[86]

Das aller Besonnenheit widersprechende Laster ist eine Wollust, die die Erfüllung vor allem der sinnlichen Triebe verherrlicht.[87]

7.4 Wie viel Mitgefühl ist vernünftig?

Seit Monaten, mittlerweile bereits seit einigen Jahren erreichen uns verstörende Nachrichten und Bilder: zunächst von der Covid-Pandemie, dann vom Krieg in der Ukraine, weiterhin von den Flüchtlingsdramen im Mittelmeer und den Erdbeben in der Türkei, ferner von verheerenden Waldbränden etwa in Kanada, Kalifornien, auf Hawaii und im Mittelmeerraum und immer wieder von Terroranschlägen, nicht nur im Vorderen Orient.[88] Obwohl wir weder gegen geopolitische Verwerfungen

---

86 Towles, *Lincoln Highway*, S. 39 f.

87 Ein Literaturhinweis: Michels, Axel: *Die Kunst des einfachen Lebens. Eine Kulturgeschichte der Askese*, München 2004.

88 Dieser Abschnitt ist eine geringfügige Überarbeitung meines Zeitungsessays „Wie viel Mitgefühl kann der Mensch aufbringen?", erschienen in der *Neuen Zürcher Zeitung* (NZZ) am Sonntag, 4. Juni 2023, S. 22.

noch gegen Naturkatastrophen oder gegen das viele Unheil in der Ferne etwas ausrichten können, fühlen wir uns betroffen und die Ereignisse belasten uns emotional.

Nun gibt es seit Menschengedenken böse Widerfahrnisse wie Kriegsverbrechen und Naturkatastrophen. Die damit einhergehende Not und das Leid sind also keineswegs neu. Auf die Reformation beispielsweise folgten zahllose Kriege und Bürgerkriege, etwa der Dreißigjährige Krieg, der im Verhältnis zur damaligen Bevölkerung und Bebauung Deutschland nicht weniger Tote und Verwüstungen bescherte als die beiden Weltkriege. Und eines der großen Erdbeben, das von Lissabon im Jahr 1755, erschütterte Europa bis in die Grundfesten eines zuvor herrschenden Optimismus.

Anders, grundlegend anders verhält es sich erst bei der Wahrnehmung der uns heute aufwühlenden Bilder und Nachrichten. Bis vor kurzem kamen sie mit deutlicher Verzögerung an, vor dem Zeitalter des Fernsehens erheblich später und seit dem Fernsehen zumindest einige Stunden, bei den Zeitungen ein bis zwei Tage nach den Ereignissen. Zudem wurden sie von den zuständigen Redakteuren und Sprechern nüchtern vorgebracht. Nicht zuletzt pflegten wir sie nur zweimal am Tag wahrzunehmen: in den Abendnachrichten und morgens in der Zeitung.

Alle drei Eigentümlichkeiten sind passé. Die Ereignisse, von den Berichterstattern oft im wörtlichen Sinn hautnah erlebt, treffen „in Echtzeit" ein; so sind wir nur Millisekunden beispielsweise vom Einschlag einer Rakete in ein Wohngebiet oder von den hinterlassenen Leichen entfernt. Zudem erreichen sie uns ungefiltert, und an die Stelle einer „Vernüchterung" tritt die Dramatisierung, allzu häufig sogar Übertreibung. In den sozialen Netzwerken schließlich sind die aufwühlenden Bilder pausenlos zu sehen, womit alle Ruhe und Distanz, die nötig wäre, um das Verstörende zu verarbeiten, entfällt.

Die Folge liegt auf der Hand: eine mit dem affektiven Dauerstress einhergehende emotionale Überforderung. Daher drängt sich eine Vorfrage auf, die etliche Zeitgenossen lieber verdrängen, nicht nur die Frage, wie wir eine dem gegenüber lebensnotwendige Widerstandsfähigkeit (Resilienz) entwickeln, sondern auch diese Frage: Warum überhaupt sollen wir uns von Ereignissen, die wir weder mitverursacht haben noch beeinflussen können und die überwiegend wildfremde Personen betreffen, aus dem seelischen Gleichgewicht bringen lassen?

Die einzig überzeugende Antwort lautet: Die Wildfremden sind gar nicht so wildfremd. Denn sie teilen mit uns so existenziell wichtige Dinge wie die räumlich begrenzte Erde, wie die Wertschätzung des Weltkultur- und Weltliteraturerbes. Vor allem ist uns allen das Weltmoralerbe gemeinsam, mithin für ein humanes Zusammenleben so unerlässliche Verbindlichkeiten wie die Pflicht zur Rechtschaffenheit, einschließlich der Ehrlichkeit, wie das Verbot, Leib und Leben der Mitmenschen und ihr legitimes Eigentum zu verletzen, nicht zuletzt das Gebot, Notleidenden zu helfen.

Aus diesen Gründen steht allen Menschen der Ehrentitel, aber auch der verpflichtende Rang eines Weltbürgers zu. In diesem Sinn Weltbürger sind wir aber nicht, weil wir um die ganze Welt reisen und uns auf der ganzen Welt auskennen. Wir sind es vielmehr, weil wir die genannten Dinge miteinander teilen – ob wir es wollen oder nicht.

Offensichtlich kann niemand allen Menschen in aller Not beistehen. Deshalb ist die Pflicht zur Hilfe abgestuft zu praktizieren, nämlich abhängig von der Schwere der Not und der Nähe zu den Notleidenden. Werden Familienangehörige oder enge Freunde bedroht, so stehen sie oben auf unserer Prioritätenliste. Das berechtigt uns freilich nicht, gegenüber der Not von Fremden gleichgültig zu sein. Auch wenn eine alle Menschen einschließende Wohltätigkeit uns maßlos überfordert, können wir deren kleine Schwester, jenes umfassende Wohlwollen pflegen, das am Schicksal der von Not und Leid Betroffenen emotional, etwa in Form von Mitleid, teilnimmt.

Auch diese Kraftquelle ist allerdings begrenzt, so dass erneut eine Überforderung droht. Nur eine realitätsresistente Selbstüberschätzung hält die eigenen Mitleidsressourcen für unerschöpflich. Dieser Naivität entgeht, wer der griechischen Lebensweisheit *meden agan*, nichts im Übermaß, folgt und sich lediglich so stark emotional belasten lässt, wie es sich mit seiner Selbstachtung und seinen sozialen, beruflichen und politischen Verantwortlichkeiten verträgt.

Offensichtlich besteht die dafür erforderliche praktische Vernunft im richtigen Maß, denn die Überforderung resultiert aus dem Übermaß. Das richtige Maß schließt nun zwei gegensätzliche Haltungen aus: die Gleichgültigkeit gegen fremde Not und das grenzenlose Mitleiden. Statt sich den verstörenden Bildern und Nachrichten zu verschließen oder sich wie ein Sklave von ihnen überwältigen zu lassen, begegne man ihnen „mit Sinn und Verstand": selbstbewusst und souverän.

Dort, wo diese Einstellung zur Gewohnheit, damit zum Grundzug der Persönlichkeit wird, bildet sich das aus, was die Ethik eine *areté*, eine Tugend, nennt. Ihrem Wesen gemäß, einer Mitte zwischen dem Zuwenig und dem Zuviel, pflegt, wer über Besonnenheit verfügt, mit mitleiderregender Not einen überlegten und überlegenen Umgang. Dieser fällt freilich nicht bei allen Menschen gleich aus. Wer von seiner natürlichen Neigung her unterschiedslos von jeder Not und allem Leid überwältigt wird, hat eine andere Art vernünftigen Mitleidens auszubilden, als wer ein Mitgefühl für fremde Schicksale erst entwickeln muss.

Man sieht leicht, dass die skizzierte Haltung der Besonnenheit entspricht. Häufig beschränkt man sie allerdings auf die Welt der Sinnlichkeit, auf die Ansprüche beim Essen und Trinken und der Sexualität. Dazu kommen seit einiger Zeit wachsende Ansprüche beim Wohnen, beim Urlaub und dem Kleiden (Stichwort: Shoppen), die ebenfalls nach Besonnenheit verlangen.

Die vorangehenden Überlegungen weisen aber auf ein neuartiges Aufgabenfeld hin: Geboten ist ein souveränes Verhältnis zu den Zumutungen des Mitleids. Bei den auf uns einströmenden Bildern und Nachrichten müssen wir eine vernünftige Auswahl treffen, zu ergänzen um eine nicht minder vernünftige Intensität, mit der man die für sich „zugelassenen" Bilder und Nachrichten emotional aufnimmt. Dafür braucht es die angedeutete Widerstandsfähigkeit. Der sachliche Kern ändert sich jedoch nicht: Geboten ist ein überlegter und überlegener Umgang mit Antrieben, die zur Maßlosigkeit, zum Übermaß neigen.

Auch wenn die drei anderen Kardinaltugenden noch nicht näher erörtert sind, empfiehlt es sich doch, sie in Bezug auf das hier thematisierte Mitleid mit in den Blick zu nehmen: Bei den Fragen der Auswahl und Intensität spielt unvermeidbar die Tugend der Klugheit hinein. Sie hilft, zugunsten eines sinnvollen Mitleids nutzlose Dinge erst gar nicht wahrzunehmen oder sie sogleich aus der Erinnerung zu verbannen. Anderen räumt sie hingegen das verdiente Gewicht ein. Wer klug ist, hält sich zudem in den sozialen Netzwerken weithin zurück und entscheidet sich, wenn er sie überhaupt nutzt, immer wieder für einen vollständigen Verzicht. Ohne Zweifel sind nämlich gelegentliche Fastenzeiten beim Medienkonsum vernünftig.

Zur Tugend der Besonnenheit gehört übrigens eine häufig verdrängte Aufgabe, die Bereitschaft, Gegenerfahrungen wahrzunehmen. Wer lediglich die Schrecken der Welt an sich heranlässt, riskiert eher, emotional überfordert zu werden, als derjenige, der auch der Schönheit und dem Facettenreichtum der Natur Gerechtigkeit widerfahren lässt, vor allem auch die mannigfache Hilfsbereitschaft wahrnimmt, die von so vielen Menschen, überdies ohne sich dafür loben zu lassen, teils im Alltag, teils bei besonderen Gelegenheiten praktiziert wird.

Dazu gehört außer der zum Teil vorbildlichen ehrenamtlichen Tätigkeit die vielfache, teils finanzielle, teils medizinische, teils militärische Hilfe, die der Ukraine, ferner diejenige, die den Opfern von Erdbeben und Walbränden, schließlich die mannigfache Unterstützung, die seit vielen Jahren Millionen von Flüchtlingen zuteilwird. Da wir darüber die oft lebensnotwendigen Hilfen im persönlichen und beruflichen Umkreis nicht vergessen wollen, handelt es sich bei den Gegenerfahrungen keineswegs um so kleine Phänomene, dass man sie gegenüber der Not und dem Leid vernachlässigen dürfte.

Schließlich spielt beim Themenfeld des Mitleids auch die vierte, bislang noch nicht erwähnte Kardinaltugend eine Rolle. Beim Bemühen, Erdbebenopfer oder jene Menschen zu retten, die im Gebirge oder auf hoher See in Gefahr geraten, ist eine Tapferkeit gefragt, bei der man nicht selten sich selbst in Lebensgefahr bringt.

Eine vorläufige Bilanz dieser Überlegungen liegt auf der Hand: Angesichts der Gefahr emotionaler Überforderung dürfte die hier in wichtigen Aspekten neuartig bestimmte Besonnenheit die wichtigste Kardinaltugend sein. Da sie sich aber von der Lebensklugheit und der Gerechtigkeit unterstützen lassen muss, bei mancher

Aufgabe sogar der Tapferkeit bedarf, empfiehlt es sich, für das neue Thema, das Verhindern eines affektiven Dauerstresses, eine „alte Lehre", die der vier Kardinaltugenden, wiederzubeleben und vor allem diese Tugenden tatsächlich zu praktizieren, hier in der klassischen Reihenfolge: von der Besonnenheit über die Tapferkeit und die Gerechtigkeit bis zur Klugheit.

8 Tapferkeit

8.1 Unerschrockenheit

Jeder kann im Verlauf seines Lebens in Schwierigkeiten, namentlich Gefahren geraten. Tapfer ist, wer dann weder blind vorprellt noch feige zurückweicht oder die Augen vor der Gefahr verschließt. Tapfer handelt, wer weder ängstlich noch kleinmütig, vielmehr furchtlos agiert: beherzt, unerschrocken und couragiert. Diese und weitere Ausdrücke setzen zwar unterschiedliche Akzente, haben aber einen gemeinsamen Begriffskern: Die Tapferkeit oder auch Courage besteht in der mit der entsprechenden Fähigkeit verbundenen Bereitschaft, mit den Risiken souverän umzugehen, die mit dem menschlichen Leben unvermeidlich einhergehen. Beispiele, etwa die Diagnose einer gefährlichen Krankheit, liegen auf der Hand und kommen im Alltagsleben beinahe täglich vor.

Die Haltung, darauf unerschrocken zu reagieren, nennt man wegen ihrer Vortrefflichkeit eine Tugend und schätzt sie wegen ihrer überragenden Bedeutung für das menschliche Leben als eine Kardinaltugend ein. Für sie gilt jedoch dasselbe wie für die Besonnenheit: Man besitzt sie nicht von Geburt an, muss sie vielmehr so lange immer wieder einüben, bis sie zu einer festen Einstellung, einem Charaktermerkmal, geworden ist. Denn tapfer, das weiß die philosophische Ethik seit ihren Anfängen, wird man durch tapferes und immer wieder tapferes Handeln.

Die Unerschrockenheit, die man dann für sich erworben hat, zeigt sich keineswegs nur in jenen einen Heroismus fordernden Situationen, in denen Leib und Leben oder die elementare Selbstachtung auf dem Spiel stehen. Tapfer heißt nicht erst, wer außergewöhnlichen Schwierigkeiten und Gefahren beherzt entgegentritt. Auch wenn der sprichwörtliche Mut vor Königsthronen und Diktatoren unsere Bewunderung verdient, kann er nicht von allen Menschen eingefordert werden. Im Nachhinein Menschen Feigheit vorzuwerfen, die aus Angst um ihr Leben oder um das der ihnen anvertrauten Familie sich nicht gegen Tyrannen aufgelehnt haben, ist schwerlich gerecht zu nennen. Denn wer weiß, wie er denn selbst sich verhalten hätte? Zu Recht nennen wir jedenfalls schon den tapfer, der gewöhnlichen Mut zeigt, gelegentlich den, der lediglich normalen Anstand und Courage beweist.

Wahrhaft feige hingegen sind sogenannte aufrechte Bürger, die neugierig oder gar belustigt, vielleicht auch ein wenig sensationslüstern zusehen, wie jemand angepöbelt, eventuell sogar geschlagen wird. Hingegen ist tapfer, wer bereit ist, so Amor Towles in *Lincoln Highway*, „sich schlagen zu lassen". Auf jeden Fall steht ein Mann „nicht am Rand und schüttet Öl in das Feuer eines anderen [= er stachelt ihn nicht an] ... Nein, er stellte sich offen und ungeschützt hin, furchtlos und bereit, seine Position bis zum Letzten zu verteidigen." Der Betreffende erteilt eine „Lek-

https://doi.org/10.1515/9783111568591-010

tion", nicht nur dem ungerechten Angreifer, sondern auch „der ganzen verfluchten Stadt".[89]

Wenn man die Tapferkeit wie bei Aristoteles und Thomas von Aquin als eine Mitte bestimmt, so darf man sie nicht als eine insofern „gemäßigte Haltung" verstehen, als sie auf der einen Seite die Neigung zur Feigheit, auf der anderen Seite die zur Tollkühnheit abmildern würde. Beide Verhaltensweisen werden vielmehr abgelehnt: Der Tapfere ist weder feige, aber nicht zu viel, noch tollkühn, wenn auch in Maßen. Die Mitte meint hier keine von zwei Extrempunkten gleich entfernte Stelle. Es geht überhaupt nicht um Quantitäten, sondern um eine Qualität – vom Rang der Vollkommenheit. Die Tapferkeit ist eine gegen innere und äußere Widerstände abgerungene Vortrefflichkeit. Über sie verfügt, wer auf der einen Seite Angst, insofern Feigheit überwindet und auf der anderen Seite, statt sich „mit geschlossenen Augen" in die Gefahr zu stürzen, auch die Tollkühnheit vermeidet. Tapfer ist, wer das überlegte und überlegene, das entsprechende Bewältigen von Gefahren sich zur Gewohnheit gemacht hat, wem das souveräne Agieren zum Persönlichkeitsmerkmal, zu einer zweiten Natur, geworden ist.

8.2 Zivilcourage

Nicht zuletzt ist tapfer, hier sagen wir aber lieber: couragiert, wer Ansichten, die er für gut und richtig hält, auch dann engagiert-unerschrocken verfolgt, wenn ihm dadurch wirtschaftliche oder gesellschaftliche Nachteile erwachsen. Für diese Zivilcourage kommt es nicht darauf an, ein Außenseiter zu sein. Denn damit findet man zwar mehr Aufmerksamkeit, weshalb es sich dort, wo diese zu den wichtigsten Währungen gehört, in den Medien und in der Politik, lohnt, sich zum Außenseiter zu stilisieren. Entscheidend ist aber, eine eventuell nach langem inneren Ringen gefundene eigene Überzeugung unerschrocken zu vertreten. Die Devise lautet: Hier stehe ich und kann nicht anders. Oder mit einem Wort, das dem US-Präsidenten Andrew Jackson zugeschrieben wird: „One man with courage is a majority." („Ein mutiger Mensch ist eine Mehrheit.")

Gibt es ein Merkmal, an dem man erkennt, ob jemand die Aufmerksamkeit um ihrer selbst willen sucht und bei entsprechender rhetorischer und Medien-Begabung auch findet oder ob er aus innerer Überzeugung agiert? Ein klares Erkennungszeichen kann man nicht erwarten, denn innere Überzeugungen, einschließlich der Reue über ein Fehlverhalten, lassen sich auch vorspielen. Man kann jedoch eine Daumenregel aufstellen: Die erste Person, sie mag polemisch ein Medienop-

---

89 Towles, *Lincoln Highway*, S. 98.

portunist heißen, wechselt, sobald es nützlich erscheint, ihre „innere" Überzeugung, die sie dann erneut lauthals kundtut. Die zweite bleibt nicht nur ihrer Überzeugung treu, sondern nimmt für sie auch Opfer in Kauf, setzt im Extremfall, als Märtyrer, auch ihr Leben aufs Spiel. Freilich ist auch hier die Opferbereitschaft keine Garantie dafür, dass das Opfer aus dem Inneren kommt und nicht wie bei etlichen Selbstmordattentätern wegen des Versprechens auf „himmlischen Lohn" oder aufgrund von äußerem Druck erfolgt.

Selbstmordattentäter verweisen auf zwei weitere Probleme. Erstens: Wird man wie beim entsprechenden Vorbild, dem religiösen Märtyrertum, von jemand anderem getötet, oder tötet man sich selbst? Findet also eine Hinrichtung oder ein Suizid statt?

Nicht minder wichtig ist eine zweite Frage: Opfert man lediglich das, was einem in gewisser Weise gehört, das eigene Leben? Oder zieht man andere, nämlich Menschen, die sich nicht umbringen wollen, mit in den Tod, wird also, das sollte man nicht verdrängen, zu einem Mörder, dabei sogar zu einem möglichst wirkungsvollen, weil vielfachen Mörder? Selbstmordattentäter bringen sich selbst nur instrumentell, als Mittel für einen anderen Zweck, um: dem Tod vieler Unschuldiger.

Zu diesem Themenfeld eine kleine Randbemerkung: Gesellschaften, deren Rechtsordnung die Todesstrafe vorsieht, die Hinrichtung also für rechtens halten, pflegen den Scharfrichter, den Henker, für keinen angesehenen Beruf zu halten. Soll nun jemand hingerichtet werden, der nicht das dafür „übliche Delikt", etwa Mord, begangen hat, so könnte der Henker seine Aufgabe noch unlieber als gewöhnlich erfüllen. Um deutlich zu zeigen, dass man trotzdem dem Henker keinerlei Schuld zumisst, schenkt der christliche Kirchenvater Cyprian (3. Jh. n. Chr.) seinem Henker einen Goldtaler. Mehr als ein Jahrtausend später wiederholt der christliche Staatsmann, humanistische Gelehrte und Erfinder der literarischen Gattung der politischen Utopie, Thomas Morus, diese Geste der Großzügigkeit: Auch er schenkt seinem Henker einen Goldtaler.

8.3 (Staats-)Bürgerlicher Ungehorsam

Das Phänomen ist keineswegs neu. Die Wurzeln reichen bis in die griechische Antike zurück, deren berühmtestes Beispiel Antigone bietet. Unter Berufung auf göttliches Gebot bestattet sie gegen König Kreons Verbot ihren Bruder Polyneikes und wird dafür lebendig begraben. Der Bruder hatte sich allerdings gegen seine Heimatstadt aufgelehnt, war insofern ein „Vaterlandsverräter" und wird daher von Kreon nicht ganz zu Unrecht bestraft. In Sophokles' Tragödien *Ödipus auf Kolonos* und *Antigone* wird die Schwester jedoch als Vorbild eines im Namen göttlicher

Pflicht vorgenommenen heldenhaften Widerstands gegen ein weltliches Gebot verherrlicht. Während des Zweiten Weltkrieges aktualisiert der französische Dramatiker Jean Anouilh das Thema, und bald nach diesem Krieg vertont der Komponist Carl Orff Sophokles' Tragödie in der Übersetzung von Friedrich Hölderlin.

Eine andere, in diesem Fall biblische Quelle bieten zwei miteinander konkurrierende neutestamentliche Texte. Nach dem *Römerbrief* des Apostels Paulus, Kapitel 13, Vers 1, soll man der von Gott eigesetzten Obrigkeit Gehorsam leisten, während man nach der *Apostelgeschichte*, Kapitel 5, Vers 29, Gott mehr zu gehorchen hat als den Menschen. Nach dem germanischen Lehensrecht schließlich darf man bei offensichtlichen Rechtsverstößen die Treuepflicht gegen den Lehnsherrn aufkündigen und ihm Widerstand leisten.

Eine neuere Aktualität gewann das Widerstandsrecht, seitdem ziviler oder (staats-)bürgerlicher Ungehorsam genannt, durch den US-amerikanischen Schriftsteller und Philosophen Henry David Thoreau. Zu seiner Zeit war er ein Rebell, insbesondere mit seiner gegen die Sklaverei gerichteten Schrift *Über die Pflicht zum Ungehorsam gegen den Staat*[90]. Später stieg er zu einer Art Nationalheiligem auf.

Erneute Aktualität erfuhr der staatsbürgerliche Ungehorsam während des Vietnamkrieges. Der hierzu wichtigste Theoretiker ist der Harvard-Philosoph John Rawls, der seine Überlegungen in die weltberühmte *Theorie der Gerechtigkeit*[91], in deren Paragraphen 53–59, aufgenommen hat. Als Erstes definiert er dort den betreffenden Ungehorsam unter den Bedingungen des modernen Gemeinwesens, des demokratischen Rechtsstaates beziehungsweise der konstitutionellen Demokratie, und stellt als Zweites für die eventuelle Berechtigung einige notwendige, also allesamt zu erfüllende Bedingungen auf. An diese Überlegungen lehne ich mich im Folgenden an.

Zunächst eine Definition: Der bürgerliche Ungehorsam ist seinem Wesen nach (1) eine Verletzung geltenden Rechts, was (2) einer Minderheit als Notrecht dient, mit dem sie an die Mehrheit beziehungsweise deren politische Repräsentanten appelliert, Entscheidungen zu überprüfen, die (3) klarerweise so fundamentale Staatsaufgaben wie den Frieden und die Achtung des Menschenrechts aufs Spiel setzen oder ein anderes sowohl offensichtliches als auch elementares Unrecht begehen". Der bürgerliche Ungehorsam ist also (4) sittlich-politisch motiviert.

Sofern er unter diesen Bedingungen erfolgt, muss er, so die Kriterien seiner etwaigen Legitimität, (5) die für Protest und Opposition legalen Rechts- und Politikmittel ausgeschöpft haben, (6) öffentlich und (7) gewaltlos erfolgen, (8) das Gebot

---

90 Thoreau, Henry David: *The Resistance to Civil Government*, New York 1849; dt. *Über die Pflicht zum Ungehorsam gegen den Staat*, Zürich 1967.
91 Rawls, *Eine Theorie der Gerechtigkeit*.

der Verhältnismäßigkeit beachten, nicht zuletzt, obwohl das gern verdrängt wird, (9) um seine Aufrichtigkeit zu beweisen, bereit sein, Nachteile in Kauf zu nehmen.

Neuerdings beanspruchen in Deutschland gewisse Proteste gegen die Klimapolitik das Recht auf bürgerlichen Ungehorsam. Ohne Frage ist ihr Ziel, ein rascherer und effizienterer Umwelt- und Klimaschutz, ein mehr als nur legitimes sittlich-politisches Motiv. Ob alle für Protest und Opposition legalen Rechts- und Politikmittel schon ausgeschöpft sind, lässt sich hingegen nicht so ohne weiteres bejahen. Klagen vor dem Bundesverfassungsgericht gegen die Bundesregierung, sie habe ein Verfassungsgebot verletzt, sind zwar nicht sehr bekannt; es gibt aber höchstrichterliche Beschlüsse beziehungsweise Urteile. „Unschuldige" Kunstwerke zu beschädigen, ist jedenfalls durch die Bedingung der Gewaltlosigkeit nicht gedeckt. Auch massive Verkehrsbehinderungen durch Sich-Festkleben auf Straßen oder Startbahnen ist nicht über jeden Zweifel, gewaltfrei zu sein, erhaben.

Schließlich ist die Verhältnismäßigkeit der Mittel zu bezweifeln, denn de facto werden von den angedeuteten Protestformen die Politik und die Öffentlichkeit weniger zu einer anderen Umwelt- und Klimapolitik als zur Verärgerung motiviert. Dass in diesem Themenfeld tiefgreifende, zudem rasche Verbesserungen unabdingbar sind, wird von so gut wie niemandem bestritten. Strittig sind eher die Mittel und Wege, die einzuschlagen sind, sowie das (fehlende) Tempo. Ohnehin hat der Beitrag Deutschlands zum Klimaschutz in quantitativer Hinsicht nicht viel mehr als symbolischen Charakter. Denn in Bezug auf die weltweite Klimabelastung ist unser Land für nicht viel mehr als ein Prozent verantwortlich. Weit wichtiger, überdies entschieden schwieriger sind die mühseligen und nur langsam voranschreitenden internationalen Vereinbarungen. In einer zunehmend ungeduldigen Medienwelt lässt sich hier aber schwerlich Reputation gewinnen.

Nun mag man diesen Fall anders beurteilen. Unstrittig sollte jedoch sein, dass man sich auf den bürgerlichen Ungehorsam nicht leichtfertig berufen darf. Nicht zuletzt ist der Aufrichtigkeitstest anzuwenden: Sind die protestierenden Personen bereit, größere Bußgelder als nur kleine Tagessätze zu bezahlen oder sogar eine Gefängnisstrafe auf sich zu nehmen?

8.4 Aufklärung wagen

Viele verstehen unter der Aufklärung nur eine Epoche der europäischen Neuzeit. In der Tat war sie eine der glanzvollsten Zeiten der abendländischen Kultur. Weil aber die vier Leitideen, von denen sie geprägt war, allgemeinmenschlicher Natur sind, ist die Aufklärung nicht nur das Kennzeichen eines herausragenden Zeitalters eines einzigen Kontinents, sondern eine Aufgabe für alle Kulturen aller Epochen.

Die Liste ihrer vier Leitgedanken beginnt mit der allen Menschen gemeinsamen Vernunft. Sie setzt sich fort in der Freiheit als Grundlage allen persönlichen, gesellschaftlichen, kulturellen und politischen Handelns. Hinzu kommt drittens der Fortschritt als Inbegriff nicht beliebiger Neuerungen, sondern nur derjenigen, die das Los der Menschheit nachhaltig verbessern. Schließlich sollen alle geistigen, sozialen und politischen Vorgaben des Lebens und Zusammenlebens einer richterlichen Kritik unterworfen, nämlich auf ihre Berechtigung hin überprüft, also weder unbesehen anerkannt noch voreilig verworfen werden.

Mit Hilfe dieser vier Leitgedanken brachte die genannte europäische Epoche zahllose Entdeckungen und bahnbrechende Erfindungen auf den Weg, die recht besehen der gesamten Menschheit zugutekommen. Sie führte nämlich zu großen Fortschritten in der Mathematik und der Naturforschung, ferner in der Medizin und Technik sowie den Geistes- und Sozialwissenschaften; sie verbesserte die Welt der Moral und des Rechts; sie schuf das Völkerrecht, verbesserte das Erziehungs-, auch das Gesundheitswesen und sorgte bei den Menschen für ein grundlegend neues Selbstbewusstsein: Nicht mehr fremde, und seien es noch so kompetente, Autoritäten wie Ärzte, Lehrer und Seelsorger haben letztlich zu entscheiden, was man tun und lassen soll, sondern jeder Mensch selbst.

Wer sich diese und weitere Leistungen der Epoche vor Augen führt, versteht nicht, wie ein Buch von Max Horkheimer und Theodor W. Adorno, die *Dialektik der Aufklärung* (1944), eine so große Reputation erreichen konnte. Denn dort wird die Aufklärung auf eine die Natur ausbeutende instrumentelle Vernunft festgelegt, die man schwerlich zu einem und sicherlich nicht zu *dem* Grundgedanken der europäischen Epoche oder des Wesens aller Aufklärung erklären kann.

Beschränkt man sich auf die Selbstbezeichnung dieses Zeitalters, die Aufklärung, so kommt es vornehmlich auf geistige Leistungen an: Ins Dunkel soll Licht und in verworrene Verhältnisse Klarheit gebracht werden. So richtig und wichtig die theoretische Leistung ist, Illusionen und Irrtümer zu überwinden, so sehr fehlt dabei die Frage nach der zugrundeliegenden Antriebskraft. Insofern enthält die Selbstbezeichnung der Epoche eine wesentliche Verkürzung. Ihr widerspricht die berühmteste Formel für diese Zeit, Kants Definition aus der Schrift *Beantwortung der Frage: Was ist Aufklärung?* (1784), radikal. Dort heißt es: „Aufklärung ist der Ausgang des Menschen aus seiner selbstverschuldeten Unmündigkeit."[92] Damit dies gelingt, muss man zwei allgemeinmenschliche, also interkulturell und interepochal gemeinsame, auch heute noch lange nicht verschwundene Schwächen überwinden:

---

[92] Kant, Immanuel: „Beantwortung der Frage: Was ist Aufklärung?" (= *Aufklärung*), in: *Kants Werke, Abhandlungen nach 1781*, Akademie Textausgabe, hrsg. von der Preußischen Akademie der Wissenschaften, Bd. 8, S. 33–42, Berlin 1968, VIII 35.

Zum einen darf man nicht länger zum Selberdenken zu faul sein, muss die Aufgabe vielmehr selbst übernehmen. Zum anderen bedarf es einer zu selten beachteten Art von Tapferkeit, nämlich des Muts, sich – um selber zu denken – seines urpersönlichen Verstandes zu bedienen. Daher lautet Kants „Wahlspruch der Aufklärung", der heute keineswegs seine Aktualität verloren hat: „Sapere aude! Habe Mut, dich deines *eigenen* Verstandes zu bedienen."[93]

Dieser Anspruch wendet sich gegen zwei Fehlhaltungen. Einerseits verwirft er eine der geistigen Elite vielleicht naheliegende, aber grundfalsche Überheblichkeit. Er lehnt jede Art von geistiger Aristokratie ab – zu der er sich fraglos selbst zählen könnte –, die glaubt, in den existenziell wichtigen, den lebensentscheidenden Dingen es besser als der gewöhnliche Mensch, der mündige Bürger, zu wissen. Dass es auch Kenntnisse und Fertigkeiten sowie Begabungen braucht und dass es dabei zwischen den Menschen erhebliche Unterschiede gibt, bestreitet Kant, das versteht sich, nicht. Bei der Aufklärung zählen in erster Linie aber nicht diese Unterschiede, sondern eine Gemeinsamkeit aller Menschen. Kants Wahlspruch ist im wörtlichen Sinn radikal, nämlich von der Wurzel her demokratisch. Die Aufklärung verlangt, was im Prinzip jeder Mensch vermag: einen natürlichen Hang zur Faulheit und Feigheit zu überwinden und selber zu denken, gleich über wie viele Kenntnisse und Fertigkeiten man verfügt und wie scharfsinnig man zu denken versteht.

Zweitens lehnt Kants Wahlspruch, erneut von Grund auf, eine beliebte Verteidigungsstrategie für das eigene Fehlverhalten ab: dass man nie sich selbst, sondern stets eine externe Instanz als verantwortlich sieht, seien es die Eltern, die Lehrer, die Gesellschaft oder sonst eine der Eigenverantwortung des Handelnden äußere Person oder Institution. Nach Kants Verständnis der Aufklärung trägt in Wahrheit in erster und in letzter Instanz der zurechnungsfähige Handelnde selbst die Verantwortung. Auch diese Seite hat demokratischen Charakter: Weil es hier um etwas geht, das von jedermann verlangt werden kann, nämlich einen „natürlichen" Hang zu Faulheit und Feigheit aufzugeben, ist kein anderer erst- und letztverantwortlich, sondern jeder selbst, und hier jeder gleichermaßen, wenn auch nicht immer gleicherweise. Es zählt also, worauf die Demokratie zu Recht so viel Wert legt. Auch wenn sie sich einer – nicht selten ausufernden – (Ministerial-)Bürokratie und zusätzlich noch zahlloser Gutachter bedient – am Anfang und am Ende kommt es nicht auf die Expertise von Fachleuten an, sondern auf jeden einzelnen, dabei mit jedem anderen gleichberechtigten Bürger.

Darin klingt das für Kant und für die gesamte Moderne wesentliche Prinzip der Freiheit an: Jeder ist für sein Handeln selbst zuständig. Mit Ausnahme der wie Kinder vorübergehend und der aufgrund gewisser Defizite auf Dauer unmündigen

---

93 *Aufklärung*, VIII 35.

Personen ist jeder Mensch als verantwortlicher Akteur zu behandeln, dem man sein Tun und Lassen zuschreiben und den man je nach seinem Lebenswandel loben oder tadeln und gegebenenfalls zivil- oder strafrechtlich haftbar machen kann.

Mit dem Akzent auf jeden einzelnen wendet sich Kant unausgesprochen gegen eine im gegenwärtigen Denken vorherrschende Neigung: gegen eine Überhöhung des Wir. Dass der Mensch nicht aus eigener Entscheidung auf die Welt kommt, dass er, um schließlich ein selbstverantwortlicher Mitmensch zu sein, manches Vorbild und vielfache Unterstützung benötigt, und dass er, um schließlich sein Leben als mündiger Bürger führen zu können, in Familien- und Nachbarschaftsbeziehungen eingebettet ist, zudem in der Arbeits- und der Freizeitwelt zahllose Sozialbeziehungen pflegt, nicht zuletzt in seinem Denken und Sprechen kein zusammenhangloses Individuum ist, bleibt unbestritten. Aber der Mut, sich seines eigenen Verstandes zu bedienen, ist eine zutiefst persönliche Aufgabe, die jeder selbst und für sich selbst zu vollbringen hat.

9 Gerechtigkeit

9.1 Personale und politische Gerechtigkeit

Die zwei bisher behandelten Kardinaltugenden, die Besonnenheit und die Tapferkeit, sind zwar *auch* von sozialer Bedeutung. Als Erstes betreffen sie aber den Menschen für sich: Um mit seinen zum Ausufern neigenden, überdies miteinander konkurrierenden Antriebskräften umsichtig und überlegen, mithin souverän zurande zu kommen, braucht es die Besonnenheit und für das entsprechende Verhältnis zu Gefahren die Tapferkeit. Die dritte Kardinaltugend hingegen, die Gerechtigkeit, im Griechischen *dikaiosýne*, auf Latein *iustitia*, ist schon ihrem Wesen nach auf Mitmenschen bezogen; ihrer Natur nach ist sie eine soziale Tugend.

Liberale Denker wie David Hume sprechen von der Gerechtigkeit als „der vorsichtigen, argwöhnischen Tugend" und halten sie nur unter Bedingungen von Knappheit seitens der natürlichen Güter gefragt.[94] In Wahrheit pflegen vom Menschen bereitgestellte Dienstleistungen ebenfalls knapp zu sein. Und anderen Gerechtigkeitsaufgaben ist die Knappheit völlig fremd: dem Diskriminierungsverbot zusammen mit dem Gleichheitsgebot, ferner dem Gebot der Unparteilichkeit der Verwaltung und der Gerichte, dem Gedanken der Volkssouveränität und der Gewaltenteilung sowie der Grund- und Menschenrechte. Schließlich gibt es den Kampf um Anerkennung mit den Begleitfaktoren Neid und Eifersucht. Immerhin hängt eines der ersten Verbrechen, von denen die Bibel berichtet, nicht von einem Streit über knappe Güter ab; Kain tötet seinen Bruder Abel vielmehr aus Eifersucht: Denn „der HERR blickte auf die Opfergabe von Abel, aber auf Kain und sein Opfer sah er nicht."[95]

Die Gerechtigkeit ist jedenfalls für den Lebensbereich der menschlichen Beziehungen zuständig, bildet aber für diesen Bereich nicht das einzige Maß der Vortrefflichkeit. Auch die Hilfsbereitschaft und die Freigebigkeit sowie weitere Tugenden, die wir später erörtern, sind ihrem Wesen nach soziale Tugenden. In deren Rahmen lassen sich jedoch zwei Grundarten unterscheiden: die Tugend, deren Anerkennung die Menschen einander schulden, und die verdienstlichen Mehrleistungen. Die Gerechtigkeit gehört zur ersten Grundart, ist überdies deren einzige, zumindest die allerwichtigste Art.

---

94 Hume, David: *Eine Untersuchung über die Prinzipien der Moral*, übers. und hrsg. v. Gerhard Stremininger, Stuttgart 1984, III. Abschn.: „Über die Gerechtigkeit", S. 101 ff.
95 Genesis 4, 4 – 5.

https://doi.org/10.1515/9783111568591-011

Ursprünglich hatte die Gerechtigkeit freilich eine bescheidenere Bedeutung. Sie bezeichnete lediglich die Übereinstimmung mit dem geltenden Recht. In diesem Sinn heißt bis heute die dem Recht dienende Behörde, das Gerichtswesen, gemäß dem lateinischen Wort für Gerechtigkeit, *iustitia:* Justiz. Wie in der verbreiteten Darstellung der Gerechtigkeit als einer Göttin mit verbundenen Augen sorgt die Justiz dafür, dass das Recht ohne Ansehen herrsche. Das hier gern kritisch zitierte Sprichwort „fiat iustitia, pereat mundus" bezieht sich nicht, wie vielfach übersetzt, schlicht auf die Welt, sondern auf die Großen und Mächtigen in der Welt. Das Sprichwort verlangt also nichts anderes, als dass auch sie dem Arm der Strafgerechtigkeit nicht entzogen werden dürfen. Den Kern unserer Gerechtigkeitsansichten bildet nämlich der Grundsatz der Gleichheit und ihrer Kehrseite, der Unparteilichkeit, die jede willkürliche Ungleichbehandlung verbietet.

Seit langem wird die Gerechtigkeit aber auch anspruchsvoller und dabei in zwei Grundbedeutungen verstanden. Gemeinsam ist ihnen, der politischen und der personalen Gerechtigkeit, dass sie als das höchste, sittliche oder moralische Prinzip des Zusammenlebens sowohl dessen Kooperations- als auch dessen Konfliktseiten betreffen. Ohne Frage gibt es weitere normative Kriterien wie Wohlfahrt, soziale Stabilität, Rechtssicherheit und Zweckmäßigkeit. Diese haben aber einen normativ geringeren Rang. Entschieden wichtiger ist die Gerechtigkeit.

9.2 Grundarten der politischen Gerechtigkeit

Die politische Gerechtigkeit betrifft vor allem den Bereich von Recht und Staat, also im Besonderen deren drei öffentliche Gewalten: die Verfassungs- und die Gesetzgebung, die vollziehende Gewalt und die Rechtsprechung. Die so verstandene Gerechtigkeit ist ein Leitziel menschlichen Verlangens, ein Gegenstand menschlicher Sehnsucht und menschlicher Forderung zugleich. Keine Kultur und keine Epoche will auf die Forderung nach Gerechtigkeit verzichten. Dass in der Welt Gerechtigkeit herrsche, ist vermutlich eine unverzichtbare Aufgabe der Menschheit seit ihren Anfängen.

Um diese Leitaufgabe zu verwirklichen, verpflichtete sich der demokratische Rechtsstaat auf unveräußerliche Menschenrechte und dabei sowohl auf die negativen als auch die positiven Freiheitsrechte (Sozial- und Kulturstaatlichkeit), nicht zuletzt auf die demokratischen Mitwirkungsrechte – denn „alle Gewalt geht vom Volke aus".

Diese Aufgabe stellt sich freilich nicht nur den einzelnen Gemeinwesen, sondern, dann als internationale Gerechtigkeit, auch der Gemeinschaft der Staaten zueinander. Bei ihr, der internationalen Gerechtigkeit, taucht ein neues Menschenrecht, oder Quasi-Menschenrecht, auf: Die einzelnen Staaten haben ein Recht auf ihre territoriale Integrität und auf politische und kulturelle Selbstbestimmung. Die internationale Gerechtigkeit erhebt allerdings auch Forderungen an die einzelnen Staaten. Sie sollen im Inneren die Menschenrechte gewähren und gewährleisten und nach Außen etwaige Konflikte mit anderen Staaten nicht gewaltsam, sondern friedlich, letztlich rechtsförmig lösen. Dafür braucht es, allerdings erst auf lange Sicht, eine subsidiäre und föderale Weltrechtsordnung, mithin eine entsprechende Weltrepublik.[96]

Neuerdings ist eine weitere Dimension der politischen Gerechtigkeit aktuell geworden, obwohl sie schon immer geboten war: die Gerechtigkeit im Verhältnis der Generationen zueinander, die intergenerationelle Gerechtigkeit. Als ökologische Gerechtigkeit betrifft sie die Beziehung zur natürlichen Umwelt, einschließlich des Klimas. Gegen die verbreitete Verkürzung der Gerechtigkeit auf den Umwelt- und den Klimaschutz kommt es freilich zusätzlich auf sozial- und finanzpolitische Fragen an, etwa auf Investitionen in die Zukunft und auf eine Beschränkung der Staatsverschuldung.

Schließlich gibt es eine noch in höherem Maße neuartige Form, die bedauernswerterweise allzu selten in den Blick genommen wird: die anamnetische Gerechtigkeit. Sie tritt der Neigung vieler Gesellschaften entgegen, aus der eigenen Geschichte nur die großartigen Ereignisse und Errungenschaften zu erinnern, bei der Geschichte der anderen aber deren Untaten zu betonen. Die anamnetische Gerechtigkeit fordert von jedem Gemeinwesen und jeder Kultur, beide Seiten im Gedächtnis zu behalten. Achtet man auf neuere öffentliche Debatten, so scheint sich in manchen westeuropäischen und nordamerikanischen Ländern eine Umkehrung in den Vordergrund zu schieben. Während man lange Zeit aus der eigenen Geschichte nur die Glanztaten hervorhob, werden jetzt lieber die Untaten betont.

Weil die politische Gerechtigkeit, und sie allein, den schlechthin ersten und unüberbietbar höchsten Maßstab der Rechtfertigung eines nationalen Gemeinwesens und einer internationalen, am Ende globalen Rechtsordnung abgibt, erklärt der bedeutendste Gerechtigkeitsphilosoph der letzten Jahrzehnte, John Rawls, zu Recht im ersten Paragraphen seiner *Theorie der Gerechtigkeit* zur „Rolle der Gerechtigkeit":

> Die Gerechtigkeit ist die erste Tugend sozialer Institutionen, so wie die Wahrheit bei Gedankensystemen. Eine noch so elegante und mit sparsamen Mitteln arbeitende Theorie muß fallengelassen oder abgeändert werden, wenn sie nicht wahr ist; ebenso müssen noch so gut funktionierende und wohlabgestimmte Gesetze und Institutionen abgeändert oder abgeschafft werden, wenn sie ungerecht sind. Jeder Mensch besitzt eine aus der Gerechtigkeit entsprin-

---

96 Näher dazu Höffe, Otfried: *Demokratie im Zeitalter der Globalisierung*, 2. Aufl., München 2002.

gende Unverletzlichkeit, die auch im Namen des Wohles der ganzen Gesellschaft nicht aufgehoben werden kann.[97]

9.3 Grundarten der personalen Gerechtigkeit

Bei der zweiten Grundform der Gerechtigkeit, zugleich einer Kardinaltugend, bei der personalen Gerechtigkeit, erfährt derselbe Gedanke, der moralische oder sittliche Standpunkt gegenüber der Welt des Sozialen, einen neuen Anwendungsbereich. Während sich die politische Gerechtigkeit auf Institutionen, insbesondere die Grundelemente und -strukturen eines Gemeinwesens, bezieht, geht es bei der personalen Gerechtigkeit um das Merkmal einer natürlichen Person, um die durch wiederholtes gerechtes Handeln zu einer Charaktereigenschaft und einem Persönlichkeitsmerkmal stabilisierte Rechtschaffenheit.

Nun sind vom Standpunkt der Moral noch andere Einstellungen wie Hilfsbereitschaft und Freigebigkeit, auch Dankbarkeit und die Bereitschaft, zu verzeihen, geboten. Das entsprechende Handeln kann von den Mitmenschen aber nur erhofft und erbeten, vielleicht sogar erwartet, aber nicht eingefordert werden. Wer gegen fremde Not gleichgültig ist, seinen Wohlstand mit niemandem teilt oder für ihm gewährte Hilfe keine Dankbarkeit zeigt, handelt zwar unmoralisch. Er verletzt aber keines jener Rechte, deren Anerkennung jemand von seinen Mitmenschen verlangen und die er in drastischen Fällen vor Gericht einklagen kann.

Als Persönlichkeitsmerkmal tritt die Gerechtigkeit, auch Rechtschaffenheit genannt, in zwei Stufen auf. Bei der Minimal- oder auch nur Vorstufe wird das von der Gerechtigkeit Gebotene zwar praktiziert. Die Anerkennung erfolgt aber nicht aus dem Inneren, sondern hat äußere Motive, etwa die Angst vor Strafen oder den Wunsch nach einem guten Ruf, nach Reputation. Erst auf der zweiten, wahren Stufe handelt man gerecht, weil man es für gerecht hält. Dann entspringt das entsprechende Handeln der inneren Gesinnung, geschieht daher aus freiem Willen, „aus freiem Herzen".

Dass tatsächlich diese Vollendungsstufe, die Kardinaltugend der Gerechtigkeit, praktiziert wird, lässt sich empirisch zwar nie eindeutig feststellen. Man kann sie aber dort als hochwahrscheinlich gegeben annehmen, wo jemand sich nicht nur dort empört, wo ihm selbst, sondern wo anderen und dann nicht nur den Nahestehenden, sondern auch Wildfremden Unrecht geschieht. Ein anderes Beispiel bietet, wer trotz größerer Macht oder Intelligenz andere nicht zu übervorteilen sucht, ein weiteres, wer sich als Gesetzgeber, Vollzugsbeamter oder Richter auch

---

97 Rawls, *Eine Theorie der Gerechtigkeit*, S. 19.

dann an der Idee der Gerechtigkeit ausrichtet, wenn das geltende Recht Lücken oder Ermessensspielräume lässt oder es kaum durchsetzbar ist. Ein Gemeinwesen, in dem ein beträchtlicher Teil der Bürger die Kardinaltugend der Gerechtigkeit besitzt, ist gegen das Abgleiten in eklatante Unrechtsverhältnisse weitgehend gefeit.

Nach einem der Vorbilder für Gerechtigkeit, Sokrates, dient die personale Gerechtigkeit nicht nur den Mitmenschen und dem Gemeinwesen, sondern auch dem Gerechten selbst. Nach dem großen Sokrates-Verehrer Platon, genauer nach dessen Hauptwerk, dem Dialog *Politeia* (*Der Staat*)[98], leben nur rechtschaffene Menschen in gegenseitigem Vertrauen miteinander. Da sie lieber Unrecht erleiden als verüben – Sokrates lässt sich, obwohl er es für Unrecht hält, von seiner Heimatstadt Athen zum Tod verurteilen –, erfreuen sie sich sowohl der Selbstachtung als auch der Achtung zwar nicht aller Menschen, aber zumindest derjenigen, an denen ihnen liegt. Wer rechtschaffen lebt, genießt also, was das Leben lebenswert macht, er findet wahre Freunde. Ungerechte hingegen liegen nach Sokrates/Platon im Streit nicht nur mit anderen, sondern auch mit sich selbst, da sie sich wie Sklaven ihren widerstreitenden Begierden unterwerfen.

Die personale Gerechtigkeit realisiert sich vor allem in drei Gestalten, die dem Anspruch nach aufeinander aufbauen und die insofern den Charakter von Stufen haben.

Der *Rechtssinn* begnügt sich mit einer Rechtstreue, die aus Überzeugung, daher freiwillig und nicht aus Angst vor Strafen oder sozialer Ablehnung, die vom demokratischen Rechtsstaat erlassenen Gesetze und Verordnungen befolgt. In einem funktionierenden Rechtsstaat hat es der Rechtsinn in der Regel leicht. Nur in den hoffentlich seltenen Fällen, dass trotzdem von staatlicher Seite Unrecht geschieht, hält er sich für den in Kapitel 8.3 behandelten (staats-)bürgerlichem Ungehorsam offen.

Die anspruchsvollere Stufe, der *Gerechtigkeitssinn*, setzt sich, wo es als geboten erscheint, für jene Verbesserungen des geltenden Rechts ein, die den Ansprüchen der Gerechtigkeit nicht annähend gerecht werden. Dass etwa gewissen Gruppen Privilegien eingeräumt, andere Gruppen hingegen Diskriminierungen ausgesetzt werden, kann auf drei Ebenen stattfinden, weshalb man beim Gerechtigkeitssinn wiederum drei Stufen unterscheiden kann. Auf der in systematischer Hinsicht obersten Stufe sorgt sich ein verfassungsbezogener, konstitutioneller Gerechtigkeitssinn um erforderliche Verbesserungen. Ein zweiter, legislatorischer Gerechtigkeitssinn setzt sich für gerechte Gesetze ein und ein dritter, applikativer Gerechtigkeitssinn für deren unparteiische, vor allem korruptionsfreie Anwendung.

---

98 *Politeia*, Buch IX, 575 e – 576 a.

Falls die seit einiger Zeit immer wichtigeren Bürgerinitiativen sich in dieser Richtung engagieren, praktizieren sie den Gerechtigkeitssinn. Allerdings darf man das „falls" nicht unterschlagen. Denn nicht jede Bürgerinitiative dient der Gerechtigkeit. Im Gegenteil: Dort, wo Bürgerinitiativen thematisch einseitige oder überzogene Forderungen erheben, dürfen sie sich nicht auf einen Gerechtigkeitssinn berufen.

Auf der dritten Stufe schließlich, dem *Gemeinsinn* oder *Bürgersinn*, übernimmt man, ohne in ein politisches Amt gewählt und dafür honoriert zu werden, gemeinnützige Aufgaben. Man wird also ehrenamtlich tätig, wofür es drei große Anwendungsbereiche gibt: Ein sozialer Gemeinsinn engagiert sich für eine der vielen Sozialaufgaben. Ein kultureller, auch ein wissenschaftlicher Gemeinsinn sorgt sich für Elemente wie die Sprache, Literatur und Musik, wie Kunst und Architektur, nicht zuletzt für die Wissenschaften, einschließlich Medizin und Technik. Vor allem in der heutigen, die Umwelt und das Klima überbeanspruchenden Zivilisation braucht es drittens einen ökologischen Gemeinsinn.

In all diesen drei Gestalten verpflichtet sich der Gemeinsinn den künftigen Generationen. Dabei drängt sich folgendes Kriterium auf: Wie Eltern ihren Kindern lieber ein größeres Erbe hinterlassen, als sie selbst erhalten haben, setzt eine hinsichtlich der Sozialstaatlichkeit, der Sprache und Kultur und in Bezug auf die Erforschung und den humanitären Einsatz der Naturkräfte so mächtige Gesellschaftsform wie die heutige Zivilisation ihren Stolz darin, den Kindern und Kindeskindern für die skizzierten drei Dimensionen eine per Saldo bessere Bilanz zu hinterlassen. Die Wirklichkeit sieht leider anders aus.[99]

9.4 Soziale Gerechtigkeit

Immer wieder wird die soziale Gerechtigkeit zu einer für eine Demokratie entscheidenden Aufgabe erklärt. In den klassischen Demokratietheorien findet man freilich für diese Ansicht schwerlich einen Beleg. Der Grund für diesen doch erstaunlichen Befund, die Unauffindbarkeit klassischer Belege, liegt in der Herkunft des Ausdrucks. Denn er stammt nicht von einem der großen Demokratietheoretiker, überhaupt nicht aus der politischen Philosophie oder aus anderen Rechts- und Staatswissenschaften. Der Ursprung liegt in der katholischen, später auch von re-

---

[99] Siehe auch unten das Kapitel „11.7 Bürgertugenden" sowie Kapitel „6. Bürgersinn" meiner Schrift *Wirtschaftsbürger, Staatsbürger, Weltbürger*, München 2004.

formatorischen Theologen anerkannten Sozialethik des 19., dann 20. Jahrhunderts.[100]

Dieser ideengeschichtlich späte und für Demokratietheorien fraglos nicht typische Ursprung erlaubt nicht, den Gedanken der sozialen Gerechtigkeit abzulehnen. Er empfiehlt aber einen kritischen Blick. Beginnen wir mit einem klaren Dafür-Argument: Der genannten Sozialethik kam es darauf an, das „soziale Frage" genannte Problemfeld auf humane, menschenwürdige Art und Weise zu bewältigen. Gemeint sind jene existenzbedrohenden Schwierigkeiten, die im 18. und 19. Jahrhundert teils neu auftraten, teils sich verschärften: hinsichtlich Arbeitslosigkeit, Schutzlosigkeit bei Krankheit und Unfällen, mangelnder Bildung und Ausbildung, allzu häufig Armut und Verelendung. Dass hier die Demokratie politisch gefordert ist, wird kaum jemand bestreiten.

Hinsichtlich Art und Umfang der Gegenmaßnahmen ist freilich in der heutigen Demokratie mit ihrer hierzulande hochentwickelten Sozialstaatlichkeit kaum mit grundlegendem politischem Streit zu rechnen. Für die Aufgabe, die insbesondere hinsichtlich der Reichweite der Sozialstaatlichkeit dann doch immer wieder auftretenden Kontroversen zu schlichten, sind Politik und Öffentlichkeit zuständig. Dieser Essay steuert dazu nur wenige Argumente bei.

Als Erstes sei ein erstaunliches, bislang aber noch kaum beachtetes Phänomen erwähnt: In jenen Ländern, die nicht nur wirtschaftlich, sondern auch in Bezug auf Gerechtigkeit sich nicht schämen müssen, sondern eher sehr gut dastehen, werden immer wieder aufs Neue „Gerechtigkeitslücken" beklagt, obwohl diese, wenn sie tatsächlich bestehen, immer kleiner werden. Ein Beispiel bietet der im nächsten Abschnitt skizzierte Vorwurf mangelnder Bildungsgerechtigkeit. Und die manchmal nur angeblichen Gerechtigkeitslücken werden häufig mit wenig Augenmaß, nämlich mit einer selten gerechtfertigten emotionalen Wucht angeprangert. Die Frage ist: Tritt darin – zusätzlich zum „Gerechtigkeitsparadox", das wir im nächsten Abschnitt behandeln werden – ein erhebliches Maß an Nie-Zufriedenheit, an einer kollektiven Pleonexie, zutage?

Im Entwurf des Bundeshaushaltes 2024 machen die Sozialausgaben plus Zinsen für die Staatsschulden und das Personal zwei Drittel des Gesamtvolumens aus. Wenn trotzdem einige Ungerechtigkeiten geblieben und gewisse Diskriminierungen noch zu überwinden sind, sollten die entsprechenden Forderungen das Gebot der Verhältnismäßigkeit beachten und Augenmaß bewahren. Zumindest sollten sie all die Errungenschaften mitbedenken, die im Laufe der letzten Generationen und

---

100 Vgl. Bundesverband der Katholischen Arbeitnehmer-Bewegung Deutschlands (KAB) (Hrsg.): *Texte zur katholischen Soziallehre. Die sozialen Rundschreiben der Päpste und andere kirchliche Dokumente*, mit einer Einführung von Oswald von Nell-Breunig SJ, 4. Aufl., Kevelaer 1977.

Jahrzehnte erreicht worden und in Deutschland (mitsamt seinen westlichen und nördlichen Nachbarländern) etwa im Vergleich zu den USA erheblich sind.

Außerdem droht wegen des überragenden Gewichts der Gerechtigkeit eine Verschiebungsgefahr. Vor allem wenn eine solche Bedeutungsverschiebung bewusst, wenn auch verddeckt praktiziert wird, macht man sich eines Missbrauchs schuldig: Man erklärt Dinge zu einer einzufordernden, weil geschuldeten Grundleistung, obwohl sie recht besehen nur zu einer verdienstlichen Mehrleistung gehören. Ein Grund, auch wenn kaum der einzige, dürfte in der Herkunft des Gedankens der sozialen Gerechtigkeit aus der christlichen Sozialethik liegen. Denn wegen ihres biblischen Hintergrunds, der neutestamentlichen Bergpredigt und des Gebots der Nächstenliebe, neigt sie dazu, das vom Standpunkt der Gerechtigkeit her gebotene (deutlich geringere) Maß in Bezug auf die nur verdienstliche Wohltätigkeit hin zu übersteigen. Und für sie gilt das Wort des Propheten der modernen, wesentlich humanitären Forschung, Francis Bacon: „but of charity, there is no excess",[101] zu Deutsch: für die Nächstenliebe gibt es keine Grenze.[102]

9.5 Ein Gerechtigkeitsparadox

Das Phänomen der immer wieder neuen Gerechtigkeitsklagen lässt sich als Paradox auffassen: Merkwürdigerweise wird in Gesellschaften, die ein erhebliches Maß an Gerechtigkeit gewähren und gewährleisten, auffallend viel und heftig über Ungerechtigkeit geklagt.

Trotzdem lässt sich kaum bestreiten, dass die westlichen Demokratien die wichtigsten Grundsätze der Nicht-Ungerechtigkeit, die Prinzipien politischer Gerechtigkeit wie die Freiheits- und die Mitwirkungsrechte, schon in ihren Verfassungen anerkennen.

Das mittlerweile mehr als 75 Jahre alte Grundgesetz der Bundesrepublik Deutschland darf hier als Beispiel gelten. Unter anderem bekennt es sich in Artikel 1 zu „unverletzlichen und unveräußerlichen Menschenrechten", in Artikel 2 zum „Recht auf die freie Entfaltung [der] Persönlichkeit" sowie zum „Recht auf Leben und körperliche Unversehrtheit" und in Artikel 3 zur Gleichheit aller Menschen vor dem Gesetz, zur Förderung der Gleichberechtigung und zu einem umfassenden Diskriminierungsverbot. Und eine lange herrschende Ungerechtigkeit, dass Homosexuelle mit Strafverfolgung zu rechnen hatten, ist längst abgeschafft.

---

101 Bacon, Francis: *The Great Instauration*, „Preface", in: *The Works of Francis Bacon*, hrsg. v. James Spedding et al., London 1857–1874, Bd. 4, S. 13–21 (21).
102 Näher zu diesem Themenfeld: Höffe, Otfried: *Die Moral als Preis der Moderne. Ein Versuch über Wissenschaft, Technik und Umwelt*, 4. Aufl., Frankfurt am Main 2000.

Bei all diesen Geboten kann man im Fall einer vermuteten Verletzung die Gerichte, in letzter Instanz das Bundesverfassungsgericht, also eine Instanz anrufen, die ohne Zweifel in der Regel wohlüberlegte Entscheidungen fällt. Trotzdem, so hat man den Eindruck, mehren sich in der Öffentlichkeit die Vorwürfe: gegen Rassismus, Sexismus, Homophobie und so weiter.

Diese Beobachtung ist weder neu noch strittig. In den Sozialwissenschaften spricht man vom Tocqueville-Paradoxon. Vor bald zwei Jahrhunderten, im Jahr 1835, veröffentlichte der Jurist, Historiker, Politikwissenschaftler, Soziologe und Staatsmann Alexis de Tocqueville, nach dem Urteil des Philosophen Wilhelm Dilthey „unter allen Analytikern der politischen Welt der größte seit Aristoteles und Machiavelli",[103] nach einem längeren USA-Aufenthalt eine Studie *Über die Demokratie in Amerika*, der im Jahr 1840 ein zweiter Teil folgte. In diesen umfangreichen Studien und in einem weiteren Werk, *Ancien Régime und die Revolution* (1856), formuliert er eine auf den ersten Blick irritierende, sogar als widersinnig erscheinende, insofern tatsächlich para-doxe, dem Anschein widersprechende Beobachtung:

Das Gefühl von Ungerechtigkeit und die soziale Unzufriedenheit bzw. Frustration wachsen schneller, wenn sich die gesellschaftlichen Bedingungen und Möglichkeiten verbessern. So muss sich eine Politik, die eine Diktatur überwindet, auf Enttäuschungen einstellen, weil die Bürger, obwohl es ihnen doch besser als zuvor geht, weniger auf das schon Erreichte als auf das immer noch Fehlende achten. Weshalb auch eine demokratische Gesellschaft, die nachweislich Benachteiligungen abbaut und Diskriminierungen vermindert, mit mehr und heftigeren Protesten bis hin zu öffentlicher Wut rechnen muss. Diese Einsicht könnte entmutigen: Warum sich für mehr Gerechtigkeit und gegen Diskriminierungen einsetzen, wenn der erfolgreiche Einsatz die Unzufriedenheit noch wachsen lässt?

Die beliebte Klage über einen Mangel an sozialer Gerechtigkeit lässt sich durch ein weiteres Argument abschwächen: Bei einem Aspekt des weitläufigen Themenfeldes, der Bildungsgerechtigkeit, den ungleichen Aufstiegschancen, wird gern auf die Abhängigkeit vom sozialen Status der Eltern hingewiesen. Spricht man aber, dann nicht weniger wirklichkeitsgerecht, vom Berufs- und Tätigkeitsbereich der Eltern, so hat man auch zu beachten, dass beispielsweise Kinder von Handwerkern gern in den elterlichen Betrieb einsteigen oder aus anderen Gründen in die Fußstapfen ihrer Eltern eintreten wollen. Darf man diese Tätigkeitsfelder für weniger ehrenwert als akademischen Berufe halten? Nach demselben Phänomen ist es auf der anderen Seite kaum weniger wahrscheinlich und schwerlich ein Verstoß gegen

---

103 Hier nach dem Anhang „Tocqueville heute" in der deutschen Ausgabe: Tocqueville, Alexis de: *Über die Demokratie in Amerika*, München 1976, S. 876.

Bildungsgerechtigkeit, wenn Kinder von Lehrern, Juristen, Architekten und Ärzten lieber in die Fußstapfen ihrer Eltern eintreten, als einen Handwerksberuf zu ergreifen – obwohl dieser in manchen Fällen den Interessen und Begabungen einiger Akademikerkinder mehr entsprechen würde.

Diese Überlegung geht nicht so weit, alle Chancenungleichheit abzustreiten. Sie mahnt jedoch zur Vorsicht: Nicht alle Unterschiede lassen auf Chancenungleichheit, folglich auf Ungerechtigkeit schließen.

9.6 Gerechtigkeit in einer pluralistischen Gesellschaft: Toleranz

Unter der Toleranz, zu Deutsch: Duldung, verstand man ursprünglich eine passive Tapferkeit: das Ertragen unangenehmer Widerfahrnisse wie Schmerz, Übel oder Leid. Sobald ein Pluralismus wirkmächtig wird – schon in der Antike kennen wir eine Vielfalt von Religionen und Konfessionen, in der Neuzeit zusätzlich mehr und mehr eine Mannigfaltigkeit unterschiedlicher Lebensformen und Weltansichten –, stellt sich die Frage, wie man damit umgeht. Die Antwort vom Standpunkt der Gerechtigkeit besteht in der Anerkennung des Verschiedenen als im Prinzip gleichberechtigt. Sie heißt also Toleranz.

Die Duldung von Andersartigkeit wird in zwei Stufen praktiziert. Auf der Grund- und Elementarstufe, einer passiven Toleranz, lässt man andersartige Weltansichten und Lebenshaltungen – mehr oder weniger – gelten und gewähren. In der voll entfalteten, aktiven und kreativen Gestalt wird das Andersartige geachtet, mehr noch: von innen heraus bewusst und freiwillig respektiert. Sie erfährt dort eine gewisse Vollendung, wo sie sich mit Neugier auf das Andersartige und dessen Wert verbindet. Wahre Toleranz ist jedenfalls großzügig und verständnisvoll.

In unserem Kulturraum wurde die Toleranz zunächst, in der vorchristlichen Antike, fast selbstverständlich geübt. Denn der damals vorherrschende Polytheismus kennt, wie der Name sagt, eine Vielzahl von Göttern, die zwar untereinander streiten, auch um die Vorherrschaft kämpfen, aber die Vielzahl selbst wird nicht infrage gestellt. Nur ein Beispiel: Rom lässt den besiegten Völkern ihre Religion und ihre Kulte.

Dagegen könnte man einwenden: Damals wurden die Christen doch verfolgt, was zahlreiche, später als Heilige verehrte, Märtyrer schuf. Das ist nicht falsch und doch nicht ganz richtig. Denn die Verfolgung geschah nicht aus Religionsgründen, sondern um des Gemeinwohls willen, also aus einem politischen Grund. Man befürchtete nämlich, die Weigerung der Christen, den überlieferten Göttern Opfer darzubringen, hätte eine Bestrafung des gesamten Gemeinwesens zur Folge.

Erst mit dem eine absolute Wahrheit beanspruchenden Christentum wird die Toleranz zu einem Problem. Es ist aber kein grundsätzliches Problem, was sich schon darin zeigt, dass es nicht sofort akut wird. Zum Wahrheitsanspruch einer allen Polytheismus ablehnenden, streng monotheistischen Religion gehört die Intoleranz nicht mit Notwendigkeit. Im Gegenteil finden sich im Neuen Testament deutlich toleranzfreundliche Elemente, etwa Jesus' Verhalten, zur Nachfolge einzuladen, sie aber nicht zu erzwingen. Auch frühe Kirchenväter wie Tertullian fordern Toleranz. Doch bald nachdem das Christentum den öffentlich-rechtlichen Rang der Staatsreligion erhält, wird die Toleranzforderung nicht immer, aber doch allzu häufig, übrigens bis weit über die Reformationszeit hinaus missachtet. Dem widersetzt sich zwar der christliche Humanismus eines Marsilius von Padua, eines Nikolaus von Kues und von anderen. Sowohl unter den reformatorischen als auch den nichtreformatorischen Theologen und ihren Mitstreitern herrscht aber die Intoleranz vor.

Erneut und vehement wird die Toleranz erst von Wortführern der europäischen Aufklärung wie Spinoza, Locke, Voltaire, Rousseau, Lessing und Schiller eingefordert. Selbst im vielgerühmten *Brief über Toleranz* von Locke gilt sie jedoch nur eingeschränkt, nämlich unter Ausschluss von Katholiken, bei Rousseau unter Ausschluss von Atheisten.

In den heutigen Gesellschaften, vor allem denen des Westens, herrscht ein vielfältiges Neben- und Gegeneinander, ein facettenreicher, nicht nur religiöser und politischer, sondern auch gesellschaftlicher und kultureller Pluralismus. Diese Vielfalt ist nicht nur eine Tatsache, die man eventuell beklagen könnte. Vielmehr hat sie unstrittig einen Wert. Denn in ihr tritt ein größerer Reichtum menschlicher Möglichkeiten zutage. Ohnehin ist keinem Gemeinwesen erlaubt, seine doch selbstverantwortlichen, mündigen Bürger auf bestimmte Weltsichten und Lebensformen zu verpflichten und diese angeblichen Pflichten rechtlich, also notfalls zwangsbefugt durchzusetzen. Im Gegenteil gebietet der Grundgedanke der politischen Gerechtigkeit, das für alle gleiche Recht auf Freiheit, den Pluralismus, anzuerkennen.

Allerdings hat diese Anerkennung eine klare Voraussetzung und eine deutliche Grenze. Die Voraussetzung: Zum Wesen wahrer Toleranz gehört es, gegen religiöse, weltanschauliche, sittliche und politische Fragen nicht gleichgültig zu sein. Toleranz ist kein Alibi für Nihilismus. Sie setzt vielmehr eigene Überzeugungen voraus und ist trotzdem bereit, Andersartiges zu respektieren. Sie hat ihren Grund sowohl in der Einsicht, dass niemand von Vorurteilen und Irrtümern schlechthin frei ist, als auch in der weiteren Einsicht, dass keine der menschlichen Weltsichten und Lebensvorstellungen jeder perspektivischen Befangenheit enthoben ist. Noch wichtiger ist jedoch die Anerkennung jedes Mitmenschen als einer freien und ebenbürtigen Person mit dem Recht, seine eigenen Vorstellungen zu entwickeln und ihnen gemäß zu leben.

Dieses Recht hat nun eine klare Grenze: Keine Lebensweise und Weltsicht darf bei den Mitmenschen dasselbe Recht auf die eigene Lebensweise und Weltsicht beeinträchtigen. Insbesondere der Hass gegen Anderes und die versteckte oder sogar offene Gewalt gegen andere sind ausnahmslos und kompromisslos verboten. Die Toleranz verbietet nicht die Auseinandersetzung mit anderen Lebensvorstellungen und Weltsichten, gegebenenfalls auch deren Kritik. Sie widersetzt sich aber der blanken Konfrontation und sucht von Argumenten getragene freie Debatten.

Nicht nur bei natürlichen Personen kann man von Toleranz sprechen. Auch ein Gemeinwesen, ein Staat, kann tolerant genannt werden, dann nämlich, wenn er die einschlägigen Grundrechte gewährt und gewährleistet, namentlich die Meinungs-, Glaubens-, Gewissens- und Religionsfreiheit. Diese Freiheiten schließen aber nicht das Recht ein, öffentlich Überzeugungen zu vertreten, die der einschlägigen Staatsform, dem demokratischen Rechtsstaat, widersprechen oder zur Gewalt gegen ihn aufrufen oder sogar entsprechende Gewalt praktizieren. Eine Demokratie zeichnet sich hier durch Wehrhaftigkeit aus.

Nicht zuletzt ist Toleranz auf internationaler Ebene geboten. Sie zeigt sich hier in der nicht bloß erklärten, sondern auch gelebten Bereitschaft, andere Kulturen und Traditionen sowohl in rechtlicher als auch in außerrechtlicher Form zu respektieren, dabei jedem Ethnozentrismus entgegenzutreten.

10 Klugheit und Lebensweisheit

Die bisher behandelten Kardinaltugenden zeichnen eine vorbildliche Lebenseinstellung aus; es sind Charaktertugenden. Die noch fehlende – vierte – Kardinaltugend hingegen ist intellektueller Natur und heißt Klugheit, auf Latein *prudentia*, auf Griechisch *phrónesis*. Dem nahe kommen Ausdrücke wie Common Sense im Sinne eines allen Menschen gemeinsamen (gesunden) Menschenverstandes, auch, etwas anspruchsvoller, die Lebensweisheit (*sapientia*, *sophia*). Das Gegenteil besteht in Unklugheit, Dummheit, Dämlichkeit und Torheit, in gesteigerter Form in Narretei und Idiotie.

10.1 Klugheit

Von Klugheit ist schon im Alltag die Rede, ohne dass dabei an eine moralische Grundhaltung, an eine Tugend, zu denken ist. So spricht man eine gescheite, verständige und urteilsfähige Person als einen klugen Kopf an. Ähnlich nennt man einen erfolgversprechenden Vorschlag, um aus einer schwierigen Lage herauszukommen, einen guten oder klugen Rat. Man kann Friedrich Bollnow zustimmen, wenn er in seiner Erörterung zum *Wesen und Wandel der Tugenden* in Bezug auf die Klugheit schreibt: „Klug ist, wer sich im Leben zurechtzufinden vermag, wer die Umstände richtig übersieht und für sich auszunutzen versteht."[104] Dazu gehört, wie es in einem zum geflügelten Wort aufgestiegenen Zitat aus Schillers Schauspiel *Wilhelm Tell* (1. Aufzug, 2. Szene) heißt, sich rechtzeitig auf zukünftige Herausforderungen einzustellen und entsprechende Vorsorge zu treffen: „Der kluge Mann baut vor." Und an anderer Stelle erläutert Gertrud, Stauffachers Gattin, „manch kluges Wort" durch: „Was der Verständige denkt, der Gute wünscht".

Im zweiten Teil dieses Zitats „der Gute wünscht" deutet sich an, worin die Klugheit im Sinne einer moralischen Urteilskraft besteht: Sie setzt die moralische Grundausrichtung der Charaktertugenden voraus und ergänzt sie um die Fähigkeit, das hier und jetzt moralisch Richtige zu erkennen. Klug ist, wer für das konkrete moralische Tun und Lassen die nötigen Situationsüberlegungen anzustellen vermag. Nehmen wir als Beispiel die Tapferkeit beziehungsweise Courage. Sie macht den Handelnden fähig und bereit, in einer Gefahrensituation weder blind vorzuprellen noch ängstlich zurückzuweichen, sie vielmehr beherzt und umsichtig zu bewältigen. Unter dieser moralischen Vorgabe überlegt die Klugheit, wie man in der

---

104 Bollnow, *Wesen und Wandel der Tugenden*, S. 100.

https://doi.org/10.1515/9783111568591-012

gegebenen Lage und unter Berücksichtigung der eigenen Mittel und Wege das sachgerechte Tun herausfindet.

Gemeint ist nicht die Klugheit der Schlange, auch wenn die Bibel, im Matthäus-Evangelium, Kapitel 10, Vers 16, gebietet, „klug wie die Schlangen" zu sein. Denn zum einen gilt die dortige Forderung nicht grundsätzlich, sondern lediglich für ein Leben unter Feinden, also unter Zugrundelegung eines hohen Maßes an Gefährdung. Zum anderen wird sie um eine moralische Verpflichtung ergänzt: „ohne Falsch wie die Tauben". Jene Schlauheit des Fuchses, die sich von jeder moralischen Verpflichtung entlastet und lediglich die besten Mittel und Wege zugunsten des eigenen Vorteils sucht, meint die Bibel nicht – und sie lässt sich auch schwerlich rechtfertigen.

Der für Jahrhunderte maßgebliche, auch heute noch überzeugende Gegenbegriff, der einer der Moral verpflichteten Urteilskraft, findet sich in Aristoteles' *Nikomachischer Ethik*.[105] Mit einem guten Gespür für die verschiedenen Aspekte und Facetten unterscheidet der Autor dabei verschiedene Teilaufgaben und Teiltugenden:

Mit Hilfe einer Wohlberatenheit (*euboulía*) überlegt man sich die konkreten Ziele und denkt über alternative Handlungsmöglichkeiten und deren Folgen und Nebenfolgen nach. Eine zweite Teiltugend, die Verständigkeit (*sýnesis*), befähigt im Zusammenwirken mit anderen, das eigene richtige Urteil zu finden. Die geistige Gewandtheit (*deinótes*) schließlich versteht, die einem konkreten Ziel zuneigenden Umstände geschickt zu erfassen und zu nutzen.

Zur Klugheit als einer moralischen Haltung gehören also jene situative Geschmeidigkeit, Flexibilität und Kreativität, die sich im Begriff eines *esprit de finesse* bündeln. Sie unterscheidet sich – wie schon gesagt, wegen der damit verbundenen Wichtigkeit sei es aber wiederholt – radikal von jener allen moralischen Verpflichtungen enthobenen Gerissenheit (*panourgía*), die Jahrhunderte später Niccolò Machiavelli in seiner provokativen Schrift *Der Fürst* (*Il principe*) zu einer gegen die Moral gleichgültigen Klugheit (*prudenza*) adelt. Wenn es zum Erwerb und Erhalt der Macht als notwendig erscheint, fordere die Klugheit sogar zur Verletzung der üblichen Moral, zur Amoral, auf.[106]

Gegen die Ansicht, Aristoteles' Bestimmungen könnten immer noch überzeugen, drängt sich ein Einwand auf: Der antike Philosoph verstehe die Moral in Begriffen, die durch die moderne Moral überholt seien. Diese lehne nämlich Aristoteles' Moralprinzip, die Eudaimonia, das Glück beziehungsweise Wohlergehen, zugunsten der Autonomie, der Selbstgesetzlichkeit des Willens, ab. In Wahrheit

---

105 Siehe *NE*, Buch VI, Kap. 2–8, 11 und 13.
106 U. a. Kapitel 16–17.

braucht aber auch die autonome Moral die Urteilskraft, und zwar sogar in drei Funktionen:

Eine erste, noch moralunabhängige Art der Urteilskraft hat einen hermeneutischen Charakter. Sie muss den jeweiligen Lebensbereich auf die Frage hin interpretieren, welche alternativen, Entweder-Oder-Handlungsgrundsätze oder Maximen hier zuständig sind. Für Notlagen beispielsweise sind dies die Grundsätze der Hilfsbereitschaft einerseits und der gegen fremde Not gleichgültigen Hartherzigkeit andererseits.

Eine zweite, jetzt moralische Art der Urteilskraft bestimmt, welche der beiden Maximen moralisch, welche unmoralisch ist. Dafür hat Kant den kategorischen Imperativ mit seinem Kriterium der strengen Verallgemeinerung vorgeschlagen, das in folgendem Gedankenexperiment Anwendung findet: Lässt sich eine Naturordnung denken oder wollen, die vom entsprechenden Gesetz, in unserem Beispiel vom Gesetz der grundsätzlich verweigerten Hilfe, regiert wird?[107] Ohne Zweifel wird allzu oft in unserer Welt einem Notleidenden nicht geholfen. Angesichts der jedem Menschen prinzipiell drohenden Gefahr, in eine Notlage zu geraten, aus der er sich selbst nicht befreien kann, erscheint aber eine Naturordnung, in der einem grundsätzlich aus keiner Notlage geholfen wird, als unvernünftig, insofern als eine Welt, die wir nicht wollen.

Schließlich gibt es eine dritte Aufgabe, für deren Bewältigung erneut eine – jetzt situative – Hermeneutik erforderlich ist. Die entsprechende Urteilskraft hat herauszufinden, welche genaue Notlage vorliegt und wie man sie am besten mit den eigenen Mitteln überwinden, zumindest lindern kann. Offensichtlich bleiben hier die erwähnten funktionalen Tugenden der Urteilskraft unverzichtbar: eine situative Geschmeidigkeit mitsamt Flexibilität und Kreativität, also der genannte *esprit de finesse*.

10.2 Der Weise – ein interkulturelles Ideal

Eine Erneuerung des Tugenddiskurses darf sich in Zeiten der Globalisierung mit dem Westen und dessen Gegenwart nicht zufriedengeben. Um dem in vielen Debatten trotzdem immer noch verbreiteten Europa- und Amerika-Zentrismus zu entgehen, wenden wir uns einem interkulturellen Thema zu, dem Weisen als einem in vielen Kulturen und Epochen hochgeschätzten Ideal. Wir begnügen uns zunächst

---

107 Kant, Immanuel: *Kritik der praktischen Vernunft* (= *KpV*), in: *Kants Werke*, Akademie Textausgabe, hrsg. von der Preußischen Akademie der Wissenschaften, Bd. 5, Berlin 1968, V 1–164, „Von der Typik der reinen praktischen Vernunft", S. 67–71.

mit zwei außereuropäischen antiken Kulturen, China und Japan, schließen aus unserer eigenen Tradition das antike Griechenland an und behandeln schließlich in Kapitel 12 einige weitere Kulturen.[108]

Die Philosophie versteht unter einem Ideal eine menschliche Vollkommenheit, die sich nicht mehr überbieten lässt. Sofern dieses Ideal als einzelne Person, als Individuum, vorgestellt wird, spricht sie von einem Weisen. Vorbilder oder Beispiele für diesen personifizierten Weisen kennen so viele Kulturen, dass man hier von einem interkulturellen Ideal sprechen darf. Dass es nicht in jeder Kultur in der genau selben Art und Weise auftaucht, beeinträchtigt diese Behauptung nicht.

a) China

Im klassischen China herrschen zwei Muster des Weisen vor, Lao Zi oder Laozi, der „alte Meister", der legendäre Verfasser des *Daodejing*, der *Wahren Schrift über Weg (dao) und Tugend*, und Kong Zi, der Meister Kong, latinisiert zu Konfuzius, dem man den *Lun-Yu*, die *Gesammelten Worte* zuschreibt.

Beide vertreten grundverschiedene Modelle von Vollkommenheit. Nach Konfuzius, dessen Lehre wir in Kapitel 12.2 näher vorstellen, kann der Mensch nur als Kulturwesen vernünftig leben. Alles Übel der Welt folge aus mangelnder Pflege der überlieferten Moral mit ihren strengen Verhaltensregeln und Riten sowie einer klaren hierarchischen Sozialordnung. Da aber zu Konfuzius' Zeiten diese wahre Moral ihre Macht verloren habe, sei eine neue Grundlage zu suchen, die auf einer moralischen Einstellung, der Tugend, basiere, die das Gute und Richtige nicht länger aus äußeren Gründen, sondern von innen heraus, um seiner selbst willen, praktiziere. Vom vorbildlichen Menschen, dem Weisen, seien zusätzlich *ren*, Menschlichkeit, Gerechtigkeit und Pietät, sowie ein Studium der klassischen, vor allem konfuzianischen Texte zu verlangen.

In scharfem Gegensatz dazu sieht der Daoismus das soziale Grundübel in der Zivilisation, was an Jean-Jacques Rousseaus Zivilisationskritik denken lässt. Er lehnt eine Neigung ab, die freilich auch dem Konfuzianismus nicht fremd ist, nämlich alles zu reglementieren, was den Menschen aus seiner harmonischen Beziehung zur Natur löse. Der Daoismus verachtet die drei Grundleidenschaften der Menschen, in der Habsucht das Verlangen nach Reichtum, in der Herrschsucht das Streben nach Macht und in der Ehrsucht das Verlangen nach Ruhm. Geboten sei

---

[108] Für diesen Tugendessay genügen sehr knappe Hinweise; ausführlicher in der auch im Jahr 2025 erscheinenden befindlichen Schrift: *Die hohe Kunst der Weisheit. Eine kleine Philosophie der Lebenskunst.*

eine Rückkehr zur „Ursprünglichkeit" nach dem Vorbild der Unbefangenheit des Kleinkindes. Weil es auf gesellschaftlicher Ebene auf ein von Zivilisation und Herrschaft möglichst freies Zusammenleben ankomme, greift der Herrscher, den es denn doch braucht, in das Leben seiner Untertanen möglichst wenig ein.

b) Japan

Ein japanisches Beispiel für einen Weisen, für dessen Höchstmaß an Gelassenheit und Heiterkeit, gibt der berühmte Teemeister des 16. Jahrhunderts, vermutlich der Begründer der japanischen Teezeremonie, Ser no Rikyu, ab. Von ihm sagt ein Schüler laut Yasuhi Inoue in der Erzählung *Der Tod des Teemeisters:*

> Frei, hochherzig, bar der winzigsten Spur von Geiz oder Kleinmut. Man brauchte nur zuzuschauen und Stille und Frieden hielten im Herzen Einzug. Er hatte einen so ruhig fließenden Stil, frei von jeder Bedrängnis oder Hemmung. Fast möchte man sagen, er war dazu geboren, aber ich glaube, er hat hart an sich gearbeitet.[109]

c) Griechenland

Die für Europa bis heute maßgebliche Tradition beginnt – wieder einmal – bei den Griechen. Anders als bei den chinesischen Vorbildern und dem japanischen Teemeister geht es hier nicht mehr um das übliche Verständnis, um jene Lebensweisheit, die einer herausragenden Lebenserfahrung, verbunden mit einer nicht minder überragenden Urteilskraft, entspringt. Die Griechen nennen vielmehr jemanden weise, der für sein Fachgebiet, etwa die Bildhauerei, eine überragende Kompetenz, eine Meisterschaft aufweist.

Die Philosophie überträgt dieses alltagssprachliche Verständnis auf den Bereich des Erkennens. Damit wird die Weisheit zu einer Meisterschaft im Wissen, zu einem epistemischen, wissenstheoretischen Superlativ, den Aristoteles mit der Philosophie gleichsetzt. Nach der einschlägigen Überlegung aus dem Anfangskapitel der *Metaphysik* zeichnet sich der Mensch durch eine natürliche Wissbegier aus, die wir in Kapitel 11.1 näher erörtern. Deren Vollendung ist nicht etwa quantitativ zu verstehen, als Summe von Kenntnissen über alle denkbaren Gegenstände in der Welt. Als weise gilt nicht, wer über ein enzyklopädisches Wissen verfügt, sondern wer die Qualität des Wissens zu einer nicht mehr überbietbaren Gestalt steigert.

---

109 Inoue, Yasuhi: *Der Tod des Teemeisters*, Frankfurt am Main 2007, S. 22.

Zu diesem Zweck steigt das Erkennen von der Grundstufe, den Wahrnehmungen, über Zwischenstufen wie das Festhalten von Wahrnehmungen in der Erinnerung und die Verknüpfung von Erinnerungen in der Erfahrung zu dem „Wissenschaft" genannten Wissen über die Ursachen und Gründe (der Erfahrung) auf. Selbst diese Stufe lässt sich noch überbieten, nämlich zu einem Wissen nicht über irgendwelche, sondern über die allerersten Gründe und Ursachen.

Für diesen epistemischen, wissenstheoretischen Gipfel allen Wissens, für die entsprechende Erste Philosophie oder Fundamentalphilosophie, schlägt Aristoteles drei Optionen vor. Nach dem ersten Vorschlag besteht die epistemische Höchstform im Wissen um allgemeinste Denkprinzipien wie den Satz vom ausgeschlossenen Dritten, demzufolge eine Aussage und deren Verneinung nicht zugleich richtig sein können. Die zweite Gestalt untersucht in Form einer allgemeinen Gegenstandstheorie (Ontologie) die allem Seienden (*on*) gemeinsamen Eigenschaften und Prinzipien. Schließlich kann die Fundamentalphilosophie eine Wissenschaft vom ranghöchsten Gegenstand sein. Aristoteles nennt diesen zwar göttlich, versteht darunter aber nicht wie Judentum, Christentum und Islam eine personale Gottheit, sondern das letzte und höchste Prinzip einer Naturphilosophie: den alle Bewegung begründenden, selber aber unbewegten Beweger.

Offensichtlich haben diese drei Arten einer rein intellektuellen Meisterschaft mit moralischer Vortrefflichkeit und Lebensweisheit wenig zu tun. „Natürlich" kennt Aristoteles dieses Phänomen, verwendet für die betreffenden Personen aber neue Ausdrücke: *spoudaíos* und *phrónimos*. Ein *spoudaíos* im ethischen beziehungsweise moralischen Sinn heißt, wer nicht in diesem oder jenem Beruf, sondern in seinem ganzen Menschsein exzellent ist. Ähnlich verfügt ein *phrónimos* über jene herausragende Urteilsfähigkeit, die den besonnen, tapfer, gerecht und sonstwie tugendhaft Handelnden befähigt, in den unterschiedlichsten Situationen das dem nachhaltigen Glück dienende Leben herauszufinden. Dieser *phrónimos* hat den Rang eines im existenziellen, lebenspraktischen Sinn Weisen.

d) Wieso kann es ein interkulturell gemeinsames Ideal geben?

Viele Sozialwissenschaftler interessieren sich mehr für die Unterschiede, die es zweifellos zwischen den Kulturen und Epochen gibt, als für Gemeinsamkeiten, die sich aber ebenfalls finden lassen.[110] Dazu gehört das hier skizzierte Ideal eines

---

110 Dieser Abschnitt greift auf Gedanken und Passagen meiner Abhandlung „Vorbild und Norm: Der Weise. Eine interkulturelle Überlegung" zurück, erschienen in *Poetica. Zeitschrift für Sprach- und Literaturwissenschaft* 47, 2015, S. 177–193.

Weisen. Was befähigt dieses Ideal, kultur- und epochenübergreifend gültig zu sein? Die Richtung, in der man die Antwort zu suchen hat, ergibt sich aus der Aufgabe: Ein Ideal, das einer Kultur oder Epoche nicht aufgezwungen wird, vielmehr aus ihrem eigenen Inneren stammt, muss, unabhängig von den Unterschieden, in einer wesentlichen Gemeinsamkeit, also in Elementen der menschlichen Natur, begründet sein.

Dazu genügt hier eine geraffte Überlegung: Seiner Natur nach ist der Mensch ein vernünftiges Sinnenwesen oder sinnliches Vernunftwesen. Wegen seiner Sinnlichkeit hat er zahllose Triebe, Wünsche und Interessen, die für sich genommen ohne jede Ordnung vorkommen. Mittels der praktischen Vernunft kann er die verschiedenen und verschiedenartigen Antriebe in eine Ordnung, einen Zusammenhang bringen, der jenes langfristige Wohlergehen ermöglicht, das man Glück oder auch Glückseligkeit nennt. Darunter ist kultur- und epochenübergreifend nicht der Zufall der launischen Glücksgöttin Fortuna zu verstehen, auch nicht ein allzu oft nur vorübergehendes Sich-wohl-Fühlen. Beide Dinge, ein günstiges Geschick und eine augenblickliche Zufriedenheit, mögen im „Beiprogramm" auftauchen. Im Hauptprogramm geht es aber um etwas Wesentlicheres: Man nimmt sein Leben selbst in die Hand und macht die Sache des Lebens gut, sogar vorbildlich. Wem dies gelingt, heißt, über alle Epochen- und Kulturunterschiede hinweg, weise.

In Bezug auf diese Weisheit gibt es zudem zwei Stufen, die erneut in der Natur des Menschen wurzeln: Bei der schlechthin höchsten Stufe, dem Gedanken eines Glücks, bei dem alle nur vorstellbaren Wünsche erfüllt werden – nennen wir es das Märchenglück, übersieht man die grundsätzliche Schwierigkeit – dass der Mensch selbst hinsichtlich seiner lebensnotwendigen Bedürfnisse wie Essen, Trinken, Sich-Kleiden und Sexualität einen Hang zur Übersättigung, zusätzlich den zur Verfeinerung und zum Luxus hat. Diese Neigung zum Immer-mehr-Wollen, zum Nimmersatt-Sein, beschwört Konflikte des Menschen mit sich selbst, mit seinesgleichen, nicht zuletzt mit der Natur herauf. Wer nur das Märchenglück wahrhaben will, muss in seinem doch natürlichen Glücksverlangen scheitern.

Dagegen hilft eine andere, realitätsgerechtere Stufe, für die zwei sich ergänzende Strategien naheliegen: Zum einen übe man sich in Frustrationstoleranz und werde fähig, ein glückliches Leben zu führen, ohne deshalb auf einer Insel der Seligen weilen zu müssen. Zum anderen sei man nicht vorschnell zufrieden und gebe alle Sehnsucht und jeden Jugendtraum auf. Vielmehr halte man sich dafür offen, dass einem etwas Unerwartetes zuteilwird oder man, wenn auch nur vorübergehend, sich in einer tiefen Einheit mit Mitmenschen oder mit der Natur erfährt.

10.3 Exkurs: Philosophen spotten über Philosophie

Philosophen bevorzugen gegenüber der praktischen Erkenntnis gern die theoretische Erkenntnis und halten deren höchste Form, die theoretische beziehungsweise spekulative Weisheit, für die bedeutendste Gestalt. Dagegen drängen sich zahlreiche Einwände auf, die zusammen die Bedeutung der praktischen Philosophie und mit ihr das Gewicht eines Essays über die Tugenden steigern.

Den einschlägigen Widerstand gegen eine Überbewertung der theoretischen im Verhältnis zur praktischen Philosophie bringen einige der großen Denker so überzeugend, wenn auch auf unterschiedliche Weise, auf den Punkt, dass drei von ihnen näher zu Wort kommen sollen: Nikolaus von Kues, Erasmus von Rotterdam und vor allem Blaise Pascal. Letzterer nämlich führt die einschlägige Kritik zu einem provokativen Höhepunkt, weil er von nichts weniger als „fou", „verrückt", spricht.[111]

a) „Die Weisheit ruft auf den Straßen" (Nikolaus von Kues)

Für die Übergangszeit vom Mittelalter zur Neuzeit darf ein Philosoph, Theologe und Kirchenpolitiker als die überragende Figur gelten: Nikolaus von Kues (1401–1464). Er wirft der zeitgenössischen Schulphilosophie, der in der Tat kreativarm gewordenen Scholastik, vor, für zwei lebenswichtige Aufgaben belanglos zu sein: Deren Vertreter seien sowohl außerstande, Krankheiten zu heilen, als auch den damals dringend nötigen Religionsfrieden herzustellen. Selbst im theoretischen Bereich wären sie nicht auf der Höhe der Zeit, denn sie verkennten die Bedeutung der Mathematik für die Naturerkenntnis.

Nikolaus verfasst drei hochspekulative Abhandlungen. Zusammen genommen geben sie nicht weniger als eine umfassende Erörterung – eine Enzyklopädie – seiner Vorstellung von Wissen ab. Der erste Text handelt über die *Weisheit*, dabei über Gott, der zweite über den *Geist*, folglich über den Menschen, und der dritte über die *Waage*, dabei über mathematische Naturerkenntnis.

Nikolaus' Provokation und radikale Botschaft: Als Wortführer in den Texten – es sind Dialoge – wählt er eine Person, deren Bezeichnung im Deutschen „verrückt",

---

111 Man kann diese Geschichte einer philosophieinternen Philosophiekritik, den Spott von Philosophen über ihr eigenes Metier, von Pascal aus rückwärts erzählen, wie ich es in der folgenden Abhandlung vorgenommen habe: „Les hommes sont si nécessairement fous'. Skizze einer alternativen Philosophiegeschichte", in: *Zeitschrift für philosophische Forschung* 66, 2012, S. 5–26. Obwohl ich hier darauf zurückgreife, ziehe ich an dieser Stelle die historische Abfolge vor, beginne also mit Nikolaus von Kues, behandle dann Erasmus von Rotterdam und erst am Ende Pascal.

wörtlich freilich „Ignorant" oder „Laie" bedeutet: *idiota.* Nur diese Person, die nicht ins Schulwissen und dessen angeblich überragende Autorität eingezwängt ist, vermag laut Nikolaus unvorbelastet und frei zu denken.

Dieses Vorgehen hat durchaus eine demokratische Komponente: Unserem Philosophen zufolge ist die Vernunft kein Privileg gewisser intellektueller Kreise, sondern eine Fähigkeit, die frei von jeder angeblich bloß in Gelehrtenstuben oder anderen „esoterischen" Kreisen zu erwerbenden Weisheit jedem Menschen offensteht. Damit greift er dem Wahlspruch der Aufklärung „sapere aude" vor, den Kant in die seither berühmte Formel bringt: „Habe Mut, dich deines *eigenen* Verstandes zu bedienen!"[112] Nikolaus selbst bedient sich eines der dem biblischen König Salomon zugeschriebenen *Sprüche:* „Die Weisheit ruft auf den Straßen."[113]

b) „Lob der Torheit" (Erasmus von Rotterdam)

Erasmus von Rotterdam, ein Philologe, Moralphilosoph und sowohl geistlicher als auch politischer Schriftsteller aus den Niederlanden, ist der führende Gelehrte seiner Zeit, der von heftigen Religionsstreitigkeiten beherrschten Jahre vor und nach der Wende des 15. zum 16. Jahrhunderts. Wegen seiner überragenden Gelehrsamkeit steigt er bald zu einer europäischen Berühmtheit auf. Wegen seiner – wo er es für nötig hält – scharfen Kritik an vielen beklagenswerten Verhältnissen seiner Epoche erfährt er aber auch heftige Anfeindungen, gegen die er die von ihm ausgeübte Freiheit des Wortes jedoch nie aufgibt.

Um das Christentum aus seiner Hauptquelle zu erneuern, gibt er zum ersten Mal das Neue Testament wieder im griechischen Urtext heraus. Den Reformator Martin Luther beeinflusst er in dessen Interpretation der Briefe des Apostels Paulus, widerspricht ihm aber vehement in philosophisch-theologischen Debatten über die Willensfreiheit, die er nämlich im Gegensatz zu Luther verteidigt.

Davon unabhängig prangert er in einer sprachgewaltigen und von hoher Gelehrsamkeit geprägten Spottschrift, der Satire *Morias enkomion seu laus stultitiae* (*Das Lob der Torheit*) (1511), die angebliche Weisheit, die Theologen und Mönche für sich beanspruchen, an und lobt stattdessen die wahre, rein weltliche Weisheit. Denn, schreibt er 1501 in einem Brief an Anton von Bergen „will ich lieber ein *Narr* sein, als mit dem Volk der modernen Theologen ein noch so berühmter Weiser".[114]

---

112 Siehe Kapitel 8.4.
113 Sprüche 1, 20.
114 Hier nach: Gail, Anton J.: „Nachwort", in: Erasmus von Rotterdam: *Das Lob der Torheit. Encomium Moriae*, übers. und hrsg. von Anton J. Gail, Stuttgart 1964, S. 127–136.

Dieser Satz bleibt für Erasmus kein leeres Wort, denn er liebt es beispielsweise, sich mit einfachen Menschen über die Bibel zu unterhalten.

Die literarische Gattung der Schrift – das spielerische Lob eines Gegenstandes, der kein Lob verdient – hat Erasmus nicht erfunden. Schon in der streng geregelten Welt der Adelshöfe ist der Hofnarr eine Gegenfigur, der Regelverletzungen und bitterböse Kritik erlaubt sind. Auch Loblieder auf die Torheit gab es schon vor Erasmus in Hülle und Fülle. Zu den bekanntesten Schriften gehört Sebastian Brandts *Narrenschiff* (1494).

Bei Erasmus erhält die Gattung freilich eine bislang unbekannte theologische und philosophische Tiefe. Der brillante, zu Recht bis heute gerühmte Text „strotzt" zwar, wie für die Gattung üblich, vor gerissenem Eigenlob der Dummheit und Torheit, freilich mit zahllosen gelehrten Anspielungen garniert. Angesichts des Verhältnisses zu Gott werden aber beide Einstellungen des Menschen, nicht nur sein Stolz auf Bildung samt Wissen, sondern auch die Selbstgefälligkeit der Torheit, als grundlegend unzulänglich entlarvt.

Der erste Teil der Schrift beschäftigt sich damit, dass dem Menschen der Schein wichtiger sei als das Sein. Der zweite Teil prangert die eingebildete Weisheit und den Dünkel der geistlichen und weltlichen Eliten an. Hier werden mehr als nur nebenbei die politischen Führungskreise der Zeit teils wegen ihrer Machtgier, teils wegen ihrer Eitelkeit kritisiert: Ritter, Könige, Kardinäle und Päpste nicht weniger als die wirtschaftliche Elite, die großen Geschäftsleute. Der dritte Teil lässt dann das zuvor gepflegte Spielerisch-Scherzhafte beiseite und fordert zu jenem christlichen Leben auf, das nach dem ersten Korintherbrief des Apostels Paulus die Weisheit dieser Welt aufgibt, da sie recht besehen Torheit vor Gott ist.[115]

c) „Die Menschen sind notwendig verrückt" (Pascal)

Der Mathematiker, Erfinder (einer Rechenmaschine) und Philosoph Blaise Pascal (1632–1662) verbindet zwei verschiedene Traditionen, das begriffs- und argumentationsstrenge Philosophieren und die von Montaigne ausgehenden Moralistik. Etwas, das auch viele ihrer Vertreter beherrschen, die Kunst des Aphorismus, deren Verbindung von Kürze und Prägnanz, bei der Glanz und Anmut Hand in Hand gehen, bringt er zu einem neuen Höhepunkt. Auf diesem Höhepunkt erweist er sich als ein Meister der Sinnverdichtung. Seine *Pensées* (*Gedanken*) sind wie intellektuelle Handgranaten, die dem nachdenkenden Leser im Kopf explodieren und sich auf ewig in sein Gedächtnis brennen.

---

115 1 Korinther 1, 19–20.

Pascal ist ein subversiver Denker *par excellence*, der unbescheiden, wie nur große Philosophen es sein dürfen, nicht über diese Kultur oder jene Epoche spricht, sondern über „die" Menschen. Er traut sich also zu, was zu beanspruchen heute außer Mode geraten oder sogar verpönt ist: Aussagen zu wagen über jene notwendigen Eigentümlichkeiten, die die Menschen der unterschiedlichsten Kulturen und Epochen miteinander teilen. Pascal spricht über das Wesen des Menschen: Etliche seiner Aphorismen sind Beiträge zu einer philosophischen Anthropologie. Welche Anthropologie Pascal vertritt, ist freilich unter den Interpreten umstritten. Vermutlich sind beide der folgenden Varianten gleichermaßen bei ihm anzutreffen:

Einer christlichen Anthropologie zufolge ist der Mensch erst dann wesentlich Mensch, wenn er ein christliches Leben führt, auch wenn er dann in den Augen der Welt als Narr erscheint. Die andere, entchristlichte, säkulare Anthropologie lässt ihrerseits noch zwei weitere Lesarten zu. Nach der einen verkürzt man seine menschlichen Möglichkeiten, wenn man sich den üblichen Zerstreuungen des Lebens hingibt,[116] auch wenn sie, wie Pascal an einer Stelle recht anspruchsvoll erläutert, dem Tanz, Lautenspiel, Gesang und Versemachen gewidmet sind.[117] Nach der anderen, grundsätzlicheren Deutung herrscht im Menschen ein innerer Bürgerkrieg, und dieser, nämlich der Konflikt zwischen der Vernunft und den Leidenschaften, geht nie zu Ende.[118]

Geben wir uns hier mit der säkularen und fraglos überzeugenden Anthropologie zufrieden und wenden uns dem Titelzitat dieses Abschnitts zu. Im französischen Original lautet es vollständig so : „Les hommes sont si nécessairement fous, que ce serait être fou par une autre tour de folie de n'être pas fou."[119] Der hier entscheidende Ausdruck *fou* kommt vom lateinischen *follis* und bedeutet dort wörtlich den Blasebalg, bildlich aber aufgeblasene Backen und von dort den Dummkopf, Narr oder Trottel, emotionsgeladener den Wahnsinnigen, etwas abgeschwächt den Unvernünftigen oder den Toren. Als Übersetzung schlage ich daher vor: „Die Menschen sind so notwendig verrückt/töricht –, daß sie auf eine andere Weise verrück wären, wenn sie nicht verrückt wären."

Für die nähere Begründung darf ich an den oben erwähnten Aufsatz erinnern. Hier genügt es, auf dessen wichtigste Ergebnisse hinzuweisen: Mit dem Leitbegriff des *fou* widerspricht Pascal der Selbsteinschätzung, auf die unsere Gattung, der vernunftbegabte Mensch, und insbesondere jene Epoche, in der Pascal seinen Aphorismus prägt, die Aufklärung, so stolz ist, nämlich der Vernunft als unserem Wesenskern. Des Näheren verwirft er den von einem früheren Philosophen, De-

---

116 Pascal, Blaise: *Pensées et Opuscules*, hrsg. v. M. Léon Brunschvicg, Paris 1966, Nr. 166 ff.
117 Pascal, *Pensées*, Nr. 146.
118 Pascal, *Pensées*, Nr. 413, auch 412.
119 Pascal, *Pensées*, Nr. 414.

scartes, vertretenen und seitdem in Frankreich vorherrschenden Vernunftoptimismus und Rationalismus. Zumindest bei existenziell wichtigen Fragen, bei Pascal die Gottesfrage, findet der nach dem Muster der Mathematik vorgehende Rationalismus eine klare Grenze. An dessen Stelle tritt allerdings weder ein Empirismus noch ein Gefühlsdenken. Denn in einem anderen Aphorismus lehnt Pascal zwei Übertreibungen („excès") gleichermaßen ab: „die Vernunft ausschließen" und „nichts als die Vernunft zulassen".[120] Darin tritt zutage, was die *philo-sophia*, die Liebe zur Weisheit, ihrem Wesen nach seit ihren Anfängen beansprucht: mit Mitteln der Vernunft alle Verkürzungen der Vernunft zu überwinden.

10.4 Common Sense

a) Gesunder Menschenverstand?

Der Common Sense wird häufig als gesunder Menschenverstand erläutert. Das ist nicht falsch – so heißt es im Französischen „bon sens" –, ist aber missverständlich. Gemeint ist zwar eine Urteilsfähigkeit, die allen Menschen gemeinsam ist und insofern einen demokratischen Charakter hat: Jedermann kann, ohne wissenschaftlich gebildet oder ausgebildet zu sein, trotzdem, nämlich schon aufgrund gewöhnlicher Erfahrung, denken und urteilen. Aus dieser allgemeinmenschlichen Fähigkeit folgt aber nicht, dass die Ansichten, die viele Menschen oder die (selbsternannten) Meinungsführer vertreten, als solche gut und richtig, insofern „gesund" sind.

Um diesem Missverständnis zu entgehen, spreche man statt von einem „gesunden" treffender von einem „natürlichen" Menschenverstand oder kürzer einem natürlichen Verstand. Er besteht in einer ohne Anleitung und Bildung, sondern allein durch Übung und Erfahrung erworbenen Denk- und Urteilsfähigkeit. Dass es sich dabei, wie Descartes spottet, „um die am besten verteilte Sache in der Welt handelt, denn jeder fühle sich damit angemessen ausgestattet", ist kein schlagendes Gegenargument. Es fehlen zwar, wie Descartes zu Recht bemerkt, die Eigenschaften, die den „wahren", zuverlässigen Verstand auszeichnen: skeptisches Rückfragen, Analysieren, Induktion und kritisches Prüfen. Dafür ist ein wissenschaftlicher Verstand erforderlich, den man nicht von jedem Menschen erwarten kann. Aus dem Fehlen dieser Eigenschaften folgt aber nicht, dass keinerlei Verstand vorhanden ist. Viel eher dürfte der wissenschaftliche Verstand den gewöhnlichen voraussetzten, um ihn, je nach Erfordernis, zu verbessern oder zu korrigieren.

---

120 Pascal, *Pensées*, Nr. 253.

b) Schwarmintelligenz?

Auch wenn über die Richtigkeit von Ansichten nicht eine Mehrheit derjenigen entscheidet, die sie vertreten, empfiehlt sich zwar keine generelle Skepsis, wohl aber Vorsicht, verbunden mit Umsicht. Ein zum natürlichen Verstand gegenläufiges Phänomen verdient hierzu eine nähere Überlegung. Es ist der für einige Zeit prominent gewordene Gedanke der Schwarmintelligenz. Gemeint ist eine kollektive Intelligenz oder Gruppenintelligenz. Ihr zufolge treffen (1) mehrere (2) voneinander unabhängige Individuen, die (3) je für sich nicht besonders schlau sein müssen, (4) sofern sie zusammenarbeiten, (5) für hochkomplexe, eine enorme Leistungsfähigkeit beanspruchende Aufgaben (6) intelligente Entscheidungen, ohne (7) dafür die Anweisungen eines einzelnen, in seiner Intelligenz zudem überragenden Anführers oder dessen Führung zu benötigen.

Wesentlich ist also, dass die Intelligenz der Gruppe die jedes einzelnen und auch die der Summe aller einzelnen übersteigt. Weiterhin handelt es sich um Gruppen, die sich selbst organisieren, ohne dabei einen bestimmten Mittelpunkt zu haben. Die Schwarmintelligenz funktioniert dezentral. Ebenso fehlt jeder soziale Stufenbau. Die Schwarmintelligenz ist vollständig hierarchiefrei, bildet damit das Muster eines Wunschtraums der Menschheit, eines vollkommen herrschaftsfreien, im wörtlichen Sinn an-archischen Zusammenlebens.

Nach den meisten sozialphilosophischen Überlegungen erweist sich freilich der Gedanke der Herrschaftsfreiheit als utopisch, mithin für den Menschen, wie er nun einmal ist, völlig ungeeignet. Infolgedessen erscheint auch die Schwarmintelligenz der Menschheit fremd zu sein. In der außermenschlichen Natur, im gesamten Tierreich, ist sie hingegen ein weit verbreitetes, geradezu alltägliches Phänomen. Das Vorbild für hochkomplexe und bewundernswert leistungsfähige Handlungsabläufe bildet der Vogelschwarm: Ohne dass einzelne Mitglieder außergewöhnlich intelligent sein müssten, bringt er doch hoch anspruchsvolle Leistungen zustande, die von einer erstaunlich hohen Intelligenz oder Quasiintelligenz zeugen. Ein klares Beispiel bieten Zugvögel, die bewundernswert lange Strecken zu überwinden vermögen.

Die nähere Untersuchung dieser Leistungen stößt auf drei und nur drei Verhaltensregeln: Bewege dich als Mitglied des Schwarms erstens stets in Richtung des Schwarmmittelpunktes. Denn auf diese Weise hilfst du zu verhindern, dass der Schwarm auseinanderdriftet. Bewege dich zweitens weg, wenn jemand dir zu nahe kommt. Denn dadurch vermeidest du einen Zusammenstoß. Bewege dich schließlich in dieselbe Richtung wie dein Nachbar.

Die Möglichkeit, das Phänomen der Schwarmintelligenz auf den Menschen zu übertragen, muss man nicht grundsätzlich bestreiten. Dafür, könnte man sagen, spreche schon die soziale Natur des Menschen. Auch lassen sich Redewendungen anführen, die ohne Frage nicht weltfremd sind, beispielsweise: „zusammen sind wir stark" oder „vier Augen sehen mehr als zwei". Schließlich ist an das weite Feld der Solidarität zu denken. Zur Erklärung dieser und anderer Phänomene braucht es aber nicht die Annahme einer Schwarmintelligenz. Die zur Sozialnatur gehörende Angewiesenheit der Menschen aufeinander spricht für Kooperation, aber nicht dafür, dass sie stets oder auch nur häufig besser „hinter unserem Rücken", ohne ausdrückliche Vorschläge und deren Erörterung und vor allem rein dezentral, ohne alle Hierarchien, stattfinde.

Der Gedanke einer für den Menschen wesentlichen Schwarmintelligenz – die Menge/Masse weiß es besser; sie findet schneller das Richtige und entdeckt klügere Lösungen – dürfte weder der weit größeren, zumindest andersartigen Komplexität menschlicher Aufgaben gerecht werden noch der mancherorts autoritären, andernorts aber demokratischen, zumindest demokratienahen Entscheidungsstruktur: dass über anstehende Aufgaben nachgedacht, über alternative Lösungsvorschläge diskutiert und am Ende eine hoffentlich wohlüberlegte Entscheidung getroffen wird.

Außerdem dürfte es nur beim Menschen die Kehrseite dessen geben, was im Tierreich weithin fehlt – eine Schwarmdummheit: dass kluge Verbesserungsvorschläge nicht einmal zur Kenntnis genommen oder das in ihnen liegende Verbesserungspotenzial geprüft wird. Allzu oft vertraut man lieber den – selbsternannten? – Wortführern und Wichtigtuern.

Nicht zuletzt haben empirische Untersuchungen zu einer angeblichen Schwarmintelligenz zwei Gefahren bekräftigt, um die übrigens schon die gewöhnliche Lebenserfahrung weiß.[121] Die erste Gefahr besteht in einer Schwarmfeigheit, die in den neuen sozialen Medien erheblich zugenommen hat: Weil man im Internet anders als bei Leserbriefen, die die Zeitungen veröffentlichen, anonym schreiben kann, gibt es im Netz erschreckend aggressive und beleidigende Äußerungen bis hin zu Gewalt-, sogar Morddrohungen. Die zweite Gefahr bezieht sich auf eine Schwarmverführung, die sich zu einem „Sog der Masse" ausweiten kann: Wenn viele Menschen – und das auf heftige Weise – eine andere Ansicht oder Meinung vertreten, wird sie selbst von denen übernommen, die zunächst eine andere Überzeugung hatten.

---

121 Vgl. Hamann, Heiko: *Schwarmintelligenz*, Berlin 2019; Miller, Peter: *Die Intelligenz des Schwarms. Was wir von Tieren für unser Leben in einer komplexen Welt lernen können*, Frankfurt am Main 2010.

10.5 Eine ironische Randbemerkung

Die folgende Bemerkung ist nicht allzu ernst gemeint: Es gibt zynische Weisheiten, in denen sich freilich manche Lebenserfahrung verbergen kann, so in dem Wort des irischen Schriftstellers und Spötters Oscar Wilde: „Regeln lenken den weisen Mann. / Der Dummkopf befolgt sie."

10.6 Mitleid und Sympathie, aber mit Vernunft

a) Braucht es Religion?

Früher dachte man beim Mitleid spontan an drei Dinge: an natürliche Personen, die Mitleid empfinden, an nahestehende Personen als Adressaten und an das Christentum als geistige Quelle. Zumindest beim heute in unseren Breiten praktizierten Verständnis erscheinen alle drei Gedanken als entschieden zu eng. Obwohl wir gegen eine Selbstüberschätzung des Westens skeptisch geworden sind, könnte sich sein Denken hier einmal als vorbildlich erweisen. Ob es dafür gute Gründe gibt, soll im Folgenden überlegt werden.

Beginnen wir mit einem unstrittigen Begriffskern: Wer Mitleid empfindet, überschreitet sein Ich. Ob es Individuen oder Organisationen sind, ob sie sich auf Nahestehende oder Fern- und Fernststehende beziehen und ob sie religiös oder säkular motiviert sind – wer Mitleid fühlt, gibt seine natürliche Selbstbezogenheit zugunsten leidensfähiger und tatsächlich leidender Lebewesen auf; er wird zu einer sozial verantwortlichen Person.

Ebenso unstrittig gibt es christliche Wurzeln wie sie im Gleichnis des barmherzigen Samariters zum Ausdruck kommen. Dessen Haltung, die Barmherzigkeit, wird freilich auch im Buddhismus, Hinduismus, Islam und Judentum als vorbildliche Einstellung, als Tugend, geschätzt. Damit erscheint zwar nicht das Christentum, wohl aber generell eine Religion als geistige Quelle. Auch dagegen drängt sich allerdings ein Einwand auf: Gäbe es ausschließlich einen religiösen Ursprung, so wäre es im Westen um das Mitleid schlecht bestellt. Denn in dessen schon heute weithin säkularen Gesellschaften sind alle Religionen fremd geworden. Die vielen religionsfernen oder nachdrücklich areligiösen Personen wären also dispensiert, und angesichts der absehbaren Zunahme von Säkularität wäre der Westen in Kürze bar allen Mitleids.

b) Ein allgemeinmenschliches Phänomen

Glücklicherweise legt die Wirklichkeit ein Veto ein: Mitleid wird auch in nichtre-
ligiösen Kreisen gepflegt, zudem weit über kulturelle Grenzen hinaus. Insofern
erweist es sich als ein allgemeinmenschliches Phänomen. Allerdings wird es nicht
überall und zu allen Zeiten mit derselben Reichweite und in derselben Intensität
wie im heutigen Westen praktiziert.

Löst man sich daher vom hier vorherrschenden Denken, so fällt ein Wesensmerkmal auf: Sowohl ontogenetisch, in der Biografie eines Menschen, als auch
phylogenetisch, in der Entwicklung der Menschheit, bezieht man sich zunächst
lediglich auf den Nahbereich. Mitleid empfindet man bloß mit den Mitgliedern der
eigenen Familie und mit nahen Freunden, denn deren Schmerz und Leid erlebt
man unmittelbar.

Wird zum Beispiel ein Elternteil krank , so muß sich der andere um ihn
kümmern und kann den Kindern kaum noch das gewohnte Maß an Hilfe und Zuwendung zukommen lassen. Noch gravierender ist es, wenn beide Elternteile krank
werden oder eine alleinerziehende Mutter betroffen ist. „Natürlich" pflegen Kinder,
weil sie ihre Eltern lieben, mit ihren kranken Eltern mitzuleiden. Selbst wenn das
nicht der Fall sein sollte, kann es bei den Kindern zu einem paradoxen Gefühl,
nämlich zu einem Mitleiden führen, ohne selbst Mitleid mit den kranken Eltern
empfinden zu müssen. Hier kommt es also zu einem ichbezogenen, aber deshalb
nicht verwerflichen Phänomen: Weil man dann notgedrungen weniger Hilfe und
Zuwendung erfährt, leidet man unter dem Kranksein der Eltern, ohne notwendigerweise mit ihnen Mitleid zu haben. Freilich geht dieses „mitleidlose Mitleiden" in
der Regel in das gewöhnliche, mitleidende Mitleiden über.

Eine kleine Randbeobachtung: Menschen, die ihr Leben lang intensiv und ex-
tensiv Mitleid praktiziert haben, verlieren in sehr hohem Alter nach und nach diese
Haltung.

Das auf den Nahbereich eingeschränkte, natürliche Mitleid unterscheidet sich
tiefgreifend von dem hierzulande dominierenden, die gesamte Menschheit umfassenden Mitgefühl. Fragt man nach dem Grund für diese Universalisierung, so
könnte man auf veränderte Beziehungsgeflechte hinweisen: Die kleineren Gruppen
wie Familien, Nachbarschaften und berufliche Kontakte bleiben zwar bedeutsam.
Größere Einheiten sind aber zunehmend wichtig geworden: Vereine, Verbände und
Unternehmen sowie in politischer Hinsicht die viele europäische Staaten relati-
vierende Union, nicht zuletzt die Weltgemeinschaft. Diese besteht nämlich nicht
nur in einer facettenreichen, keineswegs bloß wirtschafts- und finanzpolitischen
Kooperationsgemeinschaft und in einer leider schwerlich zu übersehenden Ge-
waltgemeinschaft (man denke an die global einsetzbaren Waffensysteme, an die
organisierte Kriminalität und den internationalen Terrorismus). Nicht der geringste

Teil der Weltgemeinschaft besteht in einer Gemeinschaft von Not und Leid, die man miteinander teilt – wofür man immer mehr Anlässe hat, da zahllose Krisen so gut wie auf einmal auftreten.

Mindestens ebenso wichtig wie diese Polykrise ist freilich die neue Medienwelt. Denn täglich, sogar stündlich (wie oben, in Kapitel 7.4, erläutert) prasseln extrem verstörende Nachrichten und Bilder auf uns ein. Nun könnten wir – im Prinzip – die Berichte über die Boots- und die Ukraineflüchtlinge sowie die Kriege und Bürgerkriege in deren Heimat, auch die Nachrichten von Naturkatastrophen, etwa von Erdbeben und Waldbränden, wie neutrale Beobachter wahrnehmen, vergleichbar mit den Katastrophen in fernen Galaxien, von denen wir mittels unserer Radioteleskope erfahren. Wir könnten also emotional unbeeindruckt bleiben. Tatsächlich fühlen wir uns mitbetroffen und zu tätiger Hilfe aufgefordert: Das universale Mitleiden erweitert sich zu einem ebenso universalen Mithelfen.

Wir im Westen leben zwar seit langem in Frieden und erheblichem Wohlstand, wenn auch nicht in einem leidfreien Paradies. Denn bei vielen von uns kam zu den „gewöhnlichen" Schicksalsschlägen, die uns selbst oder Familienmitglieder und Freunde betreffen (etwa Rückschläge in der beruflichen Entwicklung, Unfälle und schwere Krankheiten wie Krebsdiagnosen), noch das von der Bankenkrise und der Covid-19-Pandemie verursachte Leid hinzu, später die erheblich gestiegenen Lebenshaltungskosten. Und in zwei weiteren Bereichen, in Bezug auf die Umwelt- und Klimaprobleme, spüren wir persönlich, was Mitleid heute meint: die Erfahrung einer tief- und weitreichenden Not, verbunden mit dem Drang, diese rasch zu bekämpfen.

Grundlegend neu, es sei wiederholt, sind Schreckensnachrichten und deren geballtes Auftreten allerdings nicht. Ohne den Blick in eine ferne Vergangenheit werfen zu müssen, etwa in die Zeiten von Pest und Cholera, wissen wir zum Beispiel, dass man vor gut hundert Jahren trotz der damals fehlenden Digitalisierung äußerst rasch von den Millionen Toten und Abermillionen körperlich und seelisch Verletzten des Ersten Weltkrieges erfuhr. Überdies wütete fast zur selben Zeit weltweit die Spanische Grippe und forderte je nach Schätzung 20 bis mehr als 100 Millionen Opfer, wahrscheinlich weit mehr als jede andere Seuche davor oder danach in der Geschichte.

Später erlebte man, oft im wörtlichen Sinn am eigenen Leib, die verheerenden Folgen der Weltwirtschaftskrise, wieder später die Millionen Toten des Zweiten Weltkrieges und die Abermillionen an Leib und Seele Verletzten, sodann die zerbombten Städte, die wiederaufzubauen, und die Millionen Vertriebenen und Flüchtlinge, die aufzunehmen und einzugliedern waren. Offensichtlich muss man diese Liste nicht verlängern, um einzusehen: Ob als Mono- oder als Polykrise – schon früheres Leid war unermesslich. Und ob jemand ein unschuldiges oder ein mitschuldiges Opfer war – gelitten haben sie alle.

c) Noch ein Blick in die Geschichte

Das angedeutete universale Mitleidsverständnis findet sich allerdings nicht in allen Kulturen und Epochen. Weil selbst der Westen es nicht von Anfang an kennt, werfen wir einen Blick in dessen Vergangenheit. Er entlastet die Gegenwart von der Aufgabe, die neuerdings notwendigen säkularen Quellen des Mitleids von Grund auf neu zu erfinden. Er fordert die Gegenwart aber auch auf, zu rechtfertigen, warum sie sich mit dem früheren, weit bescheideneren Verständnis nicht zufriedengibt.

Setzen wir bei einer bis heute überzeugenden Begriffsbestimmung an. Nach Aristoteles gehört das Mitleid (*eleos*) ebenso wie Zorn und Furcht in jene Welt der Affekte oder Emotionen, die er in seiner *Rhetorik* umfassend und gründlich erörtert. Nach dem 8. Kapitel von Buch II zeichnet sich das Mitleid durch nicht weniger als sechs Eigentümlichkeiten aus.[122] Charakteristisch sind (1) der Schmerz über (2) ein offensichtliches Übel, das (3) jemanden, der es nicht verdient, (4) mit Leid, nicht selten sogar Vernichtung bedroht. Zusätzlich gehöre zum Mitleid (5) die Erwartung, das Übel könne einen selbst oder einen der Seinen treffen. Und (6) all diese Elemente erscheinen als nah.

Offenkundig bringt diese Bestimmung zwar einen allgemeinmenschlichen, gewissermaßen natürlichen Kern des Mitleids auf den Begriff. Sie wird aber nicht dem heute hierzulande vorherrschenden Verständnis gerecht. Dieses weicht nämlich in zwei näher zu erläuternden und danach zu rechtfertigenden Hinsichten davon ab. Als Erstes wird das dritte Element, das des unverdienten Leids, zwar nicht verworfen, aber zu einem komparativen Kriterium relativiert: Einerseits findet auch ein mitverschuldetes Leid Mitleid, obwohl es in der Regel nicht mit derselben Intensität wie beim unverschuldeten Leid empfunden wird. Andererseits muss nicht jedes aktive Mitleiden, die Rettung aus einer Not, „kostenlos" erfolgen.

Bei beiden Gesichtspunkten spielt übrigens die Gerechtigkeit, also eine der vier Haupt- oder Kardinaltugenden, eine Rolle. Und bei den Rettungskräften, die sich etwa bei Erdbeben, bei Seenot oder Einsätzen im Gebirge engagieren, kommt als zweite Kardinaltugend die Tapferkeit hinzu.

---

122 *Rhetorik*, Buch II, Kap. 8, 1385 ff.

d) Heikle Fragen

Zum skizzierten Themenfeld drängen sich so heikle Rückfragen auf, dass man sie aus der Diskussion lieber verdrängt. Eine sich gegen die Realität nicht sperrende Ethik darf sich aber vor ihnen nicht mangels Courage drücken:

Wie sind die immer wieder neuen Bootsflüchtlinge zu beurteilen? Wir gehen davon aus, dass sie aus einer schweren Not fliehen, die freilich geringer ist als die von Kranken, Alten, Müttern und Kindern. Auf die Flucht machen sich nämlich vor allem junge Männer, die zudem aus Familien stammen, die das Geld für die Schlepper haben oder es sich besorgen können. Außerdem wissen diese Männer längst, dass sie sich auf ein gefährliches Unternehmen einlassen, auf ein Vabanque-Spiel, bei dem sie zum Zweck einer besseren Zukunft ihr bloßes Leben aufs Spiel setzen. Muss man ihnen trotzdem jeden Funken einer Mitverantwortung absprechen?

Eine weitere Frage, die keine wirklichkeitsoffene Ethik verdrängen darf: Wie sind Staaten zu beurteilen, deren Küstenwachen, um am tödlichen Menschenschmuggel mitzuverdienen, den Schmuggel erleichtern und selbst die sichtbar unzureichend ausgestatteten, zudem bei Weitem überladenen Boote nicht zur Umkehr zwingen, die also aus Habgier bewusst und freiwillig zahllose Menschenleben aufs Spiel setzen? Ebenfalls ist zu fragen, ob manche Regierung, die in bekannt erdbebengefährdeten Gegenden bekannt erdbebenunsichere Gebäude zu errichten erlaubt, nicht den Vorwurf verdient, mehr als nur fahrlässig in der Zukunft mögliche Erdbebenopfer in Kauf zu nehmen?

Schließlich, um zum Fall der Bootsflüchtlinge zurückzukehren, ist bei ihnen nicht nur Solidarität geboten. Nicht minder wichtig, langfristig gesehen sogar dringender ist es, das Geschäftsmodell der Schlepper auszutrocknen. Immerhin geht auf das Konto dieser, man muss es so deutlich sagen, geldsüchtigen, habgierigen Menschenhändler die traurige Wirklichkeit, dass in zehn Jahren tausende Personen im Mittelmeer ertrunken sind. Für das Austrocknen dieses international funktionierenden Geschäftsmodells sind allerdings nicht mehr Privatpersonen oder karitative Unternehmen zuständig. Vielmehr sind die Politiker gefordert, etwas zustande zu bringen, was ihnen wegen der Angewiesenheit auf Medienresonanz schwerfällt – sie müssen mit unendlicher Geduld und viel diplomatischem Feingefühl eine zweifellos höchst komplexe und nur international zu bewältigende Aufgabe lösen.

e) Universalisierung?

Kehren wir zu Aristoteles' Definition zurück: Einer zweiten Korrektur bedarf das fünfte Element, Mitleid sei nur gegenüber den „Seinen", also persönlich Nahestehenden, geboten. Zwar verbietet keine Ethik, Familienmitglieder oder Freude gegebenenfalls mehr zu bemitleiden als eine in der Ferne lebende wildfremde Person. Trotzdem sollten wir nich, und wollen auch nicht, gegen deren Leid gleichgültig sein. Denn in einer mehr und mehr als Wirklichkeit erlebten Weltgemeinschaft von Not und Leid zählt zu den „Seinen" jedes Mitglied unserer Gattung. Mehr noch: Mitleid verdienen alle leidensfähigen Lebewesen, also auch leidensfähige Tiere.

Dieser Essay konzentriert sich freilich auf unsere Mitmenschen. Dabei kommt abermals ein komparativer Gesichtspunkt zum Tragen. Ohne deshalb die gebotene Universalisierung aufzugeben, dürfte das folgende, vom Standpunkt der Gerechtigkeit mitgetragene Kriterium einleuchten: Je näher uns der von Not und Leid Betroffene steht, desto stärker wird und darf unser Mitgefühl und der Drang, zu helfen, sein.

Beiden Korrekturen zu Aristoteles' Begriff des Mitleids liegt nun jene Universalisierung zugrunde, die heute wie gesagt vor allem vom Westen praktiziert wird, aber nicht zum allgemeinmenschlichen Kern des Phänomens gehört. Es handelt sich vielmehr um eine kulturspezifische Eigentümlichkeit, die freilich weder sachlich unangemessen noch geistesgeschichtlich zufällig ist. Stattdessen widerspricht sie einem Vorwurf, der unserer Gesellschaft gern gemacht wird: dass sie herzlos sei.

f) Vier exemplarische Denker

Einsichtig wird diese genannte Besonderheit durch den Blick auf vier für die europäische Neuzeit exemplarische Denker.

Als erster drängt sich Adam Smith auf. Denn gerade von diesem Vordenker der modernen Wirtschaftsform erwartet man kaum Unterstützung für das heutige Verständnis von Mitleid. In Wahrheit verfasst der Autor des weltberühmten Opus *Der Wohlstand der Nationen* zuvor, als Inhaber eines Lehrstuhls für Moralphilosophie, eine *Theorie der moralischen/ethischen Gefühle*. Deren mehr beschreibende als vorschreibende Ethik stellt die Sympathie, ein Erbarmen oder Mitleid am Elend anderer Menschen, an den Anfang und sieht in deren weiter Verbreitung einen klaren Beleg dafür, dass die Menschen, wie egoistisch sie auch seien, am Schicksal anderer, ohne einen Vorteil daraus zu ziehen, Anteil nähmen: „Selbst der ärgste

Rohling, der verhärtetste Verächter der Gemeinschaftsgesetze ist nicht vollständig dieses Gefühles bar."[123]

Smith zufolge ist Mitleid weder eine moralische Pflicht noch ein pures Wunschbild, vielmehr ein angeborenes Wesensmerkmal: Die Menschen sind „von Natur mit Sympathie begabt". Der Verfasser ist freilich weder so wirklichkeitsfremd, unsoziale Affekte wie Hass, Vergeltungsgefühl oder Bosheit zu leugnen, noch die Macht der Sympathie zu überschätzen. Im Gegenteil könne man sich auf sie nicht verlassen.

Ein zweiter Wegbereiter der Moderne, Jean-Jacques Rousseau, erklärt in seiner Abhandlung *Über den Ursprung der Ungleichheit unter den Menschen* das Mitleid nicht nur wie Smith zu einem „natürlichen Gefühl", sondern adelt es auch zur „einzigen natürlichen Tugend des Menschen", die „in jedem Individuum die Gewalt der Eigenliebe mäßigt". Freilich gebe es eine mächtige Gegenkraft; ein „künstliches, der Gesellschaft entsprungenes Gefühl", die Selbstsucht (*amour-propre*). Ihretwegen kann man sich auch nach Rousseau auf die Macht des Mitleids nicht verlassen.[124]

Wie bei vielen Fragen der Ethik, so bringt auch hier der dritte exemplarische Denker, Immanuel Kant, begriffliche Klarheit. Sie beginnt mit der Einsicht, dass das Mitleid als eine sinnliche Antriebskraft keine zuverlässige Instanz für das moralisch richtige Tun und Lassen ist. Sie bedarf vielmehr der Kontrolle durch die praktische Vernunft. Trotzdem hält er es für eine freilich nur indirekte Pflicht, in sich das Gefühl des Mitleids zu kultivieren.[125]

Andererseits hält er nicht alles Mitleid für vernünftig. So dürfe man nicht mit jemandem Mitleid haben, dem man doch nicht helfen kann. Diese Ansicht erscheint nur auf den ersten Blick herzlos. Denn, so Kants einleuchtendes Argument, wenn man sich durch einen Schmerz, dem man doch nicht abhelfen kann, anstecken lässt, so „leiden ihrer zwei", was die Übel in der Welt vermehrt, daher „unmöglich Pflicht sein kann".[126] Hier deutet sich unausgesprochen eine dritte Kardinaltugend an, eine Besonnenheit, die sich nicht von jedem Mitleid überwältigen lässt.

Noch grundlegender ist eine weitere Einsicht Kants: dass im Rahmen moralischer Pflichten die zum Mitleid gehörenden Phänomene nicht unter jene Verbindlichkeiten fallen, die Rechtspflichten, deren Anerkennung die Menschen einander schulden. Vielmehr zählen sie zu den Tugendpflichten, die für verdienstliche Mehrleistungen zuständig sind. Kant spricht vom Wohltätigsein, versteht darunter

---

123 Smith, Adam: *Theorie der menschlichen Gefühle*, hrsg. v. Walther Eckstein, Hamburg 1977, S. 2.
124 Rousseau, Jean-Jacques: *Schriften zur Kulturkritik (Die zwei Diskurse von 1750 und 1755)*, hrsg. v. Kurt Weigand, 2. Aufl., Hamburg 1971, S. 169 ff.
125 *TL*, § 35.
126 *TL*, § 34.

den uneigennützigen Beitrag zum Wohlergehen anderer Menschen und hält es für „jedes Menschen Pflicht", die entsprechende Haltung einzunehmen. Denn das entgegengesetzte Prinzip, Notleidenden grundsätzlich die Hilfe zu verweigern, lasse sich nicht, wie der berühmte kategorische Imperativ verlangt, als ein allgemeines Gesetz denken.

Einen weiteren Höhepunkt der Wertschätzung findet das Mitleid bei Arthur Schopenhauer. In seiner Abhandlung *Über das Fundament der Moral*[127] erklärt er es sogar zum Prinzip und zur Grundlage der – jetzt – normativen Ethik. Es sei nämlich die natürliche, uneigennützige und „allein echt moralische Triebfeder". Während von den beiden anderen „Urmotiven" des menschlichen Handelns der Egoismus das eigene Wohl verfolge und die Bosheit anderer übelwolle, komme es dem Mitleid auf fremdes Wohl an. Und wenn nötig, dränge es zu tätiger Mithilfe, womit sich das Mitleid zur Tugend der Hilfsbereitschaft erweitert.

g) Eine universale Philanthropie

Wie rechtfertigt man vor diesem philosophischen Hintergrund das überaus anspruchsvolle Mitleidsverständnis von heute?[128] Folgende Argumentationsstrategie liegt nahe: Man erkenne das Mitleid als ein natürliches, dem Menschen angeborenes Gefühl an, das hinsichtlich seiner Reichweite und Intensität ein Potenzial enthält, das zunehmend aktualisiert wird, bis es schließlich in der Gestalt einer universalen Philanthropie seine volle Aktualisierung erreicht. Dann handelt es sich um eine die gesamte Gattung umfassende Menschenliebe, die von den zuvor noch gegenwärtigen jüdisch-christlichen Elementen wie etwa der Ebenbildschaft mit Gott frei geworden ist. In ihr zählt der Mensch als Mensch; es zählt nicht mehr bloß die einem nahestehende Teilgruppe, sondern die Gesamtheit aller Menschen. Denn sie sind, erklärt Kant in der *Tugendlehre*, „als Mitmenschen, d. i. bedürftige, auf einem Wohnplatz durch die Natur zur wechselseitigen Beihilfe vereinigte vernünftige Wesen, anzusehen".[129]

Bei diesem Gedanken könnte man auch auf Hegel zurückgreifen wollen. Denn an einer berühmten Stelle seiner *Grundlinien der Philosophie des Rechts* sagt er: „Der Mensch gilt, weil er Mensch ist, nicht weil er Jude, Katholik, Protestant,

---

127 Schopenhauer, Arthur: „Preisschrift über die Grundlagen der Moral", in: *Sämtliche Werke*, hrsg. v. Arthur Hübscher, 7 Bde., 3. Aufl., Wiesbaden 1972, Bd. 4, S. 231.
128 Dieser Abschnitt ist eine geringfügige Überarbeitung meines Zeitungsessays „Von Natur mit Sympathie begabt", erschienen in: „Gegenwart" der *Frankfurter Allgemeinen Zeitung*, 24. Juli 2023, S. 6.
129 *TL*, § 30.

Deutscher, Italiener u. s. f. ist."[130] Dort handelt es sich jedoch um einen Rechts-grundsatz, das Mitleid ist aber kein Rechtsbegriff, kein gegebenenfalls einklagbarer Anspruch. Gemäß Kants Unterscheidung von Rechts- und Tugendpflichten gehört es nicht zum Bereich des einander Geschuldeten, sondern der darüber hinausgehen-den Mehrleistungen.

Diese Einsicht hat eine erhebliche lebenspraktische Tragweite: Ein Opfer böser Widerfahrnisse darf Mitleid erwarten, es auch erhoffen und erbitten. Es hat aber keinen Anspruch darauf. Infolgedessen darf es, was heute sowohl Opfer von un-verschuldetem und unermesslichem Leid als auch die zur Hilfe bereiten Personen und Organisationen lieber vergessen, kein Mitleid „verlangen".: Das Beanspruchen von Mitleid und das Einfordern einschlägiger Hilfe lässt das Mitleid seinem Wesen nach nicht zu. Niemand schuldet jemandem in einem Rechtssinn Mitleid.

Davon unabhängig besteht eine Gefahr, die wir in den Überlegungen zur Be-sonnenheit kennengelernt haben, jene Gefahr einer emotionalen und geistigen Überforderung, der sich eine kluge Besonnenheit widersetzt. Vielfach und vielerorts sind auch die Hilfsmöglichkeiten nicht unerschöpflich, zumal personelle, materielle und finanzielle Hilfe in anderen Bereichen ebenfalls vonnöten ist, etwa in der Bildungspolitik und im Gesundheits- und Pflegewesen sowie, das zeigt der Ukrai-nekrieg überdeutlich, im Sicherheitswesen, nämlich in der Fähigkeit, notfalls sein eigenes Land zu verteidigen. Infolgedessen bleibt beim Mitleid der bekannte Grundsatz gültig: *Ultra posse* (oder: *Ultra vires*) *nemo obligatur:* „Über sein Können (oder: Über seine Kräfte) hinaus ist niemand verpflichtet."

In der Tat kann niemand die täglich, bei entsprechendem Medienkonsum sogar stündlich auf ihn eindringenden Schreckensnachrichten und Schreckensbilder seelisch und geistig, überdies noch mittels aktiver Hilfe bewältigen. Für den hier zuständigen Medienkonsum empfiehlt sich eine Besonnenheit, verbunden mit ei-ner Widerstandsfähigkeit, die nicht alles Leid an sich herankommen lässt. Und bei der Hilfe pflege man die vierte Kardinaltugend, die Klugheit, nicht außer Acht zu lassen. Sie überlegt nämlich, wem in erster Linie und mit welchen zur eigenen Verfügung stehenden Mitteln geholfen werden soll.

Da auch die drei anderen Kardinaltugenden, die Gerechtigkeit, die Tapferkeit und die Besonnenheit, bereits ihre Bedeutsamkeit erwiesen haben, ist eine zeitge-rechte Theorie von Mitleid und Sympathie gut beraten, die weithin vergessene Theorie der vier Kardinaltugenden zu erneuern. Mit ihnen erhalten die Gefühle von Mitleid und Sympathie die für die Moral unabdingbare, wo nötig kritische Ergän-zung der praktischen Vernunft.

---

130 Hegel, Georg Wilhelm Friedrich: *Grundlinien der Philosophie des Rechts*, in: *Werke*, Bd. 7, Frankfurt am Main 1979, § 109.

Das westliche Denken hält für die im universalisierten Mitleid wurzelnde Verantwortung vor allem sich selbst zuständig. Statt dieser für unsere Zeiten der Globalisierung unzulässigen Einschränkung ist eine dritte Universalisierung geboten: dass weltweit alle zu tätigem Mitleid fähigen Personen und Organisationen ihre Fähigkeit tatsächlich ausüben. Davon ist niemand ausgenommen. Auch die in den betroffenen Ländern regierenden Politiker sind gefordert, obwohl man sie hier selten in den Blick nimmt, weil deren Bevölkerungen (aber nicht sie selbst!) größtenteils unter Hunger und Armut sowie unzureichender medizinischer Versorgung leiden. Diese oft „unendliche Not" entlastet die dort herrschenden politischen, auch wirtschaftlichen und kulturellen Eliten nicht von der Aufgabe, sogar moralischen Pflicht, am schweren Los ihrer Bevölkerung mitzuleiden, sie an den Ressourcen, die es denn doch gibt, teilhaben zu lassen und zumindest eine oft weit verbreitete Korruption einzudämmen.

11 Weitere aktuelle Tugenden

11.1 Wissbegier

Moralisten lieben pauschale Brandreden gegen die Gier, der Moralphilosoph erlaubt sich, ein Loblied anzustimmen, aber keines auf alle Arten von Gier, denn die wahren Grundlaster wie Hochmut und Habgier will er ohne Zweifel nicht loben. Wohl aber vermag er *eine* Gier von einer Liste der Laster auszunehmen, weil sie zweifellos unsere Wertschätzung verdient. Es ist die Neugier.

Aristoteles führt seine Hochschätzung sogar in einem Werk an, in dem man sie kaum erwartet, in der *Metaphysik*. Dort erhält sie gar den besonderen Rang des Einleitungssatzes: „Pantes anthrôpoi tou eidenai oregontai physei": „Alle Menschen streben von Natur aus nach Wissen."[131] In diesem Sinn ist das niederländische Wort für Philosophie aussagekräftig: Wijsbegeer, Wissbegier.

Der Mensch zeichnet sich freilich nicht nur durch ein grenzenloses Wissenwollen und durch eine ebenso unbegrenzte Entdeckerlust aus. Spezifisch für ihn ist auch die Fähigkeit, falsche Aussagen für wahr zu halten, also die Möglichkeit, sich zu irren. Da es Aussagen sind, die wahr oder falsch sein können, gründet die Irrtumsmöglichkeit nicht in Sinneswahrnehmungen, sondern im Urteilen, für die der Verstand zuständig ist. In den sogenannten Sinnestäuschungen, dass etwa ein ins Wasser gehaltener Stock als geknickt erscheint, irren sich nicht die Sinne, sondern der die Sinneswahrnehmungen beurteilende Verstand.

Obwohl die Wissbegier eine menschliche Vortrefflichkeit, eine Tugend, ist, drängt sich diese Rückfrage auf: Ist das Verlangen, Neues kennenzulernen, uneingeschränkt schätzens- und lobenswert, also von jeder Lastergefahr frei? Oder besteht auch bei der Wissbegier die Gefahr eines „lasterhaften" Zuviel, obwohl sie, hier darf man Aristoteles zustimmen, zur Natur des Menschen gehört? Einen biografischer Beleg für Aristoteles' Einschätzung bietet jedenfalls die Neugier von Kindern. Sie sind nämlich so grenzenlos wissbegierig, dass die Eltern sich mit den Antworten auf viele Fragen ihrer Kinder schwer tun. Überdies können viele Kinder, was allzu viele Erwachsene verlernt haben: sowohl über die Schönheit der Welt staunen als auch über die Rätsel der Welt sich wundern.

Zu jedem Forscher gehört, sich die Entdeckerlust nie nehmen zu lassen. Darin sehen sie nämlich die größte Faszination, die ihnen keiner der kaum vermeidbaren Misserfolge rauben kann: etwas Neues zu entdecken, das bisher kein anderer Mensch entdeckt hat. Und wenn die Kollegenschaft der Welt die Entdeckung als

---

131 *Metaphysik*, Buch I, Kap. 1, 980 a 21.

https://doi.org/10.1515/9783111568591-013

hinreichend bedeutungsvoll einschätzt, dann erhält man, was zur inneren Antriebskraft aber nicht gehört: nationale und internationale Ehren und Preise – und die Besten als Krönung den Nobelpreis.

Trotz aller berechtigten Wertschätzung könnte die zum Wesen des Menschen gehörende Neugier wie alles Menschliche Gefahren in sich bergen. Keineswegs darf man Kinder in ihrer Neugier bremsen. Schulen, zuvor die Kindergärten, dürfen schon dann als nicht unwesentlich erfolgreich gelten, wenn sie den Schülern ihre natürliche Wissbegier nicht austreiben. Noch besser, geradezu ein Glücksfall, ist es, wenn die Schule bietet, was Albert Camus nach seiner Autobiografie *Der erste Mensch*, dort dem Abschnitt „6a Die Schule", erfahren durfte: „[S]ie nährte in ihnen [den Schülern] einen Hunger, der für das Kind noch wesentlicher war als für den Erwachsenen, den Hunger nach Entdeckung." Im entsprechenden Unterricht fühlten die Kinder „zum erstenmal, daß sie existierten: Man hielt sie für würdig, die Welt zu entdecken".

Vor allem bei Erwachsenen kann freilich die Entdeckungslust in Sonderfällen unselige Folgen haben. Ich gehe hier nicht näher auf die Gefahren ein, die aus mancher naturwissenschaftlichen Entdeckung gefolgt sind, deute sie nur mit dem Stichwort an: „In Sachen Robert Oppenheimer". Zusätzlich erinnere ich an die grausamen Ereignisse, die der griechische Mythos des Ödipus erzählt: Diese Figur lässt bekanntlich nicht nach, zu erforschen, wen er auf dem Weg nach Theben, seiner Heimatstadt, erschlagen hat: Es ist sein eigener Vater. Weil er danach Theben von einem Unheilsdämon, der Sphinx, befreit, erhält er zum Lohn den Thron mit Königin Jokaste, die aber seine eigene Mutter ist. Sobald das bekannt wird, erhängt sich die Königin, und Ödipus sticht sich seine Augen aus. Muss also die Neugier auch entsetzliche Nachrichten ertragen?

11.2 Erlaubt die Demokratie Geheimhaltung?

Auf den ersten Blick liegt die negative Antwort auf der Hand. In einem Gemeinwesen, bei dem alle Gewalt vom (Staats-)Volk ausgeht und für das der Gedanke der Öffentlichkeit konstitutiv ist, darf keine Politik im Verborgenen stattfinden.[132] Bei näherer Überlegung empfiehlt es sich jedoch, zunächst einige Unterscheidungen zu treffen und sodann die Titelfrage differenzierter zu beantworten.

Für gewisse Bereiche gibt es zweifellos nicht nur ein Recht, sondern sogar eine Pflicht, etwas verborgen zu halten. Das trifft unstrittig auf das Post- und Fernmel-

---

[132] Dieser Abschnitt greift zurück auf Überlegungen, auch Formulierungen meines Aufsatzes: „Erlaubt eine Demokratie Geheimnisse?", erschienen in der *Zeitschrift für Politik* 65, 2018, S. 137–149.

degeheimnis sowie das Amtsgeheimnis, namentlich das Steuergeheimnis, zu. Dass es im Fall von prominenten „Steuersündern" von Staatsanwaltschaften neuerdings gern verletzt und dies von großen Teilen der Öffentlichkeit gutgeheißen wird, muss deshalb nicht schon richtig sein. Denn die Pflicht zum Amtsgeheimnis bleibt doch bestehen, zusätzlich gilt das Gebot der Unschuldsvermutung. Das damit angedeutete Diskussionsfeld kann aber beiseite bleiben, entscheidend ist hier allein das Thema der Ehrlichkeit.

Außer Frage steht, dass nicht jedes Wort eines Politikers auf die Goldwaage gelegt werden darf, auch, dass sich kaum ein Politikerwort von allem Machtkalkül frei macht oder freimachen sollte. Überdies darf man jene Uneindeutigkeit nicht verdrängen, derzufolge in manchen Redezusammenhängen die angebliche Freimütigkeit sich in Wahrheit auf eine Indiskretion oder eine Beleidigung beläuft. Außerdem darf man keiner Person das Recht verwehren, „ein Glacis zwischen sich und die anderen zu legen und selbst zu entscheiden, worüber sie Auskunft gibt und worüber nicht".[133]

Trotzdem ist für die Demokratie das ehrlich gemeinte Wort ihrer Politiker wesentlich. (Es versteht sich, dass Politiker als Privatpersonen nicht verpflichtet sind, private Verfehlungen vor der Öffentlichkeit auszubreiten.) Nicht zufällig trägt ihre Hauptinstitution, das Gesetzgebungsorgan, den Titel „Parlament". Dort wird in einem emphatischen Sinn gesprochen: nicht geplaudert oder sogar geschwatzt, sondern miteinander, aber auch gegeneinander geredet. Selbst beim Lob der eigenen Partei und der Kritik der Gegner werden Gründe und Gegengründe vorgetragen. Eine gelingende Demokratie ist ihrer Natur nach deliberativ, nämlich auf den Austausch und das Abwägen von Argumenten verpflichtet. In Ansätzen, insbesondere bei Themen, zu denen der Fraktionszwang aufgehoben wird, erreicht sie sogar einen diskursiven Charakter.

Dieses demokratische Unternehmen, das Zusammen- und Widerspiel von Regierung und Opposition, die parlamentarische Beratung und die sie bald inspirierende, bald kontrollierende Tätigkeit der Öffentlichkeit, bricht jedenfalls zusammen, wenn man von dem Wort der Politiker, aber auch dem der Medien und der Gerichte nicht mehr erwarten darf, dass es vom Sprecher ehrlich gemeint ist, also keine wissentliche Unwahrheit vorliegt. Dann nämlich geht die Glaubwürdigkeit der Sprecher und das Vertrauen in sie verloren.

Dabei steht nicht erst die gewöhnliche Form von Glaubwürdigkeit auf dem Spiel. Wenn nämlich beispielsweise ein Abgeordneter oder eine Partei die Glaubwürdigkeit verliert, dann kann man ihnen spätestens in Form der Nichtwiederwahl das Vertrauen entziehen. Gefährdet sind vielmehr jene grundlegenderen Gestalten

---

133 Asserate, Asfa-Wossen: *Manieren*, 11. Aufl., Frankfurt am Main 2003, S. 76.

von Glaubwürdigkeit und Vertrauen, welche man „Proto-Glaubwürdigkeit" und „Proto-Vertrauen" nennen könnte. Sie sind nämlich die Voraussetzung dafür, dass man Glaubwürdigkeit erwarten und die Enttäuschung über mangelnde Glaubwürdigkeit beanstanden und in ernsten Fällen sich empören darf.

Dieser Umstand trifft übrigens auf alle Beziehungen der Menschen unter- und miteinander zu, nicht ausschließlich, aber in einem erhöhten Maß in der Demokratie. Weil in ihr alle berechtigte, legitime Gewalt vom (Staats-)Volk ausgeht, weil also die Staatsbürger die wahre Quelle der Staatsgewalt, der eigentliche Souverän, sind, liegt der entscheidende Grundsatz auf der Hand: Da Parlament und Regierung, ohnehin die gesamte Exekutive und auch die Justiz im Auftrag des Volkes agieren, schulden sie ihm die Wahrheit und nichts als die Wahrheit. Im Gegensatz zu Diktaturen ist das Volk kein Feind der Machthaber, nicht einmal ihr Gegner, sondern die Instanz, in deren Namen und aufgrund deren Ermächtigung die gewählten Politiker tätig sind.

Im Kernbereich der demokratischen Politik, in den parlamentarischen Prozessen, einschließlich der Arbeit von Kommissionen und Untersuchungsausschüssen, ist daher keinerlei Täuschung erlaubt. Hier gilt als ein Minimum das strenge Lüge- und Betrugsverbot und als Steigerung ein Gebot der Offenheit, das in vier Stufen zunehmender Durchsichtigkeit und Durschaubarkeit erfüllt wird:

Die Vorstufe besteht im Nichtlügen, die Grundstufe in der wahrheitsgemäßen Antwort auf die gestellten Fragen, die nächste Stufe in Antworten, die den Fragen nicht ausweichen, und die Vollstufe darin, dass man zum angesprochenen Thema sein gesamtes Wissen nach bestem Wissen und Gewissen ausbreitet.

Bekanntlich sieht die politische Wirklichkeit anders aus. Sie entspricht dem, was der britische Schriftsteller Alan Bennett in seiner Erzählung *Die souveräne Leserin* die Königin vor einem erlauchten Kreis von Politikern sagen lässt: „Nach Argumenten zu suchen, worüber sie lange entschieden haben, ist doch die unausgesprochene Grundlage jedes Untersuchungsausschusses."[134] Auch wird kaum jemand, der nur ein wenig von Politik versteht, dem französischen Staatsmann und Diplomaten der Französischen Revolution, der Napoleon-Kriege und des Wiener Kongresses, Charles-Maurice de Talleyrand-Périgord, widersprechen können, dem Menschen sei die Sprache gegeben, um seine Gedanken zu verbergen.

Vom Bennett-Zitat trifft traurigerweise auch die Verallgemeinerung zu: Sowohl in der eigentlichen als auch in der Quasi-Politik, etwa bei Pressesprechern von Verbänden und Unternehmen, herrscht der Grundsatz vor: Redegewandt, eloquent ist, wer sich darauf versteht, viel zu reden, ohne etwas zu sagen. Leider gilt auch Machiavellis Grundsatz, dass der Schein in der Politik wichtiger als das Sein ist:

---

134 Bennett, Alan: *Die souveräne Leserin*, 4. Aufl., Berlin 2008, S. 110.

Nicht die Aufrichtigkeit zählt, sondern dass man sie vorzutäuschen vermag. Dazu gehört, nach einem krassen Fehlverhalten in einer öffentlichkeitswirksamen Dramaturgie seine Reue zu inszenieren. Wer sich darauf versteht, dem fällt die Absolution seitens der Öffentlichkeit wie von selbst zu.

Offensichtlich sind diese Prinzipien zwar zynisch, aber wirklichkeitsnah. Unabhängig davon gilt freilich, dass die Gebote der Ehrlichkeit und der Transparenz nicht verlangen, die Politik in einem sehr grundsätzlichen Sinn zu entpolitisieren. Den für sie spezifischen Charakter darf man ihr nicht rauben: dass es – immer auch – um Macht geht und Politiker ungern auf den mit der Macht verbundenen Adrenalinschub verzichten. Politikern muss es jedenfalls erlaubt bleiben, ihre persönliche Strategie, Macht zu erlangen und die erlangte Macht zu bewahren, für sich zu behalten, also sie weder den politischen Gegnern noch der Öffentlichkeit zu offenbaren.

Auch dies ist kaum zu beanstanden: dass langfristig Transparenz geboten ist, sie aber gelegentlich, in Fällen, wo die Sache es gebietet, vorübergehend aufgeschoben werden darf. Um Rettungsaktionen wie eine Geiselbefreiung oder gewisse außenpolitische Verhandlungen nicht zu gefährden, darf das geplante Vorgehen nicht vor dessen Durchführung öffentlich werden. Hier ist eine „phasenverschobene Transparenz" zulässig: vorübergehend keine Öffentlichkeit, später aber doch.

Diese phasenverschobene Transparenz darf aber weder zum Tarnen und Täuschen verwendet werden noch zur Mauschelei und Kungelei oder zum Machterhalt, schon gar nicht, um sich der Kontrolle des Parlaments oder der Öffentlichkeit zu entziehen. Vertretbar ist sie meines Erachtens lediglich unter vier Bedingungen: Erstens darf sie nur um des Gemeinwohls willen angewendet werden. Zweitens muss man sie in analogen Fällen auch dem politischen Gegner zugestehen. Drittens ist die Transparenz möglichst rasch nachzuholen. Und dabei, also im Nachhinein, jetzt viertens, muss die entsprechende Politik fähig sein, sich vor der Öffentlichkeit rechtfertigen zu können. Am Ende muss jedenfalls die Wahrheit ans Licht kommen.

Allerdings, so ein weiteres Problem, gibt es Bereiche wie die Geheim- und Spionagedienste, in denen Geheimhaltung zum Metier gehört. Diese Dienste wird es, auch wenn man sie nur widerwillig akzeptiert, vermutlich noch lange brauchen. Kaum jemand wird nämlich bestreiten, dass man beispielsweise von Putins Angriff auf die Ukraine und dem Terroranschlag der Hamas besser vorab gewusst hätte. Und von Terroranschlägen in Deutschland sollte man lieber nicht von befreundeten Geheimdiensten erfahren müssen, weil der eigene Geheimdienst die erforderlichen Informationen nicht beschaffen kann oder darf. Außerdem würde man, da auch befreundete Staaten nicht mit offenen Karten spielen, deren Pläne rechtzeitig also nicht erst dann kennenlernen, wenn die Umsetzung der Pläne schon begonnen und dem die Pläne verheimlichenden Staat Vorteile verschafft hat.

Das hier entscheidende Kriterium liegt auf der Hand: Geheimdienste müssen kontrolliert werden. Die Kontrolle darf aber nicht so eng erfolgen, dass sie ihre für das Gemeinwesen derzeit nicht verzichtbaren Aufgaben nicht erfolgversprechend erfüllen können.

11.3 Ehrlichkeit, Wahrhaftigkeit

a) Lügeverbot

Sofern man die zwei eng miteinander verwandten Tugenden Ehrlichkeit und Wahrhaftigkeit auf Aussagen bezieht, besteht ihr Kern im Verbot einer bewussten Falschaussage, im Lügeverbot. Ehrlich ist, wer etwas behauptet, von dem er persönlich überzeugt ist, es träfe so zu, also wer meint, es sei wahr. Objektiv gesehen muss das nicht zutreffen. Wer sich in dem, was er sagt, irrt, lügt nicht. Zum Begriff des Lügens gehört nicht die objektive Wahrheit, sondern das persönliche, subjektive Überzeugtsein: Allein derjenige lügt, der wissentlich und willentlich etwas behauptet, was er selbst für falsch hält. Darin liegt ein so tiefgreifender Missbrauch der Sprach- und Kommunikationsfähigkeit, dass ein bekanntes und weithin anerkanntes Kriterium für Moral verletzt wird: die strenge Verallgemeinerbarkeit.

Niemand bestreitet, dass immer wieder gelogen, auch betrogen wird. Die Gegenwelt, eine Welt, in der allein Ehrlichkeit und Wahrhaftigkeit herrschen, ist ohne Zweifel wünschenswert. Bislang ist sie aber nirgendwo wirklich geworden. Diese traurige Einsicht, dass die in Gedanken angenommene Gegenwelt eine reine Utopie, ein Nirgendland und Nirgendwo ist, rechtfertigt aber nicht das Lügen. Das wissen wir alle, ohne dass wir dafür eine philosophische Ethik bräuchten. Mit ihrem Kriterium der Verallgemeinerbarkeit liefert sie uns aber den Grund: In einem Gedankenexperiment stelle man sich zunächst das Gegenteil vor, eine Welt, in der das, was jemand behauptet, grundsätzlich nicht mit dem übereinstimmt, was der Behauptende für wahr hält. In dieser Sprachwelt würde jede mit einem Wahrheitsanspruch auftretende Äußerung gleichwohl keinen Wahrheitsanspruch erheben, was offensichtlich sich selbst widerspricht: Eine Welt der Sprache, in der das, was man sagt, nicht nur gelegentlich, sondern ausnahmslos und grundsätzlich nicht das Gesagte bedeutet, ist nicht denkbar.

Dies trifft übrigens nicht erst auf die soziale Welt, sondern schon auf den einzelnen Menschen zu. Er kann sich seine eigene Sprachwelt nicht als ihrem Wesen nach verlogen vorstellen. Ebenso wenig kann man sich ein Zusammenleben denken, in dem das für wahr Behauptete stets unwahr ist. Dasselbe trifft auch auf die vorsprachliche Kommunikation zu. Mit einem bestimmten Kopfschütteln beispielsweise pflegen wir ein Nein zu signalisieren. Wenn nun dieses Nein-Signal gleichwohl und grundsätzlich ein Nicht-Nein meint, dann hebt sich auch diese vorverbale Kommunikation auf.

Aus diesen Gründen drängt sich die entgegengesetzte Charakterhaltung auf, diejenige, die sich das Lügen verbietet und stattdessen Ehrlichkeit und Wahrhaftigkeit praktiziert. Muss man aber das Lügeverbot und mit ihm die positiven Gegenhaltungen so grundsätzlich, muss man sie moralisch rechtfertigen? Darf man sich nicht lediglich auf das eigene langfristige Wohlergehen berufen, sich also mit einer pragmatischen Rechtfertigung zufriedengeben?

Die philosophische Ethik bestreitet die Möglichkeit einer pragmatischen Begründung nicht, hält sie aber für unzureichend. Zu diesem Zweck klärt sie zunächst einen hier entscheidenden Unterschied, den Immanuel Kant auf den Punkt bringt: In der *Grundlegung zur Metaphysik der Sitten* sagt er von einem Kaufmann, er pflege seine Kunden, selbst einen „unerfahrenen Käufer", wie ein Kind, ehrlich, zu behandeln.[135] Denn er wisse, nur auf diese Weise behalte er seine Kundschaft und gewinne neue hinzu. Seine Ehrlichkeit wurzele daher weder in einem Bewusstsein moralischer Verpflichtung noch in einer Neigung zu den Kunden. Als Motivation reicht der persönliche Vorteil aus. Gemäß der Redensart: „Lügen haben kurze Beine" und einer weiteren: „Ehrlich währt am längsten" ist die Ehrlichkeit schon aus Gründen der Klugheit geboten. Denn mit dem Lügen, besagt die erste Redensart, kommt man nicht weit, während man mit Ehrlichkeit, besagt die zweite Redensart, langfristig erfolgreich lebt.

Diese am eigenen Wohl ausgerichtete, pragmatische Rechtfertigung erkennt die einschlägigen moralischen Gebote und Verbote durchaus an. Sie gibt sich aber mit irgendwelchen, oft relativ zufälligen Motivationskräften zufrieden. In Begriffen der Moralphilosophie begnügt sie sich mit pflichtgemäßem Handeln. Damit verzichtet sie auf eine motivationale Steigerung: dass man genau deshalb gut und richtig handelt, weil es der moralischen Pflicht entspricht, man dann nicht nur pflichtgemäß, sondern aus Pflicht handelt.

Ob jemand tatsächlich die motivationale Steigerung praktiziert, lässt sich nie mit letzter Sicherheit sagen. Sogar für sich selbst kann niemand zweifelsfrei feststellen, lediglich aus innerer Motivation nicht gelogen oder betrogen zu haben. Man kann es aber bei einem gewissen sichtbaren Handeln, also auch äußerlich mit guten Gründen vermuten, dort nämlich, wo jemand selbst dann ehrlich bleibt, wenn keine Gefahr droht, das Fehlverhalten könne entdeckt werden.

---

135 Vgl. Kant, Immanuel: *Grundlegung zur Metaphysik der Sitten* (= *GMS*), in: *Kants Werke*, Akademie Textausgabe, hrsg. von der Preußischen Akademie der Wissenschaften, Bd. 4, Berlin 1968, IV 397.

In einem außergewöhnlichen, geradezu heroischen Maß handelt ehrlich, wer dafür einen erheblichen Nachteil in Kauf nimmt, beispielsweise mit der Wahrheit sich selbst belastet. Weil das Strafrecht von niemandem diese gesteigerte Ehrlichkeit erwartet, kennt es das Zeugnisverweigerungsrecht: Wo man Gefahr läuft, sich selbst zu belasten oder auch einen Angehörigen einer Straftat oder Ordnungswidrigkeit verdächtig zu machen, darf man die Auskunft verweigern.

Noch in anderen Fällen kann man weder aus pragmatischen noch aus moralischen Gründen verpflichtet sein – vorausgesetzt man lügt nicht –, alle Wahrheit zu sagen. Am Krankenbett beispielsweise muss ein Arzt seinen Patienten weder mit einer grausamen Diagnose überfallen noch diese in allen Facetten ihrer etwaigen Grausamkeit ausbreiten. Hier und andernorts genügt jene Aufrichtigkeit, die alles, was man jemandem mitteilt, ehrlich beziehungsweise wahrhaftig sagt, aber trotzdem eine aus Gründen der Menschlichkeit gebotene Zurückhaltung pflegt.

In einem weiteren Sinn verstanden beschränkt sich die Ehrlichkeit nicht auf die Welt der Aussagen. Ehrlich nennen wir nämlich auch jemanden, der nichts unterschlägt oder veruntreut, der also zuverlässig ist und auf den man sich verlassen kann.

b) Innere Wahrhaftigkeit

Eine weitere, sogar existenziell bedeutsame Art von Ehrlichkeit und Wahrhaftigkeit findet heute kaum noch philosophische oder außerphilosophische Aufmerksamkeit. Diese in der Sache aber nicht veraltete Art, die innere Wahrhaftigkeit, betrifft die Beziehung des Menschen auf sich selbst und wird vermutlich deshalb heute, in Zeiten der Verkürzung der Ethik auf Sozialethik, vernachlässigt. Bei der inneren Wahrhaftigkeit geht es nämlich nicht mehr um die vertrauten Pflichten gegen andere, sondern um eine unvertraute Pflicht, die gegen sich.

Ihr Wesen lässt sich am besten vom Gegensatz her erläutern: Unehrlich beziehungsweise unwahrhaftig gegen sich ist, wer sich etwas vormacht oder solange an Verhältnissen oder Haltungen herumdeutelt, „vernünftelt", bis sie ihm zupass kommen. In diesem Sinn unehrlich ist auch, wer heuchelt, sich verstellt oder Dinge tut oder sagt, obwohl er sie für falsch hält. Nicht zuletzt lebt innerlich unwahrhaftig, wer sich auch dann äußeren Erwartungen oder Anforderungen unterwirft – die etwa von der Politik oder einer Religionsgemeinschaft kommen oder den in der Öffentlichkeit, der Kunst oder den Wissenschaften herrschenden Meinungen entsprechen –, wenn sie den eigenen Überzeugungen zuwiderlaufen. Diese Bereitschaft, lieber dem sogenannten Mainstream als den eigenen Ansichten und Überzeugungen zu folgen, lässt auf geistigen Opportunismus und mangelnde Courage schließen.

Zum Gegenphänomen, also der inneren Wahrhaftigkeit, sei wieder einmal ein Blick in die Geschichte erlaubt: Am Wochenende des 11. und 12. Oktobers 1913 kamen auf dem Hohen Meißner etwa Zwei- bis Dreitausend Jugendliche zu einem „Fest der Jugend" zusammen.[136] Es war der Höhepunkt jener um 1900 in Deutschland entstandenen, von einem neuen Kulturwillen getragenen, gegen Familie und Schule gerichteten Erneuerungsbewegung, deren unterschiedliche Gruppen übrigens im Jahr 1933 aufgelöst wurden. Auch wer gegen diese Bewegung skeptisch ist, muss jenem programmatischen Ziel nicht widersprechen, das in der sogenannten Meißnerformel auf den Punkt gebracht wird und keinesfalls nur für die dort angesprochene Jugend sinnvoll ist: dass man sein „Leben nach eigener Bestimmung, vor eigener Verantwortung, in innerer Wahrhaftigkeit gestalten" will.

Wahrhaftig und gegen sich ehrlich ist jedenfalls, wer in seinem Denken und Handeln sich treu bleibt, wo nötig vor dem Widerstand gegen geistigen Opportunismus nicht zurückschreckt, jedenfalls eine geistige Selbstbehauptung praktiziert, die Nachteile in Kauf nimmt und die dafür erforderliche Courage aufbringt. Denn als Widerstand gegen einen geistigen Opportunismus zeichnet sich der innerlich Wahrhaftige durch den für die Aufklärung unverzichtbaren Mut aus, sich des eigenen Verstandes zu bedienen und ihm gemäß sein Leben zu führen.

11.4 Hilfsbereitschaft, Wohltätigkeit und Solidarität

Die drei im Titel dieses Abschnitts genannten Tugenden sind deshalb miteinander verwandt, weil sie dieselbe anthropologische Grundlage haben: Jeder Mensch kann in Not geraten. Er mag noch so vital, wohlhabend oder auch selbstgenügsam sein – kein Mensch ist dagegen gefeit, etwa durch Krankheit, Unfall oder eine Naturkatastrophe oder in anderer Weise durch Intrige, Treulosigkeit und Verrat in eine Not zu geraten, aus der er sich nicht selbst befreien kann, folglich Hilfe zu benötigen.

Das einschlägige Wortfeld umfasst positive Eigenschaften wie besorgt, fürsorglich, selbstlos und uneigennützig. Auch wenn die veritable Hilfsbereitschaft weit größere Aufgaben betrifft, kann sie mit Alltagsphänomenen beginnen: dass man jemandem die Tür aufhält, bei schwierigen Wegverhältnissen den Arm reicht oder älteren Menschen einen Sitzplatz anbietet.

Die Frage, wie wahrscheinlich eine Notsituation eintritt, die weitere Frage, welche Art und welches Maß an Hilfe sachgerecht sind, auch die Frage, wer dann

---

136 Ausführlich zu diesem Ereignis und seinem historischen Hintergrund: Mogge, Winfried/Jürgen Reulecke: *Hoher Meißner 1913 – Der Erste Freideutsch Jugendtag in Dokumenten, Deutungen und Bildern*, Köln 1988.

am ehesten helfen soll, schließlich die Frage, ob die Hilfe erbeten wird oder ob man aus Stolz seine Notlage verbirgt – all diese Fragen sind zwar für die konkrete Notsituation und die ihr angemessene Reaktion wichtig, aber nicht für die Grundfrage, warum man Notleidenden überhaupt helfen soll: Warum ist die dafür zuständige Hilfsbereitschaft vom Standpunkt der Moral geboten? Mit der Anschlussfrage: Worin besteht ihr vorbildlicher Charakter?

Für die erste Antwort, die Rechtfertigung der Hilfsbereitschaft als Tugend, sind drei Dinge entscheidend. Zum Ersten ist es die prinzipielle Notgefahr: Als Natur- und Bedürfniswesen kann der Mensch grundsätzlich in eine wirtschaftliche, gesundheitliche, emotionale oder andere Not geraten, überdies als Sozialwesen zum Opfer von Intrigen, Treulosigkeit und Verrat werden. Als Zweites hat er ein Interesse, dass ihm in entsprechender Situation geholfen wird. Schließlich vermag der Mensch als Vernunftwesen beides, er kann zum einen fremde Not erkennen und zum anderen versuchen, ihr Abhilfe zu leisten.

Aus diesen Gründen hat die entsprechende Einstellung, die Hilfsbereitschaft, den Rang einer vorbildlichen Haltung, eben einer Tugend. Wer sie besitzt, überlässt das Helfen nicht kirchlichen, gesellschaftlichen und staatlichen Institutionen, sondern engagiert sich selbst. Erneut gibt es eine motivationale Steigerung: Die wahre Hilfsbereitschaft leistet Hilfe, ohne dafür eine Gegenleistung zu erwarten.

Die Haltung in diesem Themenfeld, die *Wohltätigkeit*, in religiösen Texten Barmherzigkeit oder Nächstenliebe genannt, begnügt sich im Unterschied zum bloßen Wohl*wollen* nicht mit dem Wunsch, anderen möge es doch gut ergehen. Treffende Überlegungen dazu finden sich bei Kant, weshalb sie hier erinnert seien: Der Philosoph zählt die Wohltätigkeit zu den Liebespflichten und platziert sie ihrem Gewicht nach vor den beiden anderen Liebespflichten, der Dankbarkeit für eine erwiesene Wohltat und der teilnehmenden Empfindung (Sympathie). Letztere verkürzt er nicht, wie es häufig geschieht, auf die fraglos berechtigte Sensibilität für die Verletzbarkeit der Mitmenschen und das Mitleiden mit ihrer Not, ihrem Schmerz und ihrer Mühsal. Er spricht ebenfalls, sogar an erster Stelle, von der Mitfreude, mit der man am Wohlgefühl anderer teilnimmt.

Nach dem zitierten Francis Bacon hat die Naturforschung dem Wohlergehen der Menschheit zu dienen, und in dieser Hinsicht, nämlich mit Blick auf die Wohltätigkeit oder Nächstenliebe, gebe es keinerlei Grenzen: „but of charity, there is no excess."[137] Hinsichtlich eines etwas anderen Anwendungsbereichs, der Haltung natürlicher Personen, widerspricht dem Kant: Ihm zufolge ist die Wohltätigkeit „ein tätiges, praktisches Wohlwollen, sich das Wohl und Heil des Anderen zum

---

137 Siehe auch Kapitel 9.4.

Zwecke zu machen".[138] Diese Tugend, für Kant eine Pflicht gegen andere, bestimmt sich hinsichtlich des Umfangs nach „unserem Vermögen",[139] kann daher nicht unbegrenzt sein. Wer beispielsweise so viel von seinem Vermögen verschenkt, dass er am Ende arm ist und fremder Hilfe bedarf, ist nicht wohltätig, sondern töricht. Ein weiterer Gesichtspunkt: Der Gehalt der Wohltätigkeit darf sich nicht nach den Vorstellungen des Wohltäters, er muss sich nach den Vorstellungen des Adressaten richten.

Eine Variante der Wohltätigkeit ist die Großzügigkeit. Sie wird übrigens in vielen Kulturen, beispielsweise bei den Mittelmeeranrainern, in einem derart hohen Maß gepflegt, das Personen, auch Institutionen wohlhabenderer Staaten beschämen muss. Eine zweite hier einschlägige Beobachtung: In der Regel schränkt man die Großzügigkeit auf materielle Dinge ein. Man praktiziert sie aber auch, wenn man jemandem einen Fehler vergibt oder ihm darin oder in anderen Dingen verzeiht.

Die dritte Haltung, Notlagen zu begegnen, die Solidarität, spielt in sozialpolitischen Debatten die weitaus größere Rolle. Heute wird vor allem im Deutschen von Solidarität viel, beinahe im Überfluss gesprochen. Dabei ist nicht immer dasselbe gemeint. Teils geht es um ein vages Gemeinschaftsgefühl, teils um die Aufforderung, zusammenzuhalten oder für einander einzustehen, teils um den Anspruch auf fremde Hilfe.

Ursprünglich hatte der Ausdruck jedoch eine enge, deutlich juristische Bedeutung. Im römischen Recht bezeichnete er jene kollektive Haftung meist einer Familie, laut der nach der Devise „Einer für alle und alle für einen" jedes Mitglied für die Schulden der Gemeinschaft und die Gemeinschaft für die Schulden jedes einzelnen aufzukommen hatte.

Ab Mitte des 19. Jahrhunderts wird die Solidarität zu einem Leitbegriff der deutschen Arbeiterbewegung. Dem liberalistischen Prinzip: „Freie Konkurrenz! Jeder für sich!" wird das Prinzip der „Verbrüderung" entgegengesetzt: „Solidarität aller für alle". Im Hintergrund dürfte das dritte Prinzip der Französischen Revolution stehen, die *fraternité*, die Brüderlichkeit. Insofern kann man die Solidarität auch als eine geschlechtneutrale Bezeichnung für Brüderlichkeit, als eine Geschwisterlichkeit, auffassen. Was darunter näher zu verstehen ist, erläutert beispielsweise Ferdinand Lassalle, einer der Gründer der sozialdemokratischen Bewegung in Deutschland. Wegen der Ungleichheit der Menschen hinsichtlich Besitz, Begabung und Bildung soll man, verlangt er, für die „Solidarität der Interessen, die Gemeinsamkeit und Gegenseitigkeit in der Entwicklung" eintreten.

---

138 *TL*, VI 452.
139 *TL*, VI 402.

Wendet man das Prinzip der Solidarität über den Bereich der Arbeiterbewegung hinaus an, so bedeutet es (1) die Pflicht des Füreinander-Einstehens, eine gegenseitige Haftung, die (2) in Gruppen besteht, die „im selben Boot sitzen", weil sie teils unfreiwillig wie etwa Geschwister, teils freiwillig wie die Mitglieder einer Expedition oder durch ein zufälliges Schicksal, etwa bei einem Schiffs- oder Seilbahnunglück, (3) in Gefahren und Notlagen eng miteinander verbunden sind und dann (4) emotionale Bindungen zueinander zu entwickeln pflegen.

In jeder Notlage freilich ist nicht Solidarität geboten. Sind gewisse Personen oder Gruppen für die Not verantwortlich, so haben diese nicht aus Solidaritäts-, sondern aus Gerechtigkeitsgründen zu helfen. Ist hingegen die Not selbst verschuldet, so ist durchaus Hilfe geboten, dies aber nicht aus Gründen der Solidarität, sondern der Menschenliebe, der Philanthropie, der Wohltätigkeit oder Nächstenliebe.

Nach Art des gemeinsamen Schicksals gibt es drei Gestalten der Solidarität, denen drei unterschiedliche Solidargemeinschaften entsprechen: Die kooperative Solidarität sucht individuelle Risiken wie Krankheit, Unfall und Arbeitslosigkeit zu bewältigen, bei denen zwar die Art des Risikos vorhersehbar ist, aber nicht, wen es trifft und wie stark. Das Muster dieser Art besteht in den Sozialversicherungen.

Die zweite – antagonistische – Solidarität verfolgt wesentlich kollektive Interessen gegen ebenso kollektive Konkurrenten. Der dafür zuständige „Kampfverband" dient der Selbstbehauptung gegen Feinde. Die dritte – kontingente – Solidarität sucht in ad hoc gebildeten und nach dem Unglück sich wieder auflösenden Gruppen unvorhergesehene kollektive Schicksalsschläge wie Naturkatastrophen kollektiv zu bewältigen.

Über diese drei vertrauten Arten hinaus kann man eine vierte Art, eine besondere Art von Gattungssolidarität, vertreten. Die Menschheit pflegt sie, wenn sie im Bewusstsein lebt, dass sie die Erde in zwei Hinsichten miteinander teilt, wir insofern „im selben Boot sitzen" In Bezug auf die Naturschätze, die unser Planet bereitstellt, die sprichwörtlichen Früchten des Himmels, der Erde und der Meere, praktiziert die Gattungssolidarität, wer dafür sorgt, dass die Naturschätze allen Menschen zugutekommen. Die Natur beschert den Menschen aber auch zahllose Risiken. In dieser Hinsicht findet Gattungssolidarität dort statt, wo man beispielsweise bei Naturkatastrophen weltweit Hilfe leistet, also eine dritte Dimension der Globalisierung anerkennt, die globale Gemeinschaft von Not und Leid.

Als Hilfe auf Gegenseitigkeit besteht die Solidarität ihrem Begriffskern nach nicht in einem asymmetrischen Muster, dem zufolge die älteren Geschwister stets den Jüngeren helfen sollen. Im Gegenteil gehört der Gedanke der Gegenseitigkeit unverzichtbar dazu. Die Hilfe mag zwar unterschiedlich ausfallen, muss auch nicht zur selben Zeit, sie kann gern phasenverschoben geleistet werden. Ebenfalls kann die Not die einen mehr, die anderen weniger treffen. Nach ihrem Wesen bleibt die

Solidarität aber eine Wechselseitigkeit unter Gleichen. Aus diesem Grund beläuft sich die Solidarität nicht auf den vagen, in mancher sozialpolitischen Debatte aber beliebten Grundsatz, den man überdies dehnen und überdehnen kann, nämlich auf ein Prinzip, das immer denselben Mitgliedern eines Kollektivs, etwa eines nationalen Gemeinwesens oder der Europäischen Union, erlaubt, sich auf Kosten der anderen zu verschulden.

11.5 Selbstachtung und Sinn für Ehre

Über Jahrhunderte war selbst in unserem Kulturraum die Ehre ein sozialtheoretisch wichtiger Begriff.[140] Auch in der praktischen, nicht nur in der politischen Philosophie spielte er eine erhebliche Rolle. (Für sie werden einige Beispiele noch angeführt.) In den neueren philosophischen Debatten hingegen, etwa bei so viel erörterten Denkern wie dem Gerechtigkeitstheoretiker John Rawls und bei Vertretern der kritischen Theorie, sucht man den Ausdruck der Ehre vergeblich. Ebenso wenig taucht er in öffentlichen Debatten prominent auf.

Den Ausdruck verwenden wir zwar noch in Redensarten wie: „Ich gebe mein Ehrenwort", „Ehre, wem Ehre gebührt" oder „Spielschulden sind Ehrenschulden", womit Schulden gemeint sind, deren Begleichen die Ehre gebietet, auch wenn sie rechtlich nicht einklagbar sind. Zudem sprechen wir vom Ehrenamt und meinen die ohne Vergütung ausgeübte Tätigkeit für das Gemeinwohl. Ferner verbietet das Strafrecht ehrverletzende Äußerungen, im Paragraphen 185 StGB die „üble Nachrede". Außerdem gehört zum Phänomenbereich der Wunsch, sein Gesicht nicht zu verlieren. Nicht zuletzt deutet sich der Gedanke dort an, wo jemand von einem gewissen Verhalten, zum Beispiel sich nicht beleidigen zu lassen, sagt: „das bin ich mir schuldig" oder in anderem Zusammenhang: „dafür bin ich zu stolz". Ganz so unbedeutend wie die mangelnden wissenschaftlichen und öffentlichen Debatten dazu vermuten lassen, ist das Themenfeld der Ehre also nicht.

Trotzdem verwenden wir den Ausdruck der Ehre recht zurückhaltend. Zwei Gründe dürften dafür verantwortlich sein: Zum einen klingt noch nach, dass die Ehre, damals als Standesbewusstsein, auch als Standesdünkel, in jenen aristokratischen Zeiten wichtig war, welche demokratische Gesellschaften überwunden haben wollen. Zum anderen ist in manchen Kulturen zu rasch von gekränkter oder verletzter Ehre die Rede, worauf allzu oft so unverhältnismäßige Reaktionen wie sogenannte Ehrenmorde folgen.

---

140 Einige Überlegungen gehen auf meinen Zeitungsessay „Ehre, wem Ehre gebührt" zurück, erschienen in: „Gegenwart" der *Frankfurter Allgemeinen Zeitung*, 3. Februar 2000, S. 12.

Beide Argumente kann man aber und sollte man auch beiseiteschieben. Dann ergibt sich nämlich nicht nur ein unbedenkliches Verständnis, sondern auch eine für die Sozialtheorie und die praktische Philosophie kaum verzichtbare positive Bedeutung: die Ehre als die beim Zusammenleben in Wort und Tat praktizierte soziale Anerkennung. Diese Ehre besteht im Ansehen und der Achtung seitens der Mitmenschen, in der Reputation, die man genießt.

Offensichtlich ist die so verstandene Ehre ein hohes, vielleicht sogar das höchste äußere soziale Gut einer Person, in der Regel kein Mittel für andere Ziele oder Zwecke, sondern um ihrer selbst willen erstrebenswert. Jeder Mensch sucht Anerkennung und benötigt sie auch. Aus diesem Grund ist das mit dem Gedanken der Ehre verbundene Wortfeld keineswegs unbedeutend. Zu ihm gehören Ausdrücke wie Reputation, Prestige auch moralische Integrität, ohnehin Selbstachtung und die Achtung seitens anderer, mit gewissen Vorbehalten auch der manchmal uferlos verwendete Ausdruck der (Menschen-)Würde.

Ob man die Ehre als äußeren oder als inneren Wert versteht – je nach der Gesellschaft und Kultur kommt es auf unterschiedliche Dinge an. In kriegerischen Kulturen verletzt seine Ehre, wem es an Tapferkeit mangelt, in Wirtschafts- und Finanzkreisen, wer gegen deren Ehrenkodex verstößt und dann, so beispielsweise in der Londoner City, eine weit schlimmere Sanktion als bloß ein saftiges Bußgeld zu gewärtigen hat, nämlich die soziale Ächtung in Form eines Ausschlusses aus den relevanten Clubs.

In aristokratischen Zeiten legten die entsprechenden Personenkreise auf eine standesgebundene Ehre wert. Mit ihr setzten sie sich gegen andere Stände und vor allem gegen niedere Kreise, gegen Bürgerliche, ab, denen jeder Adelstitel fehlte, noch mehr gegen Dienstboten und Tagelöhner. Selbst dort, wo sie ihren Status als „Personen von Stand" nicht betonen, liegt eine Art von strukturellem Standesdünkel vor. Von manchen Adligen wird er bis heute zelebriert, auch wenn er in demokratischen Gesellschaften jede Legitimität verloren hat.

Da und dort lebt eine Variante in Berufsgruppen fort, die sich für außergewöhnlich wichtig, folglich für besser als andere Berufsgruppen halten. In einer demokratischen Gesellschaft mögen gewisse Berufe zwar ein höheres Ansehen haben, auch wenn diese Einschätzung kaum überzeugen kann. Als Gegenbeispiel, als Personen geringer Wertschätzung, müssen sich in Umfragen häufig andere Berufsgruppen erfahren, etwa Politiker und Unternehmer, obwohl doch die einen für die Demokratie, die anderen für Arbeitsplätze und Steuereinnahmen unverzichtbar sind. Ohnehin sollte eine wahrhaft demokratische Gesellschaft mit ihrem facettenreichen Netz von Berufen allen Beschäftigten, die kompetent und engagiert tätig sind, gleichermaßen Wertschätzung entgegenbringen.

Macht man sich von allem Standes- und Berufsdünkel frei, so gewinnt man das nicht bloß demokratische, sondern auch allgemeinmenschlich angemessene Verständnis. Nach ihm besteht die Ehre, im Griechischen *timé*, auf Latein *honor*, in der wesentlich gegenseitigen und auch so gebotenen Wertschätzung: im Recht auf Achtung vonseiten der Mitmenschen und in der Pflicht, ihnen Achtung entgegenzubringen. Diese wechselseitige Fremd- und Selbstverpflichtung ist von der Ehrsucht oder Ehrliebe, die besser als die anderen dastehen will, grundverschieden. Letztere ist unmoralisch, ein Laster, Erstere entweder selbst eine Tugend oder etwas, das die Tugend begleitet. Die wahre Ehre ist nämlich, etwas pathetisch gesprochen, wie ein Siegespreis der Tugend, die allein der moralisch Handelnde verdient.

Die elementare Form besteht in der rechtlichen Ehrbarkeit. Diese verlangt keine außergewöhnlichen Leistungen, begnügt sich vielmehr damit, in rechtlicher Hinsicht sich nichts zuschulden kommen zu lassen, also sowohl das vom geltenden Recht Gebotene als auch das von ihm Verbotene anzuerkennen.

Kant erweitert diesen Gedanken um eine neue Dimension, mit der die gewöhnliche rechtliche Ehrbarkeit philosophische Tiefe erhält. In seiner *Rechtslehre* macht er nämlich auf eine grundlegendere Stufe aufmerksam. Der gewöhnliche Gedanke der rechtlichen Ehrbarkeit, sieht Kant dort, hat eine unausgesprochene Voraussetzung: dass es überhaupt Rechtsverhältnisse gibt. In einem ursprünglichen Sinn, erklärt er, ist rechtlich ehrbar, wer sich darauf einlässt, eine als natürlich erscheinende Freiheit aufgibt und nicht mehr tut und lässt, was er momentan will. Andernfalls stieße nämlich seine Willkürfreiheit auf die entsprechende Willkürfreiheit der anderen, so dass er sich keiner Freiheit sicher sein könnte. Weder Leib und Leben noch Hab und Gut wären vor etwaigen Übergriffen der Mitmenschen geschützt. Diese für alle Beteiligten höchst missliche Lage überwindet man nur, wenn man seine Freiheit so weit einschränkt, wie es für ein Zusammenleben nach einem allgemeinen Gesetz nötig ist.[141]

Kant konkretisiert diese rechtliche Ehrbarkeit in drei Geboten: Als Erstes hat man „im Verhältnis zu Anderen seinen Wert als den eines Menschen zu behaupten". Diese Pflicht verlangt etwas, das eine Formulierung von Kants berühmtem kategorischen Imperativ übernimmt: „Mache dich anderen nicht zum bloßen Mittel, sondern sei für sie zugleich Zweck." Danach darf man sich nie von seinen Mitmenschen zu einer bloßen Sache herabwürdigen lassen, mit der sie nach bloßem Belieben schalten und walten dürften. Beispiele dafür nennt Kant nicht, aber offensichtlich fällt darunter, was er andernorts verbietet, Sklaverei und Leibeigenschaft. Als Zweites gebietet die rechtliche Ehrbarkeit, niemandem Unrecht zu

---

141 Kant, Immanuel: *Metaphysische Anfangsgründe der Rechtslehre* (= *RL*), 1. Teil der *Metaphysik der Sitten:* VI 203–372, in: *Kants Werke*, Akademie Textausgabe, hrsg. von der Preußischen Akademie der Wissenschaften, Bd. 6, Berlin 1968, Einleitung, § B, VI 230.

tun, und als Drittes, mit anderen in eine vom Recht bestimmte Gesellschaft einzutreten.[142]

Zum Themenfeld der Ehre gehört ein weiteres schon erwähntes Phänomen, die ehrenamtliche Arbeit, die in unseren angeblich egoistischen Gesellschaften weit verbreitet ist. Ob es die Freiwillige Feuerwehr, Sportvereine, Chöre und Orchester sind, ob Verbände, Bildungs- und Wissenschaftseinrichtungen, politische Bewegungen oder gewisse politische Ämter – ihnen, einem demokratischen Gemeinsinn und Staatsbürgersinn, verdanken die Bürgergesellschaft und die partizipatorische Demokratie ihre Funktionstüchtigkeit und dass sie darüber hinaus sogar blühen.

Wer sich um das Wohlergehen seiner Mitmenschen oder des Gemeinwesens außergewöhnlich verdient macht, gilt als „der Ehren wert". Personen, die Herausragendes leisten, erhalten dafür zu Recht den seltenen Rang eines Ehrendoktors, Ehrenmitglieds, Ehrenvorsitzenden oder Ehrenbürgers, nicht zuletzt politische Ehren wie eine Verdienstmedaille oder einen Verdienstorden.

Dabei zeichnet sich eine weitere Unterscheidung ab. Die Ehre im Singular besteht in einem strengen Entweder-Oder: Entweder besitzt man Ehre, oder man ist ehrlos. Über die Ehre im Komparativ hingegen verfügt man mehr oder weniger. Keineswegs hat jeder dasselbe Ansehen, woraus sich die Ehre im Plural ergibt. Besonders angesehenen Personen verleiht man, überhäuft sie vielleicht sogar mit Ehren.

Aus der Wechselseitigkeit folgt eine grundsätzliche Frage: Wer verdient den Vorrang, die eigene Tüchtigkeit und Leistung oder die Wertschätzung, die man von den Mitmenschen erhält? Im ersten Fall ist man für seine Ehre allein verantwortlich, im zweiten Fall hängt man von anderen ab. Schon die antike Ethik, etwa Aristoteles in der *Nikomachischen Ethik*, vertritt die erste Position.[143] Zum einen zählt die Wertschätzung nicht von beliebigen Personen, sondern bloß von kompetenten Beurteilern, von denen nämlich, die einsichtig und verständig sind. Zum anderen will man selbst von ihnen nicht wegen ihrer subjektiven Einschätzung geachtet werden, sondern gemäß einem im Prinzip objektiven Kriterium: wegen der eigenen Leistungen.

In dieser Bedeutung kommt dem Ehrbegriff ein erhebliches Maß an Gesellschaftskritik und Moralkritik zu. Nennen wir ihn den aufgeklärten Ehrbegriff: Wichtiger als die Fremdachtung ist der Eigenwert, die Selbstachtung – vorausgesetzt, sie entspringt jener Vortrefflichkeit des Charakters, die den Namen der Tugend verdient. Ehre gebührt also dem, der sich nicht nur durch eine selbstverständliche Tugend, den Rechtssinn und die Rechtschaffenheit, auszeichnet, sondern

---

142 *RL*, Allg. Einteilung der Rechtspflichten, VI 236 f.
143 Siehe *NE*, Buch I, Kap. 3, 1095 b 23 – 30.

auch durch ein beträchtliches Mehr, beispielsweise durch Freigebigkeit, Großzügigkeit und Wohltätigkeit.

11.6 Demut

Die Vorstellung, die Demut verdiene die Wertschätzung einer Tugend, ist der antiken Ethik trotz ihres außergewöhnlichen Themenreichtums und ihres hohen Grades an Wirklichkeitssättigung fremd. Auch nach heutigem Verständnis sowie in der ursprünglichen Bedeutung gilt die Demut zwar als Gegenphänomen zu einem Laster, dem Hochmut. Trotzdem kann man ihr schwerlich den Rang einer Tugend zubilligen.

Nicht ausschließlich, aber vorrangig besteht die Demut nämlich in einem Sich-kleiner-Machen als man in Wahrheit ist, also in einer Selbsterniedrigung, die dem Gedanken der moralisch gebotenen Selbstachtung widerspricht, folglich nicht über jene Vorbildlichkeit verfügt, die für eine Tugend unerlässlich ist.

Nach seiner sprachgeschichtlichen Herkunft entspricht der deutsche Ausdruck der Demut der lateinischen *humilitas*, die eine Niedrigkeit nach Rang, Stand, Ansehen oder Geburt, auch Kleinlichkeit und Unterwürfigkeit sowie Niedergeschlagenheit und Verzagtheit, allenfalls noch Dienstwilligkeit beschreibt. In diesem Sinn ist Demut nach dem *Deutschen Wörterbuch*[144] „zusammengesetzt mit deo servus" und bezeichnet, was erneut nicht den Rang einer Tugend verdient: „die Gesinnung eines Knechtes, Unterwürfigkeit", später und etwas weniger herabsetzend „eine dem Hochmut und der Selbstüberhebung entgegengesetzte Anspruchslosigkeit und Bescheidenheit", die erneut nicht den Rang einer Tugend verdient.

Gleichwohl ist die Demut einmal zu einer Tugend erhoben worden. Das beschränkt sich aber vermutlich auf die Bibel. Schon im Alten Testament gelten die Niedrigen und Armen als die eigentlich Frommen und Demütigen. Die wirkungsgeschichtlich bedeutendste Stelle findet sich jedoch erst im Neuen Testament, dort im Gleichnis vom Pharisäer und Zöllner, das im Lukasevangelium überliefert ist und oben, in Kapitel 6.3, bezüglich des Gegensatzes zur Demut, des Hochmuts, zitiert worden ist. Vor allem wegen dieses Gleichnisses erheben frühe Kirchenväter die Demut, verstanden als eine Bescheidenheit vor Gott, zu einer christlichen Haupttugend. Daran hält noch Martin Luther fest, der auf die Abwehr aller Vermessenheit Wert legt.

Man kann die Aufforderung zur Bescheidenheit freilich auch religionsunabhängig zu begründen suchen. Man kann nämlich *humilitas* und in ihrem Gefolge die

---

144 Grimm, Jacob/Wilhelm Grimm: *Deutsches Wörterbuch*, Bd. 2, Leipzig 1860, Sp. 920.

Demut in Zusammenhang mit dem zugrundeliegenden Wort des *humus*, des Erd-
bodens und des Erdreichs, sehen und sie dann positiv einschätzen: die Demut als
eine Erdhaftigkeit und Erdverbundenheit, die einer Selbstüberschätzung des
Menschen widerspricht. Ohne ihm seine Besonderheit abzustreiten, sein Privileg
innerhalb der Naturordnung, wird seiner Vernunftnatur ein zur Bescheidenheit
auffordernder Kontrapunkt entgegengesetzt. Betont man bei der Demut den in
diesem Ausdruck enthaltenen „Mut", so benötigt man, um der Aufforderung zur
Bescheidenheit nachzukommen, eine gewisse Courage: Demut als Zeichen von
Tapferkeit. Rundum überzeugen kann diese säkulare Wertschätzung der Demut
aber nicht.

Eher überzeugt Kants Vorschlag, dem Begriff der Demut ein philosophisches
Gewicht zu verleihen und ihn dabei doch zu einer Tugend zu adeln. Für den üblichen Kant-Leser überraschend, selbst von vielen Fachleuten nicht beachtet, macht
Kant in der *Kritik der Urteilskraft*[145], ihrer „Analytik des Erhabenen", auf zwei Bedeutungen des Ausdrucks aufmerksam. Er setzt nämlich zwei Arten einer falschen
gegen die eine wahre, weil moralische Demut ab. Auf diese Weise entdeckt er im
Begriff der Demut das Potenzial zu einem von aller Religion unabhängigen, säkularen und bis heute überzeugenden Charakter. In seiner *Tugendlehre*[146] führt er ihn
genauer aus:

Bei den Pflichten des Menschen gegen sich bloß als ein moralisches Wesen
verbietet die Demut, erklärt der einschlägige Paragraph 11 der *Tugendlehre*, jede
„Kriecherei". Zunächst heißt es dort: „Allein der Mensch, als *Person* betrachtet, d. i.
als Subjekt einer moralisch-praktischen Vernunft, ist über allen Preis erhaben."
Infolgedessen ist er „als Zweck an sich selbst zu schätzen, d. i. er besitzt eine *Würde*".
Diese Selbstschätzung, ein anderer Ausdruck für die gebotene Selbstachtung, verbietet nun, sich „kriechend" oder „*knechtisch*" zu verhalten. Nicht im Vergleich mit
anderen Menschen, sondern lediglich mit dem moralischen Gesetz darf man seinen
moralischen Wert als gering erachten.

Von dieser moralischen Demut unterscheidet Kant zwei Arten einer falschen
Demut, zum einen die skizzierte Kriecherei. Die mit ihr verwandte andere Art
behandelt er in der *Anthropologie in pragmatischer Hinsicht*. Dort, im 3. Buch „Vom
Begehrungsvermögen", erwähnt er im Rahmen der Leidenschaft der „Ehrsucht"
eine gegenüber Geistlichen geheuchelte „fromme Demut".[147]

---

145 Kant, Immanuel: *Kritik der Urteilskraft* (= *KU*), in: *Kants Werke*, Akademie Textausgabe, hrsg.
von der Preußischen Akademie der Wissenschaften, Bd. 5, Berlin 1968, V 165–485.
146 *TL*, §§ 11–12.
147 *Anthr.*, VII 272 Anm.

Nach der *Kritik der Urteilskraft*, der „Allg. Anm." zu ästhetischen Urteilen, zeigt sich die falsche Demut „in der Selbstverachtung, in der winselnd erheuchelten Reue und einer bloß leidenden Gemütsverfassung, von denen man glaubt, allein auf diese Weise dem höchsten Wesen gefällig werden"[148] zu können. Kant lehnt hier nicht jede Reue ab, denn warum sollte man ein begangenes Unrecht nicht bedauern, sogar bereuen dürfen. Er verwirft nur die erheuchelte, überdies noch winselnd vorgetäuschte Reue.

Verlassen wir Kant und erwähnen noch eine weitere, weder falsche noch moralische Art der Demut. Sie besteht in der neidlosen Anerkennung überragender Leistungen anderer. In ihr zeigt sich eine Bescheidenheit, die der vernünftigen Selbstachtung keinen Abbruch tut. Man sieht sie beispielsweise bei heutigen Schriftstellern oder Komponisten, auch bildenden Künstlern und Wissenschaftlern, die die großen Klassiker ihres Metiers bewundern, ohne sich dabei in Bezug auf die eigene Arbeit entmutigen zu lassen. Im Gegenteil kann man durch die Hochachtung für die Großen der Vergangenheit zu mehr eigener Anstrengung stimuliert werden.

11.7 Bürgertugenden

Zwei Hauptrollen übernimmt jeder Bürger in seinem Gemeinwesen: die Rolle als Wirtschaftsbürger und als Staatsbürger. Für beide Rollen sind gewisse Tugenden charakteristisch, aber nicht notwendigerweise spezifisch. So reichen die Eigenschaften eines guten Wirtschaftsbürgers in den Bereich des Staatsbürgers hinein, und ein guter Staatsbürger ist sich nicht zu fein, auch ein guter Wirtschaftsbürger zu sein. Weitere Aufgaben kommen noch hinzu. Denn so wichtig, sogar unabdingbar die zwei Hauptrollen sind – ein vorbildlicher Bürger ist noch mehr als lediglich ein Wirtschaftsbürger und ein Staatsbürger. Er ist auch ein Bürger der Bürgergesellschaft und pflegt als Quasi-Tugend die Freundschaft.

Zunächst eine Vorbemerkung: Die Menschen sind nicht nur Sozialwesen, sondern auch Einzelwesen, Individuen. Den offensichtlichen Beleg bietet die eigene Haut. Sie zieht eine klare, ebenso notwendige wie unvermeidliche Grenze. Wer sie unerlaubt überschreitet und sei es nur, dass er jemanden, der keine Zustimmung signalisiert, umarmt, ist übergriffig, worin eine erste Stufe von Gewalt liegt. So bietet man jemandem die Hand, die der andere, ob das freundlich ist oder nicht, nicht annehmen muss. In diesem Sinn verbietet eine bekannte Redensart, jemandem zu eng auf die Pelle zu rücken. Ursprünglich bezeichnete eine Pelle die Wursthaut, später auch die Haut eines Menschen. Die Redensart gebietet also,

---

148 *KU*, V 273.

Abstand zu halten, statt den anderen zu bedrängen, was übrigens auch mit Mimik und Gestik ebenso wie mit Worten geschehen kann.

a) Wirtschaftsbürger (Bourgeois)

Bei den Tugenden eines Wirtschaftsbürgers denkt man vor allem an die sogenannten Sekundärtugenden wie Ordnungsliebe, Sparsamkeit und Fleiß, auch Pünktlichkeit, obwohl bereits sie, als „Höflichkeit der Könige" tituliert, offensichtlich über den Tugendbereich von Wirtschaftsbürgern hinausweist. Zudem darf man die genannten Einstellungen nicht so eng verstehen, dass sie leicht zu verspotten wären. Es geht um Wichtigeres, als sein Zimmer aufzuräumen, den sprichwörtlichen Pfennig zu ehren und seine Hausaufgaben zu machen.

Ohne Zweifel benötigt man im Wirtschaftsleben, freilich nicht nur dort, die genannten Einstellungen. Handwerker und andere Berufsgruppen müssen, um effizient, das heißt etwa ohne überflüssigen Zeitverlust und unnötige Frustration, zu arbeiten, ihre Gerätschaften übersichtlich ordnen. Einer umsichtigen Ordnung bedarf offensichtlich auch der Arbeitsablauf, die Einteilung von Aufträgen, die man übernommen hat, nicht zuletzt das Verhältnis von beruflicher und außerberuflicher Tätigkeit. Eine zur Pedanterie erstarrte Ordnungsliebe hingegen hemmt ein unverzichtbares Minimum von Kreativität, die es auf allen Ebenen wirtschaftlicher Aktivität braucht: die Fähigkeit, sich auf neue Herausforderungen einzulassen.

Eine weitere Tugend für das Wirtschaftsleben, die Sparsamkeit, ist erneut eine Bedingung von Effizienz, hier geschuldet einer Eigenschaft von fast allem Menschlichem, der Knappheit. Sparsam ist, wer deshalb mit einem möglichst geringen Aufwand an Mitteln, einschließlich der verwendeten Zeit, einen möglichst großen Nutzen und Erfolg erreicht. Dazu gehört, mit seinen Kräften zu haushalten, um nicht vorzeitig zu ermüden, ebenso mit seinen finanziellen und anderen materiellen Mitteln, um nicht in diesen Hinsichten bankrott zu gehen.

Außerdem denke man daran, dass man mit seinen Mitteln und Kräften noch mehr als nur Wirtschaften will. Man behalte sich daher Reserven vor: für Dinge, die man sich anschaffen will, für einen Urlaub und für Hobbys. Gemäß der volkstümlichen Regel „Spare in der Zeit, dann hast Du etwas in der Not" lege man für Notfälle ein Polster zurück, überdies, auch wenn es die Rentenversicherung gibt, für das Alter.

Wie bei der Ordnungsliebe, so gibt es auch bei der Sparsamkeit eine ihr widersprechende Untugend, die hier in zwei einander entgegengesetzten Haltungen besteht. Die eine Fehleinstellung, der Geiz, setzt seine finanziellen Mittel nicht einmal für sich selbst, für einen heiteren Lebensgenuss, ein oder, wie man umgangssprachlich sagt: „Er gönnt sich nichts." Beim gegenteiligen Fall, der Verschwendungssucht, verwendet man sein Einkommen und Vermögen zweck- und nutzlos, lebt vielleicht über seine Verhältnisse und stürzt sich in krassen Fällen in Armut.

Auch eine dritte Tugend des Wirtschaftsbürgers ist alles andere als banal oder zu bemitleiden oder gar zu verachten. Die Bereitschaft, seine Kräfte regelmäßig einzusetzen, der Fleiß, ist nicht nur für das Wirtschaften, sondern für alle erfolgreiche Tätigkeit, auch für Wissenschaftler und Künstler, unabdingbar. Er ersetzt zwar keine Begabungen, diese verpuffen jedoch, wenn sie nicht eingesetzt werden. Zu Recht heißt es in Friedrich Schillers „Lied von der Glocke", dort auf handwerkliche Tätigkeit bezogen: „Arbeit ist des Bürgers Zierde, / Segen seiner Mühe Preis, / ehrt den König seine Würde, / ehret uns der Hände Fleiß."[149] Ähnlich hören wir in Johann Wolfgang Goethes Epos *Hermann und Dorothea* von der „blühenden Stadt, die erst durch fleißige Bürger neu aus der Asche gebaut"[150] wurde. Freilich muss man nicht unermüdlich tätig sein, gelegentliche Entspannungs- und Ruhephasen sind nicht weniger wichtig.

Die Pünktlichkeit schließlich, das genaue Einhalten eines vereinbarten Termins oder Zeitpunktes, erleichtert nicht nur Arbeitsabläufe und mit ihnen das Geschäftsleben, sondern darüber hinaus auch fast alle anderen Bereiche des Miteinanderlebens. Sie bleibt zwar eine Sekundärtugend, die Effizienz ermöglicht. Wo man sie pflegt, findet aber weit mehr statt. Man zeigt seine Achtung gegenüber den Mitmenschen, statt ihnen durch Wartenlassen zu signalisieren, sie seien einem nicht viel wert, zumindest seien sie nicht gleichwertig.

Die so weit skizzierten Haltungen sind für einen guten Wirtschaftsbürger notwendig, aber noch nicht annähernd zureichend bestimmt. Die den guten, sogar vortrefflichen Bourgeois auszeichnenden Tugenden umfassen weit mehr. Und das, was fehlt, ist bedeutend wichtiger. Denn die genannten Tugenden haben vornehmlich einen instrumentellen Wert, sie sind bloß Mittel, zu denen der Zweck aufzusuchen ist: Wofür braucht es die gesuchte Effizienz?

Ein Zweck des Wirtschaftsbürgers, und zwar nicht irgendeiner, sondern ein Haupt- und Leitzweck besteht in der wirtschaftlichen Eigenverantwortung: Der Wirtschaftsbürger soll selbst für seinen Lebensunterhalt aufkommen, statt sich von anderen alimentieren zu lassen. Die entsprechende Fähigkeit und Bereitschaft hat offensichtlich wünschenswerte politische Konsequenzen: Man belastet den mittlerweile finanziell sehr aufwendigen Sozialstaat nicht, oder allenfalls sehr wenig. Schon wer dabei nur einigermaßen erfolgreich ist, trägt überdies zum materiellen

---

149 Schiller, *Werke*, S. 818.
150 Goethe, Johann Wolfgang von: *Werke*, 1. Bd.: *Gedichte, Versepen*, hrsg. v. Walter Höllerer, Leipzig 1965, S. 376.

Überleben des Gemeinwesens bei. Er zahlt nämlich Steuern, ohne die der Staat seine mannigfachen Gemeinwohlaufgaben nicht finanzieren könnte.

Aus diesem Grund erhebt die Bürgertugend Einspruch gegen den Gedanken eines Bürgerlohns. Gemeint ist ein Grundeinkommen, das jeder unabhängig von seiner Möglichkeit, arbeiten zu können, erhält. Gemäß einem unverzichtbaren Element der Gerechtigkeit, der Wechselseitigkeit, verdient man aber nicht für sein bloßes Bürgersein einen Lohn, sondern erst für einen Beitrag zum Gemeinwesen.

Mittlerweile ist der Gedanke des Bürgerlohns zwar nicht verschwunden, aber doch in den Hintergrund getreten. Geblieben ist ein Bürgergeld, das jeder Erwerbstätige erhält, der aus welchen Gründen auch immer keiner Erwerbstätigkeit nachgeht. Dort nun, wo der Abstand, wie mittlerweile der Fall, zwischen Arbeitslohn und Bürgergeld gering geworden ist, steigt die Gefahr eines Trittbrettfahrens am Gemeinwesen. Auch wenn die Arbeit heute kaum noch im sprichwörtlichen „Schweiße unseres Angesichts" erfolgt, erfordert sie Mühen, die der Bürger in der Rolle des Wirtschaftsbürgers nicht scheuen dürfte. Sie setzen bei der Aufgabe an, rechtzeitig in seinem Leben jene Fähigkeiten zu erwerben, die man später für die erfolgreiche Teilnahme am Berufs- und Erwerbsleben benötigt. Sie setzen sich in Leistungsbereitschaft, Arbeitswillen und Kooperationsbereitschaft fort und schließen immer wieder eine berufliche, soziale und geografische Mobilität ein.

Gegen einen Bürgerlohn, auch gegen ein ziemlich großzügiges Bürgergeld, spricht aber nicht nur die Gerechtigkeit, sondern auch die Selbstachtung eines Gemeinwesens. Denn es sollte sich von keinem Bürger zu dessen bloßen Privatinteresse ausnutzen lassen. Nicht zuletzt sollten die öffentlichen Debatten das aufgeklärte Selbstinteresse betonen: Die Teilnahme an der Arbeits- und Berufswelt enthält ein hohes Potenzial der teils emotionalen, teils sozialen und intellektuellen, vielfach auch manuellen Selbstverwirklichung. Ihretwegen steigt sowohl die Selbstachtung als auch die Fremdachtung, die Anerkennung seitens der Mitmenschen. Wer seine Begabungen entfaltet und die Möglichkeiten, die in einem stecken, erlebt, bildet in der Zusammenarbeit mit den anderen, aber auch in gelegentlicher Konkurrenz mit ihnen, seine Persönlichkeit fort, nicht selten steigert er sie sogar.

b) Staatsbürger (Citoyen)

Bürger, die sich für ihr Gemeinwesen einsetzen, praktizieren Bürgertugenden. Im Fall einer Demokratie können sie auch demokratische Tugenden heißen und in dem Fall, in dem sie sich mit Haltungen der im nächsten Abschnitt skizzierten Bürgergesellschaft verbinden, republikanische Tugenden. Deren Kern bilden die drei schon in Kapitel 8.2 skizzierten Haltungen: Das Minimum besteht in einem Rechtssinn, der sich in rechtlicher Hinsicht nichts zuschulden kommen lässt. Die

Steigerung, ein Gerechtigkeitssinn, wendet sich sowohl auf der Ebene der Verfassungs- und der Gesetzgebung als auch bei der Durchsetzung der einschlägigen Bestimmungen gegen jede Art von Privilegien und Diskriminierungen. Die weitere Steigerung, der Gemeinsinn, setzt sich für das Gemeinwohl ein und mitlaufend für eine aktive Toleranz, die alle Mitmenschen, unabhängig von ihren weltanschaulichen und politischen Ansichten, achtet. Es versteht sich, dass die Intoleranz und Gewaltbereitschaft davon ausgenommen sind.

Zu diesem Themenfeld gehört auch die Zivilisierung. Allerdings müssen wir dabei an den Kernbegriff, den *civis*, Bürger, denken und ihn nicht auf einen Staatsbürger einengen. Gemeint ist der Mitbürger und Mitbewohner in einem Gemeinwesen, unabhängig davon, ob er die betreffende Staatsbürgerschaft besitzt oder nicht. Zivilisiert ist nun, wer sozial angenehme Umgangsformen pflegt wie Höflichkeit und Freundlichkeit.

Hierhin passt ein Zitat aus dem Roman des dänischen Schriftstellers Peter Høeg, *Durch Deine Augen:* „So ist die Welt auch. Sie ist nicht nur Krieg und Gier und Ausrottung der Arten. Sie besteht auch aus Ketten von Menschen, die aufeinander aufpassen."[151] In diesem Roman passen Eltern auf ein Kind auf, dieses, ein Junge, passt auf einen Pflegebruder auf, der wiederum auf seine kleinere Schwester und diese auf ihre Puppe.

c) Bürgergesellschaft

Die Bürgergesellschaft, häufig auch Zivilgesellschaft genannt, hebt die in den Rechts- und Politikwissenschaften lange vorherrschende Zweiteilung der Gesellschaft, deren Trennung in einen privaten und einen öffentlichen Bereich, auf. Die Folgen sowohl für die politische Theorie als auch und vor allem für die politische Praxis sind erheblich. Zusätzlich zur privaten und öffentlichen Sphäre ist nämlich eine Zwischenebene entstanden, die ihrem Wesen nach ein Bindeglied bildet: zwischen der Privatsphäre von Familie und Wirtschaftswelt auf der einen und den öffentlichen Gewalten, der Gesetzgebung (die politischen Parteien hier eingeschlossen), der Verwaltung und dem Gerichtswesen auf der anderen Seite. Diese Zwischenebene wehrt sich gegen eine zunehmende „Verstaatlichung der Gesellschaft" mit ihren Schattenseiten: einer wachsenden Reglementierung der Bürger und der zunehmenden Bürokratisierung sowie Fragmentierung des Gemeinwesens. Auf diese Weise praktiziert die neue Ebene anstelle des üblichen, von oben nach unten verordneten Gemeinsinns dessen freie, von unten nach oben stattfindende Gestalt.

---

151 Høeg, Peter: *Durch Deine Augen*, München 2019, S. 10.

Die Leistungen der Zwischenebene schaffen einen neuen Gesellschaftsbereich. Die Bürger engagieren sich hier nicht für ihre privaten, sondern für öffentliche Interessen, ohne dafür in ein öffentliches Amt gewählt zu sein und honoriert zu werden. Auf diese Weise wird die politische Sphäre erheblich ausgeweitet, zugleich werden die bisher allein zuständigen Instanzen entmachtet.

Die bisher vorherrschende Zweiteilung unterstellte der Gesellschaft einen entpolitisierten Charakter. In der Bürgergesellschaft hingegen erhält sie ein erhebliches Maß an Politisierung, während im selben Maß die öffentlichen Gewalten ihr bisheriges Politikmonopol verlieren. Die bisherige Exklusivverantwortung für das Gemeinwesen und ihre Zwecke, die politische Gerechtigkeit und das Gemeinwohl, wird „mitleidlos" aufgehoben. Ohne dafür eine staatstheoretische Rechtfertigung zu benötigen, verwirft die Bürgergesellschaft durch ihre bloße Präsenz jedes auf die Staatlichkeit verkürzte Verständnis von Gemeinwohl und Gemeinwesen.

Nun sind weder der Inhalt bürgergesellschaftlicher Interessen noch die Subjekte eindeutig bestimmt. Für diesen Tugendessay ist das aber kein Problem, da eine vorläufige Bestimmung genügt: Zur Bürgergesellschaft gehören all die Aktivitäten und Gruppen, die, ohne ein Teil des „Staatsapparats" zu sein, gleichwohl dem Gemeinwesen und dessen Zwecken, der Gerechtigkeit und dem Gemeinwohl, zu dienen suchen. Offensichtlich zählen dazu nicht bloß die Teile, die die meiste öffentliche Aufmerksamkeit zu erhalten pflegen, die Bürgerinitiativen und Bürgerproteste. Deren demokratiepolitische Bedeutung braucht nicht angezweifelt zu werden. Der verbreiteten Ansicht, ihnen komme ein Exklusivrecht zu, ist aber zu widersprechen.

Bei politischen Intellektuellen der Gegenwart ist eine bestimmte kulturkritische Ansicht beliebt: der Topos von der Vereinzelung des modernen Menschen. Einerseits bindungslos geworden, auf der anderen Seite von einem überhöhten Selbstgefühl getragen stürze er die zeitgenössische Demokratie in eine tiefe Krise. Dass die Demokratie sich an immer wieder neuen Krisen bewähren und regenerieren muss, ist unstrittig. Man braucht nur an die Finanzkrise, die sogenannte Flüchtlingskrise, an die Covid-Krise, die Energiekrise und an die Herausforderungen zu denken, die zum einen von der enormen Macht multinationaler Konzerne, zum anderen von der Umwelt- und Klimakrise sowie von Putins Überfall auf die Ukraine und neuerdings von den terroristischen Anschlägen der Hamas gegen Israel ausgehen. Das Ausmaß der Krisen ist also enorm. Gleichwohl kommen unsere Demokratien damit – zugegeben teils recht, teils schlecht – zurande.

Vor allem lässt sich in diesem Zusammenhang der Topos vom bindungslosen Ich schwerlich rechtfertigen. Die Mitgliederzahl in Kirchen, Parteien und Gewerkschaften, auch die in Bürgerclubs geht zwar stark zurück. Trotzdem bleibt das folgende Gegenargument richtig: Hierzulande gibt es laut der Deutschen Stiftung für Ehrenamt und Engagement mehr als 600.000 eingetragene Vereine. Etliche von ihnen widmen sich den verschiedensten Sportarten und dem weiten Feld der Musik. Andere widmen sich der Betreuung von älteren Menschen, Kranken oder Sterbenden, wieder andere Asylbewerbern oder ausländischen Studenten. In einem weiteren Sinn gehören zum Phänomenfeld der Anti-Bindungslosigkeit auch die in Kammern organisierte Selbstverwaltung der Handwerker, Gewerbebetreibenden und der Unternehmen, die der Arbeitnehmer und der Arbeitgeber, nicht zuletzt die der Wissenschaften und Forschung, der Schriftsteller, Musiker, bildenden Künstler und so fort.

Insgesamt gibt es kaum ein Anliegen oder ein Interesse, das nicht von mindestens einem Verein vertreten wird. Und deren gesellschaftspolitisches Gewicht darf man nicht unterschätzen. Beinahe 40 Prozent der Deutschen sind nämlich Mitglieder eines Vereins. Rechnet man noch Stiftungen, Genossenschaften und ähnliche gemeinnützige Organisationen hinzu, so ist fast jeder zweite Deutsche ein Mitglied.

Die Vereinsdichte in den Bundesländern ist zwar unterschiedlich. Dass es in Hamburg pro tausend Einwohner sechs, im Saarland hingegen zehn Vereine gibt, bedeutet aber nicht, dass dort weniger, hier mehr Einwohner einem Verein angehören. Es ist ebenso möglich, dass in einem Stadtstaat wie Hamburg die einzelnen Vereine mehr Mitglieder haben.

Für einen Tugendessay kommt es ohnehin auf anderes an: Vereine organisieren sich selbst, haben insofern in einem wesentlichen Sinn einen demokratischen Charakter. Statt hochmütig über Vereinsmeierei die Nase zu rümpfen, sollte man sie als Keimzellen der Demokratie anerkennen, zugleich als Orte, in denen Demokratie eingeübt wird. Gesellschaften mit einem schwachen Vereinsleben tun sich vorhersehbar schwer mit der Einführung einer Demokratie und, einmal eingeführt, mit deren Bestandserhaltung und Stabilität. Den Rang von Keimzellen der Demokratie hat übrigens auch die Selbstverwaltung der Hochschulen, der wissenschaftlichen und kulturellen Akademien, der Industrie und des Handels, der Handwerker usw.

Ebenso wenig darf man den wesentlich gemeinnützigen Charakter der genannten Organisationen vergessen. Ohne es an die sprichwörtliche „große Glocke" zu hängen, praktizieren sie auf ihrem Niveau einen Leitzweck der Demokratie, den Dienst am Gemeinwohl, in aller Selbstverständlichkeit. Und obwohl auch in Vereinen politische Querelen vorkommen, wird das Gemeinwohl des Vereins häufig zuverlässiger gepflegt, als es die Große Politik „dank" ihrer Konkurrenz, namentlich der der Parteien, zu leisten vermag. Da es gleichwohl mancherlei Streit, übrigens über dieselben Dinge wie in der Politik, gibt, den Kampf um Ämter und um die Macht grauer Eminenzen, lernt man, obwohl in der Regel ungern, auch diese Seite der Politik kennen. Nicht zuletzt gehört noch dieses zu einem Verein, was erneut eine Entsprechung in der Großen Politik hat: Mitgliederversammlungen und Vorstände, die von den Mitgliedern gewählt werden und ihnen Rechenschaft schulden.

Warum werden diese Phänomene, muss man sich fragen, von den erwähnten Gesellschaftskritikern nicht ernst genommen? Warum nehmen sie die weit vielfältigere Wirklichkeit nicht hinreichend wahr? Den gesellschaftspolitischen Wert der Vereine und der anderen demokratisch verfassten Organisationen darf eine realitätsorientierte Gesellschaftstheorie nicht unterschlagen. Sie bauen nämlich ein Sozialkapital, bei entsprechender Zielsetzung auch ein kulturelles Kapital auf und arbeiten mit beiden Leistungen sozialen Zersplitterungen entgegen. Auf diese Weise mindern sie die Gefahr, die wegen der immer wieder neuen Krisen unserer Zeit wahrhaft droht: ein Auseinanderbrechen der Gesellschaft.

d) Eine Quasi-Tugend: die Freundschaft

Der freie Gemeinsinn tritt häufig in nichtinstitutionellen Beziehungen zutage und fördert mit ihnen eine *civic friendship*, eine staatsbürgerliche Freundschaft, deren Wert für das Gemeinwesen nicht unterschätzt werden sollte.

Von Freundschaft in einem bescheidenen Sinn kann man schon dort sprechen, wo man sich gegenseitig kennt und schätzt. Im Rahmen eines Tugendessays zählt jedoch allein jenes anspruchsvollere Verständnis, bei dem es auf gegenseitige Zuneigung ankommt, auf wechselseitige Sympathie und gegenseitiges Vertrauen. Dafür braucht es die Fähigkeit, zu Mitmenschen eine echte Beziehung, also ein Verhältnis einzugehen, bei dem man sich anderen zuwendet, sie anerkennt und schätzt, ohne seine Eigenart und Selbständigkeit aufzugeben. Echte Freunde suchen sich weder zu gefallen noch sich zu schmeicheln, ohnehin sind ihnen Streitsucht und Grobheit fremd.

In vielen Epochen und Kulturen ist die Freundschaft ein hochangesehenes Ideal, über dessen Kern man sich auch im Wesentlichen einig ist. Als Beleg dafür sei ein nichtwestlicher Text angeführt. Er stammt aus dem lange vor unserer Zeit, im 6. Jahrhundert v. Chr., verfassten indischen Nationalepos *Mahabharata*, hier freilich um einige heute zu Recht anstößige Gesichtspunkte gekürzt. Überzeugend bleibt, dass die Freundschaft, wie es dort heißt, aus sechs Tugenden besteht:

> daß man am Wohlsein des Freundes sich freut, daß man sich bekümmert, wenn es ihm übel geht, daß man dem Bittenden auch das gibt, was einem selbst sehr wert ist, daß man sogar wohl auch das nicht zu Fordernde gibt, daß man nach Hingabe seines Besitzes nicht etwa aus Verlangen danach beim Freunde wohnen bleibt, und daß man an der Tat selbst seine Freude hat und Dankeswünsche ablehnt.[152]

---

152 Hier nach Höffe, *Lesebuch zur Ethik*, Nr. 46.

Jahrhunderte später bestimmt Immanuel Kant die Freundschaft, „in ihrer Vollkommenheit betrachtet" als „die Vereinigung zweier Personen durch gleiche
wechselseitige Liebe und Achtung".[153] Gleichwohl empfiehlt es sich, einem der
bedeutendsten Denker der Freundschaft, Aristoteles, zu folgen und den Blickwinkel
über das Ideal der Freundschaft hinaus zu erweitern und, um die Vielfalt wün-
schenswerter Sozialbeziehungen anzuerkennen, drei Arten zu unterscheiden: eine
Freundschaft um des gemeinsamen Nutzens, eine um der gemeinsamen Freude und
eine – in einer das *Mahabharata*-Ideal noch überbietende Art – um des wahrhaft
Guten willen.

Wer diese Wirklichkeiten anerkennt, versteht unter Freundschaft nicht nur
jene vielleicht besonders wünschenswerte, aber fraglos seltene „romantische"
Herzens- oder Seelenfreundschaft, die etwa der französische Moralist Montaigne
lobt. Er rechnet vielmehr alle Formen einer nichtinstitutionalisierten Gemeinschaft
dazu. Folglich zählen zur Freundschaft sowohl die vertraute Beziehung von Kindern, die sprichwörtliche „Sandkastenfreundschaft", als auch die Jugendfreund-
schaft, die Kameradschaft und die Gastfreundschaft. Nicht weniger verdienen die
Bezeichnung der Freundschaft wechselseitige Beziehungen in der Familie, der
Nachbarschaft, in Bürgerclubs und den Vereinen. Selbst gewissen Seilschaften und
anderen Formen von Utilitätennetzen darf man einen gewissen Freundschafts-
charakter nicht absprechen.

Der Gewinn dieser Beziehungsformen liegt auf der Hand. Indem Freundschaften die Menschen miteinander vernetzen, arbeiten sie einer Gefahr entgegen,
die vor allem in den stark von Wettbewerb und Konkurrenz geprägten Gesellschaften droht: dass sie auseinanderbrechen. Wettbewerb ist nicht etwa als solcher
schlecht. Im Gegenteil widersetzt er sich einem der Kardinallaster, zu denen Menschen neigen: sich gehen zu lassen, träge und faul zu werden. Er stimuliert die
Entfaltung der Begabungen jedes Menschen und fördert Kreativität. Wo der Wettbewerb aber die Alleinherrschaft übernimmt, dort erscheinen die anderen lediglich
als Konkurrenten, nicht mehr als Mitmenschen. Freundschaften hingegen mindern
die Zwietracht. Sie verhindern, dass aus Gegnern Feinde werden, und sorgen für
sozialen und politischen Zusammenhalt. Sie tragen zur Eintracht unter den Menschen, auf diese Weise zum Gemeinwohl bei und dürften deshalb für den Zusammenhalt eines Gemeinwesens unverzichtbar sein. Freundschaften haben aber nicht
nur diese soziale, sondern auch eine sehr persönliche Bedeutung. Denn so gut wie
niemand will ohne Freunde leben.

Die modernen Gemeinwesen sind selbst als Kleinstaaten wie die Schweiz im
Verhältnis zu den politischen Einheiten der Griechen, den damaligen Stadtrepu-

---

153 *TL*, VI 469.

bliken, groß, in vielen Fällen – wie Deutschland, mehr noch den USA, Indien oder China – sogar riesig. Zudem sind die modernen Gesellschaften pluralistischer und unübersichtlicher als damals. Daher kann man nicht erwarten, dass in ihnen die Freundschaften sogar wichtiger als die Gerechtigkeit sind. Aber unerheblich für das Gemeinwesen und dessen Gemeinwohl sind sie ohne Zweifel nicht.

Es ist daher zu bedauern, dass die philosophische Ethik eine lange, bis in die Zeit der Aufklärung und über sie hinaus währende Tradition von Freundschaftstheorien abgebrochen hat. In den neueren größeren Nachschlagewerken sucht man das Stichwort vergeblich. Es fehlt sowohl im *Lexikon der Ethik*[154] als auch im *Handbuch Ethik*[155], nicht dagegen, man sehe mir diesen Hinweis nach, in dem von mir verantworteten *Lexikon der Ethik*[156].

---

[154] Wils, Jean-Pierre/Christoph Hübenthal (Hrsg.): *Lexikon der Ethik*, Paderborn u. a. 2006.
[155] Düwell, Marcus et al. (Hrsg.): *Handbuch Ethik*, 2. Aufl., Stuttgart/Weimar 2006.
[156] Höffe, *Lexikon der Ethik*.

12 Andere Kulturen

Die folgenden Überlegungen, eine Fortsetzung von Kapitel 10.2, können und wollen ihren Amateurcharakter nicht leugnen. Sie werden nämlich von jemandem vorgestellt, der sich zwar vielfach kundig gemacht und in einem *Lesebuch zur Ethik* eine Fülle von Zeugnissen anderer Kulturen und Epochen zusammengetragen hat. Er bleibt jedoch ein Laie, wobei freilich etwas eine Rolle spielt, das beim Ausdruck „Amateur" (vom lateinischen *amator:* Liebhaber) immer mitschwingt: Man ist für die betreffende Sache zwar kein Fachmann, kein Profi, betreibt sie aber mit innerer Zuwendung, mit Liebe. Dass die Überlegungen nur ausschnittsweise und nicht selten holzschnittartig erfolgen, sogar mit der Gefahr verbunden sind, Klischees zu reproduzieren, versteht sich bei einem so weiten Themenfeld von selbst.

Eine Bemerkung vorab: Über alle Grenzen der Kulturen und Epochen hinweg werden dieselben elementaren Tugenden geschätzt wie Fairness, Hilfsbereitschaft und Besonnenheit, wie Ehrlichkeit, Zivilcourage und Unparteilichkeit. Ebenso werden dieselben Grundlaster wie Habgier, Geiz und Hochmut geächtet. In der Einführung zum *Lesebuch* spreche ich daher von einem mit dem Weltkulturerbe vergleichbaren Weltmoralerbe. Es sind Moralvorstellungen, die allen Menschen gemeinsam, ihnen gewissermaßen angeboren sind. Angeboren sind sie zwar nicht in einem biologischen Sinn, sie bilden keinen Bestandteil seiner Genausstattung. Dank seiner Vernunftnatur ist der Mensch jedoch moralfähig. In der Welt der Tiere ist er wohl das einzige Wesen, das – über gewisse Ansätze hinaus, die sich schon in der subhumanen Natur finden – zur Moral fähig ist, ihrer freilich auch bedarf. Damit diese Fähigkeit aktualisiert wird, braucht es nun Prozesse der Erziehung und der Selbsterziehung.

12.1 Nichtchristliche Religionen

Zunächst ist ein Vorbehalt zu machen: Wie erwähnt, sind vielen Religionen Vorstellungen von Tugendhaftigkeit gemeinsam. Dazu gehören beispielsweise das Gebot der Nächstenliebe und Barmherzigkeit und, soweit sie eine Gottheit verehren, die Gottesfurcht. Im Folgenden seien nur wenige Eigentümlichkeiten erwähnt, ohne sie jeweils einer einzigen Religion als von ihr exklusiv vertreten zuzusprechen.

https://doi.org/10.1515/9783111568591-014

a) Hinduismus

Der Ausdruck Hinduismus (Hindu, persisch: Indus) umfasst eine Gruppe verwandter Religionen. Deren wichtigste sind die Vedische Religion, der Vishnuismus, der Shivaismus und der Shaktismus.

Wenige Hinweise zu den genannten Unterformen sollen genügen: Die vedische Religion ist die älteste schriftlich nachweisbare Religion Indiens. Sie ist noch deutlicher polytheistisch als die anderen Zweige des Hinduismus; sie legt Wert auf religiöse und rituelle Opfer. Im Vishnuismus, der einem Monotheismus ein wenig nahekommt, ist die wichtigste Gottheit, Vishnu, der Erhalter, der zwischen Brahma, dem Schöpfer, und Shiva, dem Zerstörer, ein Gleichgewicht herstellen soll. Seine weibliche Seite ist Lakshmi, die Göttin der Schönheit, des Reichtums, der Liebe und der Freude. Im Shivaismus spielt hingegen Shiva diese Hauptrolle, die alle anderen Götter überragt und sowohl sie als auch das gesamte Universum aus sich heraus hervorgehen lässt. Für den Shaktismus wiederum stehen, im Singular oder Plural, die weiblichen Götter im Vordergrund. Diese Unterschiede können hier aber im Hintergrund bleiben.

Die vom Hinduismus in seinen verschiedenen Gestalten vertretene Ethik oder Moral besteht nicht in einer systematischen Theorie, vielmehr in einer religiös-metaphysisch begründeten Lehre des guten und richtigen Lebens. Maßgeblich sind die in den heiligen Schriften, besonders in den als Offenbarung geltenden *Veden* (Sanskrit: Werke, Wissen) entwickelten Lehren der persönlichen Vollendung. Deren jüngerer Teil, die *Upanischaden* (Sanskrit: geheime Unterweisung), hat nach und nach die größte Bedeutung erhalten. Wegen ihres ethisch-philosophischen Gehalts haben sie auch westliche Denker, etwa den Philosophen Arthur Schopenhauer, stark beeinflusst. In den Upanischaden verliert der Glaube an eine Vielheit wunscherfüllender Götter alle Bedeutung zugunsten einer ganz bestimmten Eigenleistung: Durch Versenken in das Innere suchte man das Absolute, das *Brahman*, die Weltseele, zu erfassen, um dabei die Einheit von Mensch und Welt zu erkennen.

In der vorherrschenden Ethik des Hinduismus bildet eine religiös begründete Gesellschaftsordnung, das Kastensystem, eine wesentliche Rolle: An der Spitze der in sich noch gestuften Kasten stehen die Brahmanen, die Priester. Es folgt die Kaste der Adligen, zu der der König, die Krieger, die Richter und die Verwaltungsbeamten gehören. In dieser Sozialordnung nehmen die Ackerbauern und die Gewebetreibenden den dritten und die Dienstleistungsberufe den vierten Rang ein. Außerhalb und unterhalb stehen noch die rechtlosen Parias, die Unberührbaren.

Nach dem Hinduismus setzt sich diese streng hierarchische Gliederung in der im ständigen Entstehen und Vergehen begriffenen Welt der Natur fort. Ähnlich wie im griechischen, namentlich im Aristotelischen Denken bildet die Gesamtheit aller

Lebewesen (bei Aristoteles der gesamten, auch der nichtlebendigen Natur) eine Stufenleiter. Sie beginnt bei den Pflanzen und gipfelt in den Göttern.

Dem griechischen und wohl generell dem westlichen Denken fremd ist die Ansicht, die Zugehörigkeit zu einer der Stufen und auch zu den Kasten sei weder eine Folge des Zufalls noch die eines göttlichen Willens. Das Universum werde vielmehr von einem sittlichen Vergeltungsgesetz (*Karma*, Sanskrit: Handlung, Opfer) beherrscht, das jedem Wesen nach Maßgabe der im vorangegangenen Dasein begangenen guten und schlechten Taten seinen Platz im gegenwärtigen Leben zuweist.

Demzufolge gibt es eine Seelenwanderung (*Samsara*, Sanskrit: beständiges Wandern, Kreislauf der Wiedergeburten). Sie endet erst dann, wenn die im Laufe ihrer zahlreichen Existenzen geläuterte Seele sich vom Vergeltungsgesetz, dem Karma, befreit und ihre Erlösung (*Moksha*) findet. Für den Weg der Erlösung gibt es drei Möglichkeiten. Entweder man befolgt das kosmische Gesetz des *Dharma* (Sanskrit: das Tragende) und lebt ein sittlich gutes Leben. Oder man gibt sich in Demut und Liebe (*Bhakti*) Gott hin. Oder man lässt sich auf ein von Meditation (*Dhyana*) und Argumentation (*Nyaya*) geleitetes Wissen ein (*Juana*).

b) Buddhismus

Der Buddhismus ist seiner Herkunft nach ein Reformhinduismus. Sein Begründer, Siddhartha, auch Gautama genannt, stammt aus einem reichen Adelsgeschlecht. Nach einiger Zeit des Lebens in Luxus überdrüssig, gründet er mit fünf Gesinnungsgenossen einen Mönchsorden und wandert mit ihnen sechs Jahre als Bettelasket durchs Land. Da er auf dem Weg strenger Kasteiung sein Ziel nicht erreicht, sucht er es auf einem anderen Weg. Auf ihm, dem Weg der Vertiefung des Geistes, dem Sichversenken, der Meditation und Kontemplation, findet er ziemlich rasch jene ebenso leidfreie wie glückfreie Ausgewogenheit des Geistes, die ihm die gesuchte Erleuchtung beschert. Seitdem heißt er Buddha, der Erwachte und Erleuchtete, der fortan lehrend und werbend durch Nordindien wandert.

Das Muster einer derartigen Sinnsuche hat Hermann Hesse in seinem philosophischen Roman *Siddhartha* eindrucksvoll wiedergegeben: Um herauszufinden, was Weisheit und Glück bedeutet, muss sich die Titelfigur von Familie und Gesellschaft lösen, um schließlich ein Mensch innerlich tiefer Zufriedenheit zu werden.

Der Buddhismus kennt einige für Religionen charakteristische Elemente nicht. Sowohl die Annahme eines Schöpfergottes bzw. jeder anderen Gottheit (sofern man nicht die verschiedenen Gestalten, in denen Buddha verehrt wird, als Quasi-Gottheiten anerkennt) als auch der Gedanke eines jenseitigen Lebens, nicht zuletzt die

Annahme einer göttlichen Offenbarung sind ihm fremd. Weil diese Elemente fehlen, zögern manche, den Buddhismus eine Religion zu nennen. Da es aber andere für eine Religion typische Elemente gibt wie Orden und Tempel, auch Rituale, wird er hier den Religionen, wegen seiner beinahe globalen Ausbreitung den Weltreligionen zugeordnet.

Weil der Buddhismus am traditionellen indischen beziehungsweise hinduistischen Denken tiefgreifende Reformen vornimmt, handelt es sich bei ihm, um es zu wiederholen, um einen radikalen Reformhinduismus. Er lehnt beispielsweise den Gedanken der Unsterblichkeit des Menschen, auch das angeblich „heilige Kastensystem" ab. Trotzdem zielt er nicht auf soziale Reformen, sondern auf persönliche Vollkommenheit ab. Wie schon der Hinduismus so kennt auch der Buddhismus keine systematische Moralphilosophie. Daher fehlt ihm auch eine systematische Theorie der Tugend. Seinen Kern bildet eine religiös und „metaphysisch" begründete Lehre des guten und gerechten Lebens.

Die Grundansicht, nach der alles Leben vergänglich und voll von Leid ist, fasst er in „vier heiligen Wahrheiten" zusammen: Erstens ist alles menschliche Leben von der Geburt an einem unablässigen und so starken Leiden unterworfen, dass in der Bilanz eines Lebens das Leiden, also Schmerzen, Kummer, Unrast und Angst, die nicht zu leugnenden Freuden deutlich überwiegt. Aus diesem Grund ist etwas vorzuziehen, was das abendländisch Denken auch vom griechischen Tragödienschriftsteller Sophokles und dem alttestamentarischen Buch *Kohelet* kennt, wir seit längerem jedoch vornehmlich mit dem Buddhismus in Verbindung bringen: Nach einem radikalen, nämlich bis zu den Wurzeln reichenden Lebenspessimismus gilt es als besser, niemals geboren zu sein.

Zweitens entspringt nach dem Buddhismus alles Leiden drei Grundleidenschaften, dem dreifachen „Daseinsdurst": nach sinnlicher Lust, nach einem Weiterleben über den Tod hinaus und nach Vernichtung des diesseitigen Lebens.

Drittens geht alles Leiden erst dann zu Ende, wenn man aus dem Karma, der Vergeltung der Taten und dem Kreislauf des Leidens, austritt. Zu diesem Zweck muss man die genannten Leidenschaften und mit ihnen allen Daseinsdurst vernichten. Diese Erlösung von allem Leid erreicht man schließlich im Nirwana (Sanskrit: Verwehen), in dem alle Begierden erloschen sind, aller Hass überwunden und man von den Wiedergeburten frei geworden ist. Diese Befreiung findet allerdings nicht in einem personalen Leben nach dem Tod statt. Auch befreit man sich nicht, indem man sein Schicksal in die Hand nimmt, sondern durch ein vollkommenes Sich-Loslassen: Vom Standpunkt des gewöhnlichen Menschen ist das Nirwana ein Nichts. Wer es jedoch erreicht, empfinde eine unsagbare, alles Bekannte und Gewöhnliche übersteigende Wonne.

Für deren nähere Charakterisierung gibt es zwei grundverschiedene Richtungen. Für das „kleine Fahrzeug" zur Erleuchtung, das Hinayana, liegt das Nirwana in der vollständigen Abkehr von der Welt, so dass es dem „Verlöschen einer Lampe" gleicht. Für das „große Fahrzeug", Mahayana, hingegen, ist dies nur eine niedere Form. Die wahre, höchste Form sieht es nicht in der Weltentsagung. An die Selle dieser negativen Grundhaltung tritt eine positive Einstellung, die dynamische und aktive Haltung einer Weltüberlegenheit. Die entsprechende Person, ein Heiliger, nutzt seine Errungenschaft, eine für alle Zeit bestehende Freiheit von Nichtwissen, Leidenschaft und Leid, um unter Aufopferung und Selbstverleugnung beständig für das Wohl aller, nicht nur der humanen Lebewesen tätig zu werden.

Als Viertes und Letztes steht der entscheidende Weg der Befreiung nicht etwa nur wenigen privilegierten Menschen offen, wodurch mitlaufend das indische Kastenwesen kritisiert wird. Buddha, der Abkömmling eines reichen Adelsgeschlechts, führt hier ein zutiefst demokratisches Element ein. Der für die Erlösung entscheidende „heilige achtfache Pfad" steht allen Menschen offen. Er enthält keine ins Einzelne gehenden Gebote und Verbote. Um für die persönlich und gesellschaftlich wechselnden Umstände des Lebens offen zu bleiben, konzentriert er sich auf moralische Grundhaltungen. Des Näheren sind es drei Basistugenden, die buddhistischen Kardinaltugenden, mit deren Hilfe nach und nach die drei Basis- oder Kardinallaster, Hass, Gier und Wahn, überwunden werden.

Das einschlägige Trio beginnt mit der Tugend des rechten Erkennens, gemeint ist die Lehre Buddhas, und der rechten, in Entsagung und Güte bestehenden Gesinnung. Es setzt sich fort in der Tugend des rechten Redens und Handelns. Und es endet mit der Tugend als rechter Lebensweise und als Sammlung, bestehend aus rechtem Bemühen, rechter Achtsamkeit und rechtem Sichversenken. Das Minimum des richtigen Weges erfüllt, wer die fünf Verbote anerkennt: weder zu töten noch zu lügen noch zu stehlen, weder unerlaubten Geschlechtsverkehr auszuüben noch berauschende Getränke zu genießen.

Als ein Grundkriterium des moralisch richtigen Lebens erkennt auch der Buddhismus eine Regel an, die Goldene Regel, die von sehr vielen Religionen und Kulturen geschätzt wird. Die bekannteste, negative Formel lautet: „Was du nicht willst, das man dir tu', das füg' auch keinem andern zu."

c) Judentum

Wie die jüdische Ethik generell, so ist auch die „Theorie" vorbildlicher Lebenshaltungen, der Tugenden, vielschichtig und facettenreich. Es gibt jedoch maßgebliche Quellen, an deren erster Stelle die Thora (hebräisch: Lehre) mit ihren fünf Büchern steht. Als kaum weniger autoritativ gelten der Talmud (hebräisch: das Lernen), die bedeutendste Zusammenfassung der Lehren, Vorschriften und Überlieferungen des nachbiblischen Judentums, und die Halacha, eine seit 1.500 Jahren stetig wachsende

Sammlung von Aussagen bedeutender Rabbiner. Die für das Judentum typischen Reinheits- und Speisevorschriften bleiben im Folgenden außer Acht.

Eine gründliche Ethik gibt sich mit Geboten und Verboten nicht zufrieden. Sie handelt auch über das Wesen des Menschen und seine Stellung in der Welt. Für das Judentum ist die Schöpfungsgeschichte entscheidend und bei ihr insbesondere der hohe Rang, den sie dem Menschen einräumt. Er und er allein gilt als die Krone der Schöpfung, seinem Wesen nach nichts weniger als ein Ebenbild Gottes, ausgestattet mit dem Recht, über die subhumane Natur sowohl zu herrschen als auch sie zu nutzen. Beide Rechte sind jedoch an ein im Wesen der Gottebenbildlichkeit enthaltenes Willkürverbot gebunden. So darf das Nutzungsrecht nicht zum langfristigen Schaden der Natur ausgeübt werden. Es ist vielmehr an die Pflicht, die Schöpfung zu bewahren, gebunden. Entsprechendes gilt für eine Wissenschafts-, Medizin- und Technikethik: Als Ebenbild Gottes hat der Mensch ein Recht, beinahe sogar eine Pflicht, die Welt zu erforschen und, wo es als sinnvoll erscheint, auch zu verbessern. Unbegrenzt ist das allerdings nicht.

Die näheren Verbindlichkeiten jüdischer Ethik bündeln sich in einem Moral- und Rechtskodex, der längst über die Grenzen des Judentums und des aus ihm entstandenen Christentums hinaus anerkannt wird: die Zehn Gebote, der Dekalog. Freilich bleibt häufig unbeachtet, dass dieser Kanon auf zwei in der Sache grundverschiedenen Tafeln aufgezeichnet ist. Die erste Tafel beginnt mit den Eingangsworten: „Ich bin der HERR, dein Gott", deren religionsspezifische Verbindlichkeiten für das Judentum mit seiner Ausrichtung auf den Bund mit dem HERRN, Jahwe, unverzichtbar sind. Für eine allgemeinmenschliche Wertschätzung eignen sie sich aber nicht. Beginnend mit dem Gebot, Vater und Mutter zu ehren, und zwar um des eigenen Wohlergehens willen, enthält die zweite Tafel, jetzt unabhängig von ihrer religiösen Herkunft, Verbindlichkeiten, die für ein gedeihliches Zusammenleben hilfreich, im Falle des Tötungs- und des Diebstahlsverbots sogar unverzichtbar sind. Nicht der gesamte Dekalog, wohl aber die zweite Tafel mit ihrem rein säkularen Moral- und Rechtskodex eignet sich für eine interkulturelle und interepochale, die gesamte Menschheit umfassende Anerkennung.

Nach Ansicht jüdischer Theologen kommt es auch auf die Nächstenliebe an. Sie spielt zum Beispiel im philanthropischen Konzept der Gemilut Chassadim eine wichtige Rolle. Dem rabbinischen Judentum zufolge ist die Wohltätigkeit und Hilfe ohne Eigennutz neben der Thora und dem Gottesdienst eine der drei Säulen, auf denen die Welt ruhe. Zum Wesen dieser Wohltätigkeit gehören unter anderem Krankenbesuche, die Fürsorge für Bedürftige, eine Trauerbegleitung und die Bestattung. Als entscheidend gilt dabei nicht der finanzielle, sondern der ganz persönliche Einsatz.

d) Islam

Dem Islam (*islám*, arabisch: Ergebung in den Willen Gottes) gelingt es, hinsichtlich der Ethik beziehungsweise Moral ältere arabische Elemente wie das Ehrgefühl, Tapferkeit und Loyalität mit den Stammesgenossen, ferner Gastfreundschaft und Selbstbeherrschung mit zahlreichen anderen Elementen zu verbinden. Besonders wichtig sind „natürlich" die Lehren des *Koran*, hier Gottesfurcht, Mitleid, Großzügigkeit und Wahrhaftigkeit sowie eine Brüderlichkeit, die sich weder an Herkunft noch Hautfarbe binden darf.

Soweit die islamische Ethik sich philosophisch inspirieren lässt, spielen naheliegenderweise die überragenden Denker der Antike, namentlich Platon und Aristoteles mit ihrem Verständnis der Tugenden eine herausragende Rolle. In einer anderen, der mystisch orientierten Richtung kommt es – hierin besteht eine Verwandtschaft zur christlichen Mystik – auf eine mittels Askese zu erreichende Reinigung der Seele und schließlich die Vereinigung mit Gott an.

Für den „gewöhnlichen" Islam sind die „fünf Säulen des Islam" entscheidend. Sie verpflichten jeden Muslim (1) auf das öffentliche Bekenntnis seines Glaubens: dass Gott ein Einziger und Mohammed sein Prophet ist; sie gebieten (2) täglich fünf Mal zu beten, wobei das gemeinschaftliche Freitagsmittagsgebet in der Moschee den Höhepunkt bildet, (3) Steuern und Abgaben (Almosen) zur sozialen Fürsorge für Arme, Kranke und Waisen zu entrichten, (4) im Monat Ramadan zu fasten und (5) als Höhepunkt des religiösen Lebens, einmal nach Mekka zu pilgern.

Auch der Islam gebietet eine Haltung, die heutige Zeitgenossen gern für typisch christlich oder jüdisch-christlich halten: die Nächstenliebe beziehungsweise Barmherzigkeit. Und vor allem westliche Muslime legen darauf Wert, dass ihre Religion, lediglich in ein wenig anderen Formulierungen, die zehn Gebote der Juden und Christen anerkennt, ihnen aber noch zwei weitere hinzufügt.[157] Ein elftes Gebot gebietet Barmherzigkeit und ein zwölftes Gebot warnt vor menschlichem Hochmut und Größenwahn und verlangt deren Überwindung: „Stolziere nicht hochmütig auf Erden. Du kannst weder die Erde durchqueren, noch kannst du die Höhe der Berge erreichen."

12.2 China

Den Kern des klassischen chinesischen Denkens bilden drei um 500 v. Chr. entstandene Schulen, der Konfuzianismus, der Daoismus und der Legismus: Später

---

157 Für die dann also zwölf Gebote des *Koran* siehe Sure 17, Vers 22–37.

kommt die Yin-Yang-Schule hinzu. Außerdem spielt seit dem 6. Jahrhundert n. Chr. der Buddhismus in einer an das eigene Denken anverwandelten Form eine erhebliche Rolle. Die maßgeblichen Texte werden aber erst einige Jahrhunderte nach Entstehen der Schulen, mithin erheblich später niedergeschrieben.

Wir greifen hier exemplarisch den Konfuzianismus heraus mit seinem Haupttext, dem *Lunyu*, den *Gesprächen des Konfuzius*. Bei ihnen handelt es sich nicht nur um das berühmteste Opus der chinesischen Literatur, sondern auch um das einflussreichste Werk aus der Tradition Ostasiens. Neuerdings ist es wieder hochaktuell, da sich die Volksrepublik China zu ihrer Legitimation auf den Konfuzianismus beruft, deutlich sichtbar in der Bezeichnung der Kulturinstitute als Konfuzius-Institute.

Das genauere Verständnis ist umstritten. Nach der einen, etwa von van Ess vertretenen Ansicht muss man das Werk im jeweiligen geschichtlichen und inhaltlichen Zusammenhang lesen. Infolgedessen habe man jede Systematisierung zu vermeiden, stattdessen auf die unterschiedlichen sozialen Zusammenhänge und die gewissen Falltypen entsprechenden Aussagen über richtiges, sogar vorbildliches Handeln zu achten.[158] Ohnehin komme es auf die im Abendland herrschenden Leitgedanken wie Würde, Autonomie der Person oder Sinn des Lebens nicht an.

Nach Ansicht von Heiner Roetz gehe bei diesem Verständnis aber ein allerdings ebenfalls mögliches philosophisches Verständnis verloren: dass man dem Text auch „bleibende, überzeitliche Antworten auf große Fragen der menschlichen Existenz"[159] entnehmen könne. Nach dieser Lesart muss man zumindest nicht mehr wie bei van Ess auf Ausdrücke wie Menschlichkeit oder Güte verzichten und stattdessen nur noch von „Fingerspitzengefühl" sprechen.

Als sinologischer Laie kann ich zu der angedeuteten Kontroverse keine Stellung beziehen, nur eine gewisse Vorsicht walten lassen. Überdies darf man den Unterschied zum westlichen Denken nicht überschärfen, indem man die abendländische Ethik auf das Muster einer Prinzipienethik, auf Kant mit seinem Gedanken des kategorischen Imperativs, verkürzt, obwohl Kant selbst, insbesondere in seiner *Tugendlehre* und deren „kasuistischen Fragen", den auf Situationstypen bezogenen Überlegungen des *Lun-yu* durchaus ein wenig nahekommt. Außerdem sollte man so maßgebliche moralphilosophische Schriften wie Aristoteles' *Nikomachische Ethik* nicht übergehen, der die monierte Prinzipienethik fremd ist. Schließlich bietet die europäische Moralistik von Epiktet, später von Montaigne über La Rochefoucauld und Lichtenberg bis hin zu Nietzsche eine Fülle von moralischen Überlegungen, die

---

158 Für die Zitate vgl. van Ess, Hans: *Konfuzius. Gespräche*, neu übersetzt und kommentiert, München 2023.
159 Roetz, Heiner: „Als der Meister eine neue Anstellung suchte", in: *Frankfurter Rundschau*, 25. Juli 2023, S. 16.

sich nicht auf Prinzipien und deren systematische Begründung verkürzen lassen. Aber derartige Fragen zu Unterschieden und Ähnlichkeiten spielen hier keine Rolle.

Wichtiger ist etwas anderes, das man in van Ess' Neuübersetzung lernt: dass die *Gespräche* nicht wie bislang angenommen eine mehr oder weniger zufällige Sammlung von Sprüchen des Meisters Kong Qiu oder Kong Zi sind. Besser versteht man die *Sprüche*, wenn man sie nicht als eine unzusammenhängende Sammlung von pointiert vorgetragenen Maximen, von Aphorismen, betrachtet, sondern sie mit van Ess als einen durchkomponierten Text ansieht, der sich aus seinem geschichtlichen und inhaltlichen Zusammenhang erschließt.

Im Folgenden seien einige Gedanken, Maximen, exemplarisch vorgestellt. Den Anfang aller Sprüche: „Der Meister sprach" oder „Meister You/Meister Zeng sprach" usw. lasse ich weg: Sogleich der erste Spruch, 1.1, hebt den überragenden Wert des Lernens und dessen Einübens hervor. Denn es ist entscheidend, das Lernen schließlich in die Praxis umsetzen, es in sein Leben integrieren zu können. Insofern hat das Lernen keinen Selbstwert, sondern ist auf seine Anwendung und Umsetzung im gelebten Leben verpflichtet. Und darin liegt keine mühselige Pflicht, sondern ein Vergnügen. (Darf man sich bei diesem Gesichtspunkt an Aristoteles' Anfangssatz der *Metaphysik* erinnern, dass der Mensch seiner Natur zufolge nach Wissen strebt?) Im *Lunyu* heißt es jedenfalls, vorsichtig als Frage formuliert: „Lernen und den Stoff zur richtigen Zeit einüben, ist das nicht wahrhaft ein Vergnügen?"

Ein zweiter Spruch, 1.3, könnte irritieren: „Gewandte Reden und eine gewinnende Miene: Selten herrscht da ein guter Umgang mit anderen Menschen!" Eine mögliche Deutung: Es kommt nicht auf das bloße Reden an. Auch die damit verbundene Mimik genügt nicht. Beide zusammen sind zumindest kein hinreichendes Kriterium für den vorbildlichen, von Konfuzius „edel" genannten Menschen.

Wichtiger als Denken und Reden sind die Verhaltensweisen; die im Tun und Lassen praktizierte Moral ist wichtiger als alle theoretische Gelehrsamkeit, als alles in Büchern zu erwerbende Wissen. Hier darf man sowohl an den abendländischen Begriff der Tugend denken, für den nämlich eine zur festen Gewohnheit gewordene Praxis wesentlich ist, als auch an Aristoteles' Gedanken einer wahrhaft praktischen Philosophie. Ihr Ziel und Zweck, heißt es im ersten Kapitel seiner *Nikomachischen Ethik*, ist nicht Wissen, sondern Praxis.

Zur Relativierung des bloßen Redens passt ein Ausspruch des wichtigsten Nachfolgers von Konfuzius, des zweiten großen Lehrers dieser Schule, Mong Dsi beziehungsweise Meng Zi, Meister Meng, latinisiert Menzius: „Gütige Worte gehen dem Menschen nicht so tief zu Herzen wie ein gütiger Ton." Wegen der Bedeutungsvielfalt des entscheidenden Ausdrucks „sheng", „gütiger Ton" oder „gütiger Ruf", kann man auch so übersetzen: „Mehr als gelegentliche freundliche Worte macht es Eindruck auf die Leute, wenn der Herrscher im Ruf eines gütigen Mannes steht."[160]

Ein anderer Konfuzius-Ausspruch: „Habt nicht feste Meinungen, wollt nichts unbedingt, seid nicht starr, seid nicht auf euch selbst bezogen." Und zur Aufgabe eines Staatslenkers: „Wer einen Staat von tausend Streitwagen leitet, sei ehrerbietig bei den Diensten und führe sie zuverlässig durch, begrenze die Ausgaben und gehe schonend mit den Menschen um, und setze das Volk zum rechten Zeitpunkt ein." (1.5)

Bei den Diensten dürfte es sich um Kriegsdienste handeln, die man, darauf verweist der „rechte Zeitpunkt", nicht in der Erntezeit, sondern in der Herbst- und Wintersaison, einfordern solle. Und auch dann dürfe man dem Volk keine zu hohen Lasten aufbürden.

In einem weiteren Ausspruch werden die für den Edlen wesentlichen Charaktereigenschaften zusammengefasst: er ist „mild, gut, würdig, mäßig und höflich" (1.6).

12.3 Indien

Wie in China, so gibt es auch in Indien unterschiedliche Richtungen und Schulen. Eine besondere Bedeutung kommt dem großen Epos *Mahabharata*, dem indischen Nationalepos, zu und in ihrem Rahmen der erwähnten *Bhagavadgita*, einer Art hinduistischem Glaubensbekenntnis. Es handelt von den vier Zielen des Menschen: 1) Gerechtigkeit (*Dharma*, wörtlich: das Fragende), gemeint ist sowohl eine gerechte Lebensordnung als auch eine persönlich gerechte Lebensführung, 2) Wohlstand (*Artha*), 3) Lust (*Kama*) und 4) die Erlösung (*Mokscha*) des unzerstörbaren Seelenkerns des Menschen, *Atman*, aus dem Gefängnis des Körpers.

Für diese Erlösung gibt es der *Bhagavadgita* gemäß drei gleichwertige Wege: ein sittliches Leben (*Dharma*), die Hingabe an Gott in Demut und Liebe (*Bhakti*) und ein Wissen (*Juana*), das von Meditation und Argumentation bestimmt ist. Auf allen drei Wegen wird die Seele von den Fesseln des Leibes und von den Qualen der Wiedergeburt befreit.

Wesentlich ist auch die für uns anstößige und faktisch bis heute weitgehend vorherrschende Gliederung der Gesellschaft in Priester, Adlige (Fürsten, Krieger und Richter), Kaufleute und Bauern und schließlich Arbeiter und Diener oder Angestellte. Darunter stehen noch die rechtlosen Parias, die Unberührbaren. Nicht

---

[160] Mengzi 7 A14, in: *Mong Dsi (Mong Ko): Aus dem Chinesischen verdeutscht u. erläutert v. Richard Wilhelm*, 3. bis 5. Tausend: Jena 1921.

zuletzt lehrt die *Bhagavadgita* die vier Lebensstadien, die ein Brahmane zu durchlaufen hat: Er ist zunächst Schüler, danach Familienvater, später Einsiedler und am Ende Mönch.

Von überragender Bedeutung ist der Buddhismus, ein Reformhinduismus, der oben skizziert worden ist. Hier sei nur eine der Eigentümlichkeiten wiederholt: Der Buddhismus verwirft die hinduistische Lehre von der Unsterblichkeit der Seele; an deren Stelle tritt die Ansicht, alles Leben sei vergänglich, zugleich leidvoll.

12.4 Japan

Nach dem Bushido (japanisch: Ritterweg), der Tugendliste der Samurai, des japanischen Schwertadels beziehungsweise der japanischen Ritter, gibt es sieben Grundtugenden. Sie konnten deshalb bald für das ganze Land bestimmend werden, weil es in ihnen nicht nur um spezifisch kriegerische Lebenshaltungen geht wie Treue gegen den Herrn, Waffentüchtigkeit und Todesverachtung. Sie fordern vielmehr auch Dinge, die wie Selbstzucht und Güte gegen Schwache einen allgemein verbindlichen, universalen Charakter haben.

Die Abfolge der Tugenden auf der Liste ist nicht immer dieselbe. Eine der bekanntesten Listen beginnt, was vor dem gerade skizzierten Hintergrund nicht erstaunt, nicht mit den typischen Tugenden eines Kriegers, sondern mit 1) der allgemeinmenschlichen Haltung *Gi:* Ehrlichkeit und Gerechtigkeit. Erst dann folgt 2) *Yu:* Mut, der auch nicht exklusiv militärisch zu verstehen ist. Dem schließen sich dann wieder allgemeinmenschliche Haltungen an: 3) *Rei:* Höflichkeit, Etikette; 4) *Makoto:* Wahrhaftigkeit; 5) *Jin:* Menschlichkeit; 6) *Meyo:* Ehre, Ehrhaftigkeit und 7) *Chugi:* Loyalität.

Ausblick: Kollektive Kardinaltugenden

Diesem Essay über Kardinaltugenden liegt im Wesentlichen das übliche Verständnis von Tugenden zugrunde, nämlich der Gedanke der Vorbildlichkeit von Individuen. Gemeint sind Charakterhaltungen von natürlichen, nicht von juristischen Personen beziehungsweise von Kollektiven wie Vereinen, Verbänden, Unternehmen oder Staatswesen. Noch weniger tritt die Gesamtheit aller Menschen, die Gattung, in den Blick. Zum Abschluss empfiehlt sich aber, das übliche Verständnis zu überschreiten und, wenn auch allzu knapp, zu überlegen, welche Grundhaltungen angesichts der derzeitigen, freilich keineswegs schlechthin neuen Lage der Menschheit sich aufdrängen.

In der Natur des Menschen liegen zwei Gefahren, die schon die Griechen festgestellt und gebrandmarkt haben: der Hybris genannte Hochmut und die als Pleonexie bezeichnete Niezufriedenheit. Weder die Ehrsucht noch die Herrschsucht oder die Habsucht kennen eine innere Begrenzung.

Beginnen wir mit der zweiten Gefahr: Weil zum Wesen unserer Gattung, hier ist ein gewisses Pathos geboten, ein Fluch der Unersättlichkeit gehört, leidet mittlerweile die gesamte Menschheit unter einer maßlosen Überbeanspruchung der Natur einschließlich der Atmosphäre.

Und wegen der erstgenannten Gefahr werden die entsprechenden medizinisch-technischen Möglichkeiten genutzt, um immer tiefer reichende Eingriffe in das menschliche Erbgut und in den menschlichen Sterbeprozess vorzunehmen. Darin zeigt sich ein Hochmut, den manche Zeitgenossen für die gefährlichste Abirrung unserer Epoche halten.

Will die moderne Zivilisation trotzdem in einer menschenwürdigen Art und Weise überleben, benötigt sie über die personale Seite der Kardinaltugenden hinaus deren kollektive Anerkennung, also ein erhebliches Maß an wirtschafts- und gesellschaftspolitischer, schließlich auch global wirksamer Besonnenheit. Zusätzlich braucht es, um für die verschiedenen Lebensbereiche das sachgerechte Maß zu finden, Klugheit. Zu dem Zweck, die verschiedenen Lebensbereiche miteinander zu vermitteln und keine Region der Welt zum Nachteil der anderen vorzuziehen, ist außerdem die Gerechtigkeit gefragt. Da die Bewältigung dieser fraglos schwierigen Aufgaben mit mannigfachen Widerständen rechnen muss, ist schließlich die Tapferkeit zumindest in Form von Zivilcourage unerlässlich.

Infolgedessen verlangt das humane Überleben der Menschheit nach den vier Kardinaltugenden, jetzt freilich zusätzlich zur persönlichen auch in deren kollektiver Gestalt: eine global wirksame, weil von der gesamten Menschheit gepflegte

https://doi.org/10.1515/9783111568591-015

Besonnenheit, eine nicht minder globale Tapferkeit, eine ebenfalls weltweit praktizierte Gerechtigkeit, nicht zuletzt eine von der Menschheit ausnahmslos geübte kollektive Klugheit.

Abkürzungen

Die folgenden Abkürzungen beziehen sich auf Kants Schriften nach: *Kants Werke*, Akademie Textausgabe, hrsg. von der Preußischen Akademie der Wissenschaften, Berlin 1968.

Anthr.	*Anthropologie in pragmatischer Hinsicht*, in: *Kants Werke*, Bd. 7.
Aufklärung	„Beantwortung der Frage: Was ist Aufklärung?", in: *Kants Werke*, Bd. 8, S. 33–42.
GMS	*Grundlegung zur Metaphysik der Sitten*, in: *Kants Werke*, Bd. 4.
KpV	*Kritik der praktischen Vernunft*, in: *Kants Werke*, Bd. 5.
KU	*Kritik der Urteilskraft*, in: *Kants Werke*, Bd. 5.
Rel.	*Die Religion innerhalb der Grenzen der bloßen Vernunft*, in: *Kants Werke*, Bd. 6.
RL	*Metaphysische Anfangsgründe der Rechtslehre*, 1. Teil der *Metaphysik der Sitten:* VI 203–372, in: *Kants Werke*, Bd. 6.
TL	*Metaphysische Anfangsgründe der Tugendlehre*, 2. Teil der *Metaphysik der Sitten:* VI 373–493, in: *Kants Werke*, Bd. 6.

NE bezieht sich auf die *Nikomachische Ethik* von Aristoteles.

https://doi.org/10.1515/9783111568591-016

Literatur

Zitierte Literatur

Anscombe, Gertrude Elizabeth Margaret: „Modern Moral Philosophy", in: *Philosophy* 33, 1958, S. 1–19.

Aristoteles: *Metaphysik*, übers. v. Hermann Bonitz, Reinbek bei Hamburg, 1994.

Aristoteles: *Nikomachische Ethik*, übers. u. hrsg. v. Ursula Wolf, Reinbek bei Hamburg 2006.

Asserate, Asfa-Wossen: *Manieren*, 11. Aufl., Frankfurt am Main 2003.

Bacon, Francis: *The Great Instauration*, „Preface", in: *The Works of Francis Bacon*, hrsg. v. James Spedding et al., London 1857–1874, Bd. 4, S. 13–21.

Bennett, Alan: *Die souveräne Leserin*, 4. Aufl., Berlin 2008.

Bloch, Ernst: *Das Prinzip Hoffnung*, Frankfurt am Main 1959.

Bloch, Ernst: *Geist der Utopie*, unveränderter Nachdruck, Frankfurt am Main 1973 [1923].

Boethius: *Trost der Philosophie*, übersetzt und hrsg. v. Karl Büchner, Stuttgart 1971.

Bollnow, Otto Friedrich: *Wesen und Wandel der Tugenden*, Frankfurt am Main u. a. 1958.

Brecht, Bertold: *Aufstieg und Fall der Stadt Mahagony*, Frankfurt am Main 2005.

Bundesverband der Katholischen Arbeitnehmer-Bewegung Deutschlands (KAB) (Hrsg.): *Texte zur katholischen Soziallehre. Die sozialen Rundschreiben der Päpste und andere kirchliche Dokumente*, mit einer Einführung von Oswald von Nell-Breunig SJ, 4. Aufl., Kevelaer 1977.

Busch, Wilhelm: *Gedichte. Kritik des Herzens*, Heidelberg 1874.

Dante Alighieri: Die Göttliche Komödie, ital. u. dt., übers. u. kommentiert v. Hermann Gmelin, Bd. I, Erster Teil: Inferno – Die Hölle, München 1988.

Düwell, Marcus et al. (Hrsg.): *Handbuch Ethik*, 2. Aufl., Stuttgart/Weimar 2006.

Enzensberger, Hans Magnus: *Josefine und Ich*, Frankfurt am Main 2006.

Foot, Philippa: *Virtues and Vices*, Berkeley/Los Angeles 1978.

Frankopan, Peter: Interview mit Jürgen Kaube, in: *Frankfurter Allgemeine Zeitung*, 13. März 2023, S. 11.

Gadamer, Hans-Georg: *Wahrheit und Methode. Grundzüge einer philosophischen Hermeneutik*, 2. Aufl., Tübingen 1965.

Gail, Anton J.: „Nachwort", in: Erasmus von Rotterdam: *Das Lob der Torheit. Encomium Moriae*, übers. u. hrsg. v. Anton J. Gail, Stuttgart 1964, S. 127–136.

Goethe, Johann Wolfgang von: *Werke*, 1. Bd.: *Gedichte, Versepen*, hrsg. v. Walter Höllerer, Leipzig 1965.

Grimm, Jacob/Wilhelm Grimm: *Deutsches Wörterbuch*, Bd. 2, Leipzig 1860.

Grimm, Jacob/Wilhelm Grimm: *Deutsches Wörterbuch*, Bd. 22, München 1984.

Hamann, Heiko: *Schwarmintelligenz*, Berlin 2019.

Hartmann, Nicolai: *Ethik*, Berlin/Leipzig 1926.

Hegel, Georg Wilhelm Friedrich: *Grundlinien der Philosophie des Rechts*, in: *Werke*, Bd. 7, Frankfurt am Main 1979.

Heitmeyer, Wilhelm (Hrsg.): *Was treibt unsere Gesellschaften auseinander?*, Frankfurt am Main 1997.

Hobbes, Thomas: *Leviathan oder Stoff, Form und Gewalt eines bürgerlichen und kirchlichen Staates*, hrsg. v. Iring Fetscher, Neuwied/Berlin 1969.

Høeg, Peter: *Durch Deine Augen*, München 2019.

Höffe, Otfried: *Demokratie im Zeitalter der Globalisierung*, 2. Aufl., München 2002.

Höffe, Otfried: *Die hohe Kunst der Weisheit. Eine kleine Philosophie der Lebenskunst*, München 2025.

Höffe, Otfried: *Die Moral als Preis der Moderne. Ein Versuch über Wissenschaft, Technik und Umwelt*, 4. Aufl., Frankfurt am Main 2000.

https://doi.org/10.1515/9783111568591-017

Höffe, Otfried: „Ehre, wem Ehre gebührt", in: „Gegenwart" der *Frankfurter Allgemeinen Zeitung*, 3. Februar 2000, S. 12.

Höffe, Otfried: „Erlaubt eine Demokratie Geheimnisse?", in: *Zeitschrift für Politik* 65, 2018, S. 137–149.

Höffe, Otfried: „‚Les hommes sont si nécessairement fous'. Skizze einer alternativen Philosophiegeschichte", in: *Zeitschrift für philosophische Forschung* 66, 2012, S. 5–26.

Höffe, Otfried: *Lesebuch zur Ethik. Philosophische Texte von der Antike bis zur Gegenwart*, 6. Aufl., München 2015.

Höffe, Otfried: *Lexikon der Ethik*, 8., überbearbeitete und ergänzte Aufl., München 2023.

Höffe, Otfried: „Von Natur mit Sympathie begabt", in: „Gegenwart" der *Frankfurter Allgemeinen Zeitung*, 24. Juli 2023, S. 6.

Höffe, Otfried: „Vorbild und Norm: Der Weise. Eine interkulturelle Überlegung", in: *Poetica. Zeitschrift für Sprach- und Literaturwissenschaft* 47, 2015, S. 177–193.

Höffe, Otfried: *Was hält die Gesellschaft noch zusammen?*, Stuttgart 2021.

Höffe, Otfried: „Wie viel Mitgefühl kann der Mensch aufbringen?", in: *Neue Zürcher Zeitung*, 4. Juni 2023, S. 22.

Höffe, Otfried: *Wirtschaftsbürger, Staatsbürger, Weltbürger*, München 2004.

Höffe, Otfried/Christof Rapp: Art. „Tugend", III: Neuzeit, in: Ritter, Joachim/Karlfried Gründer/Gottfried Gabriel (Hrsg.): *Historisches Wörterbuch der Philosophie*, Basel 1998, Bd. 10, Sp. 1554–1570.

Hume, David: *Eine Untersuchung über die Prinzipien der Moral*, übers. und hrsg. v. Gerhard Streminger, Stuttgart 1984.

Illies, Florian: *Zauber der Stille. Caspar Davids Reise durch die Zeit*, Frankfurt am Main 2023.

Inoue, Yasuhi: *Der Tod des Teemeisters*, Frankfurt am Main 2007.

Kleist, Heinrich von: „Aufsatz, den sichern Weg des Glücks zu finden, und ungestört, auch unter den größten Drangsalen des Lebens, ihn zu genießen!", in: *Sämtliche Werke*, hrsg. v. Curt Grützmacher, München 1967, S. 867–879.

MacIntyre, Alasdair: *After Virtue*, London 1981.

MacIntyre, Alasdair: *Der Verlust der Tugend*, Frankfurt am Main/New York 1987.

Marc Aurel: *Selbstbetrachtungen*, übers. mit Einleitung u. Anmerkungen v. Albert Wittstock, Stuttgart 1974.

Maugham, Somerset: *Der Menschen Hörigkeit*, Zürich 1986.

Michels, Axel: *Die Kunst des einfachen Lebens. Eine Kulturgeschichte der Askese*, München 2004.

Miller, Peter: *Die Intelligenz des Schwarms. Was wir von Tieren für unser Leben in einer komplexen Welt lernen können*, Frankfurt am Main 2010.

Mogge, Winfried/Jürgen Reulecke: *Hoher Meißner 1913 – Der Erste Freideutsch Jugendtag in Dokumenten, Deutungen und Bildern*, Köln 1988.

Mong Dsi (Mong Ko): *Aus dem Chinesischen verdeutscht u. erläutert v. Richard Wilhelm*, 3. bis 5. Tausend, Jena 1921.

Müller-Jung, Joachim: „Kassandra ist mächtig. Wie viel Schlagseite hat die Klimaforschung?", in: *Frankfurter Allgemeine Zeitung*, 20. Sept. 2023, N1.

Nussbaum, Martha: „Nicht-relative Tugenden: Ein aristotelischer Ansatz", in: Rippe, Klaus Peter/Peter Schaber (Hrsg.): *Tugendethik*, Stuttgart 1998, S. 114–165.

Pascal, Blaise: *Pensées et. Opuscules*, hrsg. v. M. Léon Brunschvicg, Paris 1966.

Pieper, Josef: *Das Viergespann. Klugheit, Gerechtigkeit, Tapferkeit, Maß*, München 1977.

Pieper, Josef: *Über die Hoffnung*, München 1949, S. 25.

Platon: *Politeia: Der Staat. Über das Gerechte*, übers. u. erläutert v. Otto Apelt, durchgesehen v. Karl Bormann, Einleitung Paul Wilpert, 11. Aufl., Hamburg 1989.

Rawls, John: *A Theory of Justice*, Cambridge (MA) 1971.

Rawls, John: *Eine Theorie der Gerechtigkeit*, Frankfurt am Main 1975.

Rawls, John: *Lectures on the History of Moral Philosophy*, Cambridge (MA)/London 2000.

Rawls, John: *Political Liberalism*, New York 1993.

Rawls, John: *Politischer Liberalismus*, Frankfurt am Main 1998.

Rippe, Klaus Peter/Peter Schaber (Hrsg.): *Tugendethik*, Stuttgart 1998.

Roetz, Heiner: „Als der Meister eine neue Anstellung suchte", in: *Frankfurter Rundschau*, 25. Juli 2023, S. 16.

Rousseau, Jean-Jacques: *Schriften zur Kulturkritik* (*Die zwei Diskurse von 1750 und 1755*), hrsg. v. Kurt Weigand, 2. Aufl., Hamburg 1971.

Sandel, Michael: *Democracy's Discontent. America in Search of a Public Philosophy*, Cambridge (MA)/London 1996.

Sandel, Michael: *Liberalismus und Republikanismus. Von der Notwendigkeit der Bürgertugend*, Wien 1995.

Scheler, Max: „Zur Rehabilitierung der Tugend", in: *Gesammelte Werke*, Bd. 3: *Vom Umsturz der Werte*, Bern 1955, S. 13 – 32.

Schiller, Friedrich: „Lied von der Glocke", in: *Werke in drei Bänden*, München 1966, Bd. 2, S. 810 – 821.

Schiller, Friedrich: *Werke in drei Bänden*, München 1966.

Schopenhauer, Arthur: „Preisschrift über die Grundlage der Moral", in: *Sämtliche Werke*, hrsg. v. Arthur Hübscher, 7 Bde., 3. Aufl., Wiesbaden 1972, Bd. 4, S. 103 – 275.

Schorlemmer, Friedrich: „Die ganze Welt ist in der Habsucht ersoffen wie in einer Sintflut. Über gemeinen Nutz und Wucher bei Martin Luther", in: *Politik und Kultur* 2008, 5.

Seethaler, Robert: *Das Café ohne Namen*, Berlin 2023.

Shakespeare, William: „Venus und Adonis", in: *William Shakespeare. The Complete Works*, hrsg. v. Peter Alexander, London and Glasgow 1965, S. 1268 – 1283.

Smith, Adam: *Theorie der menschlichen Gefühle*, hrsg. v. Walther Eckstein, Hamburg 1977.

Teufel, Erwin (Hrsg.): *Was hält die moderne Gesellschaft zusammen?*, Frankfurt am Main 1996.

Thoreau, Henry David: *The Resistance to Civil Government*, New York 1849.

Thoreau, Henry David: *Über die Pflicht zum Ungehorsam gegen den Staat*, Zürich 1967.

Tocqueville, Alexis de: *Über die Demokratie in Amerika*, München 1976.

Towles, Amor: *Lincoln Highway*, München 2022.

van Ess, Hans: *Konfuzius. Gespräche*, neu übersetzt und kommentiert, München 2023.

Wils, Jean-Pierre/Christoph Hübenthal (Hrsg.): *Lexikon der Ethik*, Paderborn u. a. 2006.

ZDF-nachtstudio (Hrsg.): *Tugenden und Laster. Gradmesser der Menschlichkeit*, Frankfurt am Main 2004.

Weiterführende Literatur

Blom, Philipp: *Hoffnung. Über ein kluges Verhältnis zur Welt*, Berlin 2024.

Borchers, Dagmar: *Die neue Tugendethik. Schritt zurück im Zorn?*, Paderborn 2001.

Breuer, Ingo u. a.: *Die sieben Todsünden*, Darmstadt 2015.

Descartes, René: *Die Leidenschaften der Seele*, Hamburg 1969.

Enste, Dominik H./Kary, Johanna: *Die sieben Todsünden: verhaltensökonomische Interpretationen und Handlungsempfehlungen*, Köln 2021.

Ernst, Heiko: *Wie uns der Teufel reitet. Von der Aktualität der 7 Todsünden*, Berlin 2006.

Grethlein, Jonas: *Hoffnung. Eine Geschichte der Zuversicht von Homer bis zum Klimawandel*, München 2024.

Halbig, Christopher: *Der Begriff der Tugend und die Grenzen der Tugendethik*, Berlin 2013.

Höffe, Otfried: *Die hohe Kunst des Verzichts. Kleine Philosophie der Selbstbeschränkung*, 2. Aufl., München 2023.

Höffe, Otfried: *Lebenskunst und Moral oder Macht Tugend glücklich?*, 1., überarbeitete Neuausgabe in der Beck'schen Reihe, München 2009.

Höffe, Otfried (Hrsg.): *Aristoteles: Die Nikomachische Ethik* (=Klassiker auslegen, Bd. 2), 4., neubearbeitete u. ergänzte Auflage, Berlin/Boston 2019.

Höffe, Otfried (Hrsg.): *Einführung in die utilitaristische Ethik*, 5. überarbeitete u. erweiterte Auflage, Tübingen/Basel 2013.

Höffe, Otfried (Hrsg.): *Immanuel Kant: Metaphysische Anfangsgründe der Tugendlehre* (= Klassiker auslegen, Bd. 58), 2 Aufl., Berlin 2024.

Horn, Christoph: *Antike Lebenskunst. Glück und Moral von Sokrates bis zu den Neuplatonikern*, München 1998.

Hursthouse, Rosalind: *On Virtue Ethics*, Oxford 1969.

Kiesel, Dagmar/Cleophea Ferrari (Hrsg.): *Tugend*, Frankfurt am Main 2016.

Kühnlein, Michael/Lutz-Bachmann, Matthias (Hrsg.): *Vermisste Tugend. Zur Philosophie Alasdair MacIntyres*, Berlin 2015.

Lagerlöff, Selma: *Die sieben Todsünden und andere Geschichten über Gott und die Welt*, Berlin 2016.

Mandeville, Bernard: *Die Bienenfabel oder Private Laster, öffentliche Vorteile*, Frankfurt am Main 2008.

Mieth, Dietmar: *Die neuen Tugenden. Ein ethischer Entwurf*, Düsseldorf 1984.

Nietzsche, Friedrich: *Morgenröthe*, in: *Sämtliche Werke*, Kritische Studienausgabe, hrsg, v. Giorgio Colli u. Mazzino Montinari, Bd. 3, München u. Berlin/New York 1980, S. 9 – 331.

O'Neil, Onora: *Tugend und Gerechtigkeit. Eine konstruktive Darstellung des praktischen Denkens*, Berlin 1996.

Radić, Stjepan: *Die Rehabilitierung der Tugendethik in der zeitgenössischen Philosophie*, Münster 2011.

Ricken, Friedo: *Gemeinschaft Tugend Glück. Platon und Aristoteles über das gute Leben*, Stuttgart 2004.

Runge, Richard Friedrich: *Tugendethik: Einführung*. Freiburg/München 2024.

Schulte, Bettina: *Neid. Das verschwiegene Gefühl*, Stuttgart 2024.

Sherman, Nancy: *Making a Necessity of Virtue. Aristotle and Kant on Virtue*, New York 1997.

Stateman, Daniel (Hrsg.): *Virtue Ethics. A Critical Reader*, Edinburg 1997.

Steuernagel, Ulla: *Hochmut. Diese verdammte Überlegenheit*, Stuttgart 2024.

Streidel, Barbara: *Gier. Wenn genug nicht genug ist*, Stuttgart 2022.

Trampota, Andreas u. a. (Hrsg.): *Kant's „Tugendlehre". A Comprehensive Commentary*, Berlin/Boston 2013.

Williams, Bernard: *Ethik und die Grenzen der Philosophie*, Hamburg 1999.

www.ingramcontent.com/pod-product-compliance
Lightning Source LLC
Chambersburg PA
CBHW030313100426
42812CB00002B/692